大夏书系·教师专业发展

优秀教师悄悄在做的那些事儿

Youxiu Jiaoshi
Qiaoqiao zai Zuode Naxie Shier

任勇 著

华东师范大学出版社
全国百佳图书出版单位

图书在版编目（CIP）数据

优秀教师悄悄在做的那些事儿/任勇著．—上海：华东师范大学出版社，2014.3
ISBN 978-7-5675-1903-9

Ⅰ.①优… Ⅱ.①任… Ⅲ.①优秀教师－师资培养 Ⅳ.①G451.2

中国版本图书馆CIP数据核字（2014）第051815号

大夏书系·教师专业发展

优秀教师悄悄在做的那些事儿

著　　者	任　勇
策划编辑	朱永通
审读编辑	王　悦　周　莉
封面设计	奇文云海·设计顾问
出版发行	华东师范大学出版社
社　　址	上海市中山北路3663号　邮编　200062
网　　址	www.ecnupress.com.cn
电　　话	021-60821666　行政传真　021-62572105
客服电话	021-62865537
邮购电话	021-62869887　地址　上海市中山北路3663号华东师范大学校内先锋路口
网　　店	http://hdsdcbs.tmall.com
印 刷 者	北京季蜂印刷有限公司
开　　本	700×1000　16开
插　　页	1
印　　张	16.5
字　　数	270千字
版　　次	2015年4月第一版
印　　次	2024年10月第三十次
印　　数	114 101-116 100
书　　号	ISBN 978-7-5675-1903-9/G·7265
定　　价	35.00元
出 版 人	王　焰

（如发现本版图书有印订质量问题，请寄回本社市场部调换或电话021-62865537联系）

目 录

前言 ▍想说的几句话 >> 1

1 / 每天备课多一点 >> 1
2 / 终身备好每节课 >> 3
3 / 活用教材 >> 6
4 / 重视集体备课 >> 11
5 / 提前几分钟进教室 >> 15
6 / 不带着情绪去教室 >> 17
7 / 记住学生的姓名 >> 19
8 / 尊重每一个学生 >> 21
9 / 教学生整理书包 >> 23

10 / 每堂一赞 >> 25
11 / 每课一趣 >> 30
12 / 每日一题 >> 33
13 / 解放左手 >> 36
14 / 幽他一默 >> 38
15 / 以眼传神 >> 41
16 / 修炼绝活 >> 43
17 / 扬长避短用多媒体 >> 46
18 / 非预设生成 >> 51
19 / 引趣引深 >> 55

20 / 激活课堂 >> 59

21 / 课堂简约 >> 62

22 / 让课堂活而不乱 >> 64

23 / 有意差错 >> 66

24 / 让学生会问 >> 69

25 / 随机应变 >> 72

26 / 课堂结尾巧设计 >> 74

27 / 形成自己的教学风格 >> 78

28 / 提高教学活动的频率 >> 83

29 / 因"性"施教 >> 85

30 / 构建独特的课堂文化 >> 88

31 / 保持亲和力 >> 91

32 / 保持微笑 >> 93

33 / 与生为友 >> 95

34 / 与学生共情 >> 97

35 / 经常换位思考 >> 99

36 / 适度钝感 >> 101

37 / 尽量不"拖堂" >> 103

38 / 让学生上课 >> 105

39 / 指导学生"会学" >> 108

40 / 作业谈心 >> 111

41 / 让学生考教师 >> 113

42 / 让学生出试卷 >> 116

43 / 统计到位 >> 120

44 / 适度"小恩小惠" >> 124

45 / 古为今用 >> 126

46 / 洋为中用 >> 128

47 / 课外导学 >> 130

48 / 步入学科竞赛 >> 133

49 / 适度张扬个性 >> 136

50 / 激情工作 >> 139

51 / 跨学科学研 >> 141

52 / 注重积累 >> 143

53 / 寻找导师 >> 145

54 / 师友资益 >> 147

55 / 乘"机"学习 >> 149

56 / 适时反思 >> 151

57 / 阅读·悦读·深读 >> 154

58 / 博约兼顾 >> 156

59 / 巧用网络 >> 158

60 / 常怀创新之心 >> 160

61 / 积累实践智慧 >> 162

62 / 写些文章 >> 164

63 / 做些研究 >> 167

64 / 在工作中研究 >> 169

65 / 在研究中工作 >> 171

66 / 学做学者 >> 174

67 / 参与课题研究 >> 177

68 / 著书立说 >> 179

69 / 架设心桥 >> 182

70 / 关注细节 >> 184

71 / 爱有其道 >> 186

72 / 私下批评 >> 189

73 / 为学生服务 >> 191

74 / 为家长服务 >> 193

75 / 大胆授权 >> 195

76 / 学习"水"的智慧 >> 197

77 / 超越自我 >> 199

78 / 善于"归零" >> 203

79 / 纷扰中的坚守 >> 206

80 / 与"现代"同行 >> 208

81 / 积极适应环境 >> 210

82 / 时间巧管理 >> 212

83 / 学会"弹钢琴" >> 217

84 / 沉得下去 >> 220

85 / 欲静能静 >> 222

86 / 健康第一 >> 224

87 / 规划教育人生 >> 226

88 / 善于合作 >> 229

89 / 竞而不争 >> 231

90 / 巧借外力 >> 233

91 / 争取单位的支持 >> 236

92 / 得到家庭的支持 >> 238

93 / 辩证育儿 >> 240

94 / 勇于承认错误 >> 244

95 / 研究自己 >> 246

96 / 科学做事 >> 248

97 / 仪表得体 >> 250

98 / 忙闲有道 >> 252

99 / 幸福着追求卓越 >> 254

前言：想说的几句话

1.写这样一本书，是受《成功人士不说，却默默在做的 30 件事》一书的启发，该书说："成功的人，只比你多做了一点点。"其实，优秀教师也一样，他们的成功或许也只是缘于比别人"多做了一点点"。

2.的确，优秀教师在成长、成才、成功的过程中有许多做法，诸如师德师爱等，已为大家所熟知，但还有一些他们不说却也在悄悄做的事。这些不说的事，往往是促使其成为优秀的真谛。

3.应该说，这些事在表彰会上不好说，在公开场合没有说，所以我试图把这些事写出来。你看，"适度'小恩小惠'""争取单位支持"，还有"幽他一默""适度张扬个性"等，在台面上真不好说。

4.虽说是优秀教师"悄悄在做的事"，其实有些事也未必都是悄悄在做，不少老师也在"公开地做"，只是优秀教师做得更精致些。我把这些事写出来，是想引起老师们的加倍重视。

5.有些事相对大些，如"激活课堂""超越自我"等；有些事相对小些，如"教学生整理书包""提前几分钟进教室"等；有些事，一写下去感到有内容；有些事，一看标题就能明了。所以书中的文章篇幅长短不一。

6.本书把我自己所做的一些事写进去了，我算优秀吗？不好意思，请读者看看我的简介，容我"优秀"一回吧。既然写了我所做的事，多少会与我所教的数学学科沾边，读者不妨类比到其他学科。

7. 本书虽然是按照一定的体系来写的，但读者完全可以"跳"着读，也完全可以"挑"着读。这不是一本逻辑性极其严密的书，所说的事是略有交叉的，其中的内容可能会有小部分重复。

8. 读者在读完此书后，完全可以"头脑风暴"一番，探寻一下还有哪些事是优秀教师悄悄在做的，比如"用新眼光看学生""给学生机会""不计学生之过""多做少说"，等等。多探一事，多获一得。

9. "优于别人，并不高贵。真正的高贵应该是优于过去的自己。"看完此书，立即行动，选优秀教师所做的一两件事去做，你就能"优于过去的自己"，最终会和他们一样优秀。

任　勇
2015 年 3 月

1 每天备课多一点

备课不能仅仅备自己认为上课需要讲的内容，而应该根据所授知识，既备知识的由来，又备知识的延伸，既备不同类型的问题，又备同一类问题的不同要求……只有这样，才能在教学中根据学生接受知识的情况，适当调整教学进度、难度，使教学左右逢源，提高教学效果。

备课要博采众长。教新课，教师的知识一定要比这一课多几倍，只有这样，才能信手拈来，皆成妙趣。如果教师的知识与这一课一样多，或者少于这课书，就不能左右逢源、畅所欲言了。因此，教师备课应当像蜜蜂那样，广采百花，然后酿蜜；应当像大海那样，汇纳众流，成其渊博。

讲课要酌取精要。准备了这么多内容，不能一下子都塞给学生，应当披沙拣金，备多用寡，力求把握特点，突出重点，突破难点，克服弱点，攻其一点，最后让学生获得真知。

为了"备多"，就要书多、杂志多。"要给学生一杯水，教师要有一桶水。"这一桶水从哪里来？很重要的一个途径就是向书本、杂志学习。当然，现在人们常说，一桶水不够了，教师要有一条常流常新的小河。不管是一桶水还是一条河，都要求教师不断地充实知识，更新知识。一个教师，没有一定数量的教育、科学、文化书籍和杂志储备是不可思议的。就我来说，二十几年来，东买西购，已有一万余册数学、教育、科学、文化等方面的书籍，并订阅了所有能订到的中学数学杂志和许多教育杂志。我在书海中获取知识与启智，在书海中探索与创新。

为了备好课，我的办公桌特别大。桌前是一排书架，椅子后面又是一排书架，另外还有一房间的书架。以备"数学归纳法"为例，谈谈我的"备多"。我先是将与数学归纳法有关的参考书放在桌上，有理论类的、拓展类的、应用类的、趣味类的，还有教参类的、教案类的，等等。然后从平时记录的杂志分类目录中，找出从 1980 年至今在数学杂志上发表的关于数学归纳法教学的文章，放在我亲自设计的两个小推车上，这样我就可以泡上一杯绿茶，在"数学归纳法"的包围之下美美地开始备课了。

我从趣味类的书中找到了开讲的趣题，从理论类的书中更深刻地理解了归纳法原理，从拓展类的书中把握了数学归纳法研究性学习的方向，从应用类的书中体悟到所教知识的应用。我不出家门，就能从选出的杂志中读到北大附中张思明老师的教案，读到陕西师大罗增儒老师的教学设计，读到许多教坛前辈的经验之谈，读到许多教坛新秀的创新、构思。我的课，就是站在这些"高人"的肩上备出来的。

备着备着，我发现老师们虽"同备一节课"，但大家都在预设，都在如何创新、怎样激活上动足脑筋，"各显神通"。"山外青山楼外楼"，"英雄所见不尽相同"。于是，我研究了不同教师教《数学归纳法》的风格，"数学归纳法教学风格研究"的课题就由此形成了。

有时，我想到一种与众不同的教学方法，经过教学实践证明行之有效，我就会抽空整理成一篇《数学归纳法教学的一次新探索》的文章。

教师进行教育科研，往往可以在备课中形成选题，在备课中研究，在备课中出成果。

2 终身备好每节课

苏霍姆林斯基的《给教师的一百条建议》一书在《教师的时间从哪里来？一昼夜只有二十四小时》中，谈到这样一件事：一位有三十年教龄的历史教师上了一节公开课，课上得非常出色。听课的教师们和视导员本来打算在课堂进行中间写点记录，以便课后提些意见的，可是他们听得入了迷，竟连做记录也忘记了。他们坐在那里，屏息静气地听，完全被讲课吸引住了，就跟自己也变成了学生一样。

课后，邻校的一位教师对这位历史教师说："我想请教您：您花了多长时间来备这节课？不止一个小时吧？"

那位历史教师说："对这节课，我准备了一辈子。而且，总的来说，对每一节课，我都是用终生的时间来备课的。不过，对这个课题的直接准备，或者说现场准备，只用了大约15分钟。"

历史教师成功的秘诀是："对每一节课，我都用终生的时间来备课的。"

选择了教师这个职业，你就需要终身备课。

终身备课，是最高层次的备课。今天看到一个题目，也许就是明年某节课的精彩例子；今天读到一个生动的故事，也许就是后年某节课巧妙的导言；今天对某个问题的深入研究，也许就是未来某节授课内容的延伸……所有这些，我们都应当及时地记录在相应的备课本里或电脑文件夹里，以备来日之需。

不是今天在备明天的课，而是终身在备"明天"的课。

请看分形几何的教学片段：

什么是分形几何？通俗一点说就是研究无限复杂但具有一定意义的自相似图形和结构的几何学。什么是自相似呢？例如，一棵参天大树与它自身的树枝及树枝上的枝杈，在形状上没什么大的区别，大树与树枝的这种关系在几何形状上称为自相似关系。我们再拿来一片树叶，仔细观察一下叶脉，它们同样具备这种性质。动物也不例外，一头牛身体中的每个细胞中的基因都记录着这头牛的全部生长信息。还有高山的表面，您无论怎样放大其局部，它都如此粗糙不平，等等。这些例子在我们的身边随处可见。分形几何揭示了世界的本质，是真正描述大自然的几何学。

下面是几个分形几何的图案（如图1—6所示）：

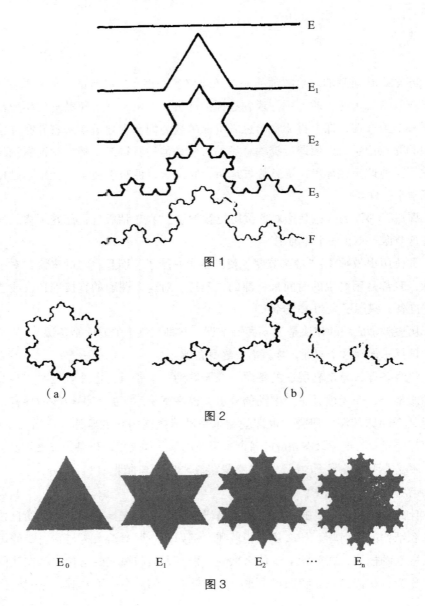

图1

图2

图3

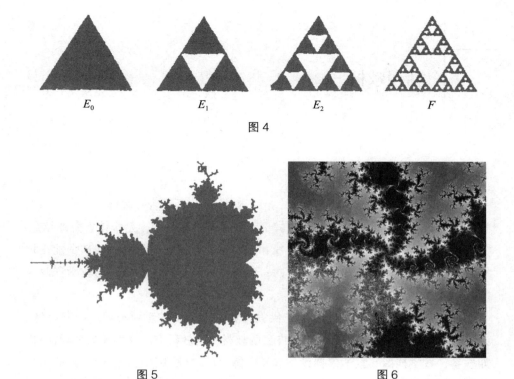

图 4

图 5　　　　　　　　图 6

作为数学教师，你如何用生动的语言来展望分形的发展？

你若书读得不多，建议你用一则通俗的"童谣"来"展望"："从前有座山，山里有座庙，庙里有个老和尚给小和尚讲故事。讲的是，从前有座山，山里有座庙，庙里有个老和尚给小和尚讲故事。讲的是……"

你若博览群书，且善于联系，建议你引用公元前九世纪《荷马史诗》中的一段来展望分形的发展："她出生时十分弱小，但每个时辰都在长大。她在大地上蔓延，震撼着周围的世界。"

你看，你平时读书，也是在备课啊，在备未来的课。

3 活用教材

教学中,要有教材,要信教材,但不唯教材,而是活用教材。首先,要重视教材对教学的指引功能,毕竟教材是由专家学者编写的,是集体智慧的结晶;其次,要创造性地使用教材,稳定性和通用性的教材必须与时效性和个性化相结合,才能产生新的整体效应;再次,要树立大教材观,整合一切教学资源为"我"所用。

教材是根据课程标准编写的,供教师和学生阅读的重要材料。要备好课,必须与教材进行对话,备好教材。广义的教材包括教科书以及相关的教辅材料,如教参、教学挂图、教学仪器设备、学生练习册、练习簿之类形形色色的图书教材、视听教材、电子教材等。无论这些教材是由怎样的权威机构提供,教师对待教材较为科学的态度都应是"用教材"而非"教教材"。教师要依据自身的实践和研究,探究学科课程与教材的功能,以创造性使用为前提,深度开发教材资源,实现教材功能的最优化。教材是教师"教"和学生"学"的重要凭借,在课程改革实施的今天,它仍旧是学生重要的学习资料。

教师研习教材,应做好以下几方面的工作。

一是把握教材。把握了教材的特色,教师才能与教材进行真正意义上的对话,准确理解编写者的意图,进入教材的内在天地。在把握教材特色的同时,教师还应了解整套教材的基本内容和基本结构,把握教科书的知识体系。确切了解整套教材在各个年级教学内容上的分布情况,统观全局,明确各部分内容的地位、作用及相互联系;在单元(或章节)与单元(或章节)之间瞻前顾后,从单元序列中看教学内容的连续性,把握教材编排的纵向联系;在单元(或章节)内部左顾右盼,把握教材在知识与技能、过程与方法以及情感态度与价值观培养等方面有哪些差别。因此,教师在备教材时,应把握课程框架结构,对本学期的课程进行整体规划,简要写出本学期的教学计划,并制订好单元教学计划。一方面，对教材要有宏观上的把握，做到心中有数。同时更要从微观着手，脚踏实地，力求实效。

二是吃透教材。首先，要把教材看作一个范本，努力做到入乎其内，吃透教材，把握重点、难点；同时又把教材看成一个例子，不唯教材，力图出乎其外，举一反三，触类旁通。其次，要与作者形成对话，感悟文本的内在意韵。教材的背后是作者，是编者，是"人"，我们要尝试着与文本对话，与作者、编者对话，努力把握他们的思路与编写意图。

三是激活教材。教师在备课时应在对教材合理挖掘的过程中寻找其促进人性发展的因素，创造性地将死教材变成活的知识。可以同时引用其他同样题材的教材，触类旁通，使学科与学科之间形成一个"互联网"。教材上的知识是静态的，当教材进入教学过程前，它只是处于知识的储备状态，为知识的传递提供了可能。因此，在备课时，要根据教学目标和优化课堂教学的需要，从学生的实际出发，使教材中的静态知识可操作化、活动化，更符合学生的心理需求，从而极大地增强学生的参与欲望，提高学生学习的主动性和积极性。

四是改组教材。教材不仅是学习的资源，同时也是进行学习和探索的工具。如果长期从第一篇、第一段开始，依次教学，按部就班，那么在失去时效性的同时更失去了针对性。"不变"容易导致"僵化"，教师必须保持自己处理教材的独立性和创造性，这样的教学才会迸发生机。

五是拓展教材。在当今社会中，教材已经不是学生可以获得的唯一学习资源。那么，如何充分利用教材这个载体，达到"不教"的效果呢？教师在备课时必须充分研究教材中可拓展的地方，引导学生将学习的范畴由教材向外延伸。"在新课程改革实践中，教材是成套化的系列，绝不仅仅限于教科书。"我们要发挥"教科书作为教材群之母港"的作用，以教科书为依据进一步开发教材资源。在新课程指引下的备教材，可以在尊重教材的基础上超越教材，从教材所呈现的知识、能力、情意等系统引发出去，向其他学科、其他空间开放和延伸，拓展学生的学习领域，突破传统教学的有限空间。

六是备好重点。备课时，一定要弄清教材重点和教学重点。

备好教材重点，就能突出教学目的，有的放矢地进行教学，就能使教学系统、科学；备好教学重点，就能抓住重点、突破难点、渗透学法，就能将情感、态度、价值观有效地、自然地融入常态的教学之中。

重点内容重点备。对重点内容，要舍得花时间、花精力重点去研究，要剖析重点内容的来龙去脉，将重点问题熟记于心。

重点内容反复备。重点内容往往不是一次备课就能完全搞清的，要立足于反复备，在反复备的过程中加深体验，进一步吃透重点内容。

重点内容联系备。重点内容往往与其他相关知识有联系，备重点内容就是要挖掘这种联系，引导学生全方位地审视重点内容。

重点内容渗透备。重点内容最初出现在某个章节里，但在其他章节往往也会有进一步的应用，备课时就要注意渗透这种应用。

重点内容集体备。集体备课出智慧，把重点内容交给集体来备，大家集思广益，共同探索，就能对重点内容的教学有一个全面的把握。

重点内容创新备。重点内容往往研究的人比较多，也就容易形成教学的思维定势，备课时一定要在继承的基础上创新，在创新的基础上提升。

七是备好难点。探讨疑难问题，寻找突破难点的方法，是提高教学质量的关键。备课时，要善于从知识的发展规律和学生的认识规律来分析教材，确定难点，并根据难点的类型，设计行之有效的突破难点的方法。只要对所教学的内容多分析，就可以把握好难点。认真备课，吃透教材，抓住教材的难点是突破难点的前提。教学难点是学生不易理解或不易掌握的技能技巧。难点不一定是重点，也有内容既是重点又是难点。要突破难点，就必须认真研究和分析难点之所在，有针对性地去加以解决。

难点如何突破？

第一，以旧知识为生长点，突破重点和难点。学生获取知识，总是在已有知识经验的参与下进行的，如果教师脱离了已有的知识经验基础进行教学，学生原有的知识经验就无法参与，而联结新旧知识的纽带断裂，必然会给学生带来理解上的困难，使其难以掌握所学的知识。因此，教师可以在教学中运用迁移规律来实现难点的突破。若一个新知识可以看作由某一个旧知识发展而来，教学中则要突出"演变点"，达到突破难点的目的；若一个新知识可以看作由两个或两个以上旧知识组合而成，教学中则可通过突出"连接点"突破难点；若一个新知识可以看作与某些旧知识属同类或相似，教学时则要突出"共同点"，进而突破难点。

第二，依据教材内容的难点选择板书内容，并以板书设计为突破口。板书是课堂教学的缩影，是揭示教学重点难点的示意图，也是把握难点的辐射源，起着提纲挈领的作用。它是在吃透教学大纲的基础上，根据教学的要求、特点和学生的实际情况设计出来的，把提纲性、艺术性、直观性融为一体，既起到纲举目张的作用，又能收到激发兴趣、启迪思维的效果。

第三，强化感知，突破难点。对一些学生难以理解、难以接受的抽象的知识，教师在教学中必须遵循学生的认知规律，用形象、鲜明、直观的教学手段，强化感知，突破难点。教师可通过教具、学具的应用，以实际事例引导学生观察思考，使学生能够正确理解所学知识的含义，在此基础上对所学知识从感知经表象上升到认识，从而突破教学难点。

第四，以形式多样的课堂练习突破难点。精心设计课堂练习是提高教学质量的重要保证，因为学生是通过练习来进一步理解和巩固知识的，也必须通过练习，才能把知识转化成技能技巧，从而提高综合运用知识的能力。

值得一提的是，难点不一定是教学的重点，不一定要把大量的时间用于难点的教学上。

最后，让我们看一个"活用教材"的案例——二元一次方程组的一种"列表"解法。

初为人师的我，在教初一数学"解二元一次方程组"时，教完用代入和加减两种消元法解题，并让学生熟练地掌握之后，突发奇想：能否将行列式思想引入解二元一次方程组？

但我总觉得将"行列式"三字讲给初一学生听，他们不一定听得懂，就对"行列式进行了改进"。

我把二元一次方程组写成下列形式（注意与一般形式略有不同）：

$$\begin{cases} a_1x + b_1y + c_1 = 0 \\ a_2x + b_2y + c_2 = 0 \end{cases} \quad \cdots\cdots (1)$$

无论用代入消元法还是加减消元法，当 $a_1b_2 - a_2b_1 \neq 0$ 时，都可得到：

$$\begin{cases} x = \dfrac{c_2b_1 - c_1b_2}{a_1b_2 - a_2b_1} \\ y = \dfrac{a_2c_1 - a_1c_2}{a_1b_2 - a_2b_1} \end{cases} \quad \cdots\cdots (2)$$

为了利用求解公式（2）解二元一次方程组（1），我告诉学生不必死记硬背求解公式，只要将二元一次方程组（1）的未知数系数及常数项列出，并按箭头所示方向进行乘法运算，且斜向上相乘时取积的相反数，再将交叉项合并，依次为公分母、x 分子、y 分子，就能很快获得答案。

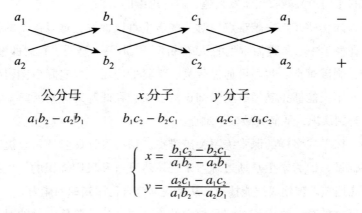

$$\begin{cases} x = \dfrac{b_1c_2 - b_2c_1}{a_1b_2 - a_2b_1} \\ y = \dfrac{a_2c_1 - a_1c_2}{a_1b_2 - a_2b_1} \end{cases}$$

例：解方程组 $\begin{cases} \dfrac{x}{3} + \dfrac{y}{4} = 2.25 \\ \dfrac{x}{2} - \dfrac{y}{12} = 1.45 \end{cases}$

解：原方程组可化为

$$\begin{cases} 4x + 3y - 27 = 0 \\ 30x - 5y - 87 = 0 \end{cases}$$

$$\begin{array}{cccc}
4 & 3 & -27 & 4 \\
\diagdown\diagup & \diagdown\diagup & \diagdown\diagup & \\
30 & -5 & -87 & 30
\end{array}$$

公分母　　　x 分子　　　y 分子
-110　　　-396　　　-462

$$\therefore \begin{cases} x = \dfrac{-396}{-110} = \dfrac{18}{5} \\ y = \dfrac{-462}{-110} = \dfrac{21}{5} \end{cases}$$

我用几分钟时间将此法教给学生，学生也学得很快，一下就掌握了，此后的解二元一次方程组问题，他们就能很快地获得答案了。

4 重视集体备课

集体备课是中学教研组的一项常规活动，有利于提高教师群体素质和课堂教学水平。一个具有先进教育理念的备课组，其备课活动不流于形式，不敷衍了事，不搞"花架子"，全体组员积极配合，在充分进行自主研修的基础上，再充分进行集体"合作、探究、创新"，让各自的预设在经验分享中达成新的预设，各自的"生成"在信息传播中启迪智慧。这种"同备一节课，同上一节课，同评一节课，同研一节课"的方式，是最直接、最有效的校本教研活动，对促进教师专业发展最为可行。

优秀教师是十分重视集体备课的。因为集体备课可以有效地促进教师专业发展。

● **集思广益，促进教师专业发展**

集体备课主要有两种情况，一种是开学前的集体备课，一般由备课组长先要求大家充分考虑这一学年，特别是这一学期，该学科教学的全程安排及各阶段的要求，集体备课时先由组长发言，然后大家提出合理性的建议，或修改或补充；另一种是每周一次的集体备课，一般由一名教师经精心准备后作中心发言，内容必须包括教学重点、难点、教学流程、教学方法和教学手段，其他老师再给予完善，最后由组长在研讨的基础上进行整合，确定下一周的教学工作。

"智者千虑，必有一失；愚者千虑，必有一得。"备课组长也好，中心发言者也好，虽然苦思冥想、精心准备了，但也会有考虑不周、局部不细的情况，有时甚至会出现知识性偏差。集体备课可以引发参与者知识的交融、智慧的碰撞，可以取长补短，既可完善专业知识，又可优化教育教学设计。

集体备课的最大优点就在于集思广益，最大限度地发挥每个人的优势，实现资源共享，并在集体研讨的过程中，使每个教师更加准确地把握教学内容与培养目标，在同一年级产生优质的教学效果。

● 直抒己见，促进教师专业发展

集体备课，是一个很好的交流平台。每位参与者都可以直抒己见，发表自己对知识的理解、教材的处理、教法的运用、练习的要求等问题的看法，让大家评议。一个人的观点如果能够得到多数参与者的认同，就可能成为下一阶段备课组的"集体行动"。如果得不到大多数参与者的认同，这里的原因则比较多，可能是你的观点太理想化了，你班可以这样做，其他班未必能做好；也可能是过于传统了，创新不足。对他人提出的意见，要认真进行分析，确实有道理的就应该接受；如果觉得自己的观点是可行的，也可以在大的方向上按备课组的要求进行的同时，将自己的想法在自己班上进行试验。

事实上，集体备课是对教学工作进行全程优化的教研活动，能够使教师在教学的认知、行为上向科学合理的方向转化。自我钻研、集体研讨、分工主备、教后反思的过程，就是教师专业发展的过程。教后反思之"教"，是可以有差异的。好的集体备课，是鼓励"和而不同"的。和而不同，让教育变得有个性有诗意；包容差异，在丰富多彩的教学实践中达成和谐。

● 思辨明晰，促进教师专业发展

古人云："博学之，审问之，慎思之，明辨之，笃行之。""审问之"也好，"慎思之"也好，"明辨之"也好，都要求我们"思辨"。

对于全新的教育教学理论、知识、观念、技能，教师都必须认真地、刻苦地学习，并尽快掌握。同时，更要注重活学活用，对教育教学的新理论、新观点、新方法、新技能既大胆地吸收、借鉴，又灵活地与工作实践相结合，有选择、有批判、有针对性地加以应用，决不能照搬照抄，生搬硬套。

集体备课，让我们感受到了"思辨"的过程。课程改革轰轰烈烈，新理论、新观点、新方法、新技能不断出现，每个人的理解不尽相同。各类培训，使大家在宏观上有了一定的理解；教研组的进一步学习，使大家在中观上又有了进一步的理解；但课改最终要落实到课堂，把课改的理念落实到具体的课堂中，集体备课就与之"零距离"地对接了。比如，对于如何树立与新课程相适应的教学新观念，经过学习、思辨，大家统一了认识，认为教学不只是课程传递和执行的过程，更是课程创生与开发的过程；教学不只是传授知识的过程，更是师生交往、积极互动、共同发展的过程。

- 合作学习，促进教师专业发展

以往教师的学习，多为自主的。课改背景下要求学生的学习以"合作、自主、探究"方式进行，其实教师的学习也应有合作。合作学习不仅是一种理念，同时也是一种学习方式。作为与新课程一同成长的教师，必须学会合作学习，共同构建教师合作文化。集体备课为合作学习创设了平台。

教师合作学习的主要方式是在学校中构建起学习型组织，基本的学习方法有头脑风暴法、分享式讨论和反思对话。"同备一节课"，看谁备得有新意，看谁备得有实效，在很大程度上就是"头脑风暴"；"同上一节课，同评一节课，同研一节课"，大家分享经验，反思不足。老教师的科学预设、合理生成，值得年轻教师学习；年轻教师的激发情感、活用媒体也值得老教师借鉴。教师如果都有了积极合作的态度、彼此信任的诚意和开放的学习心态，那么大家就能在学习中共同成长。

我们说为师要向同行学习，只有尊重同行教师，才能在借鉴他人中完善自己。向同行学习实际上就是团队合作学习，这种充分发掘和利用团队中有利于教师专业发展的各种资源的学习，是促进教师专业发展的有效途径。

- 师长引领，促进教师专业发展

一个备课组，学校在安排工作时，往往会考虑年龄、资历、经验、性别等因素。每位教师都有自己的优势，特级教师人格高尚学识渊博，中年教师年富力强经验丰富，年轻教师朝气蓬勃善用媒体，大家相互学习，共同提高。前面已经论述，但我以为集体备课对年轻教师更为有利。

只要年轻教师虚心请教，师长们还会就具体的教学内容，指导年轻教师把握新课程理念下的备课要求，诸如"备课要体现预设与生成的统一，备课要体现尊重差异性的理念，备课要体现生活化的理念，备课要体现课程资源整合的理念，备课要体现教学方式与学习方式转变的理念"；"备课的基本策略有：开放性备课策略，预设性备课策略，结构性备课策略，反思性备课策略"；等等。

师指一条路，烛照万里程。听师一席话，胜教几年书。从某种意义上说，集体备课是年轻教师成长的"摇篮"。

● 团队和谐，促进教师专业发展

TCL集团的企业精神是"敬业、团队、创新"，这些可以说是一个企业成功的"三要素"。学校发展同样需要这"三要素"。有了这"三要素"，教育教学工作就能在紧张、高效、和谐、有序的状态下进行，就能一步一步走向成功。备课组就是一个相对较小的团队，而集体备课就为这个团队实现共同愿景创设了沟通、合作、交流、研讨的平台，集体备课的氛围和效果，就是这个团队和谐的"晴雨表"。

当今时代，竞争已不限于商界，只要有群体协作的地方，都存在着个体间的竞争，教育也不例外。今后，教师面对的可能是更加激烈的竞争。回避竞争不是明智之举，只有在竞争中才能实现自身的最大价值。教师要以拼搏、进取、贡献为荣，以落后、平庸、无能为耻。作为备课组，首先要在竞争中提升整体水平，其次才是教师个人之间的竞争。但竞争应该是公平的、规范的、高尚的，高尚的竞争是一切卓越才能的源泉。

教师工作的性质决定教师要讲合作，集体备课就是合作。实践证明，有效的集体备课在实际教学中的确产生了显著的效果，并能推动教师团队和谐发展，整体进步。高尚竞争、追求卓越使备课组充满活力，团结合作、协同行教使备课组充满和谐温馨。优秀备课组的老师们在竞争中合作，在合作中竞争，最终走向"多赢"。

5 提前几分钟进教室

经常出差的人，一般都会有提前一定的时间去候车、候船、候机的习惯。之所以这样，是因为担心因耽误几分钟而误了行程。同样，优秀的教师，也多具有这种"等候"的意识和行为。

多数教师随着铃声进教室已成习惯，殊不知，这种"习惯"对课堂教学多少是有些影响的。若此时，教师心情不好，没有时间调适，既影响教师教学水平的发挥，又影响学生的学习情绪，教学效果就会受到影响。若此时，教师心情是紧张的，或是要上的课还没理顺，或是课间杂事尚未理清，或是从校外急匆匆赶回，教师进入课堂之后就会产生心慌意乱之感，教学程序就可能发生错乱，容易造成课堂失控或教学失误。就算心态平稳地进教室，学生的表现也有可能打破教师平稳的心态。比如，课间由于某个事件弄得班级沸沸扬扬，学生就会带着情绪上课，影响教学效果。又如，学生课间多数伏在桌上休息，昏昏欲睡，到了上课时兴奋不起来，也会影响教学效果。

建议老师们提前几分钟进教室，若课间休息是十分钟的话，教师可以提前三四分钟进教室。为什么呢？我的研究是学生休息到十分钟的黄金分割点（约6分11秒）时，教师进入班级最为合适。一家之言，仅供参考。

教师提前几分钟进教室，做什么？

一是进行教学设备检查。教学设备是进行课堂教学的必要条件，常有教师因教学设备准备不足或设备故障没发现而带来不必要的尴尬。教师提前几分钟进教室，就可以检查一下设备情况，这样可以减少上课时一些不必要的麻烦。

二是调整教师的教学心态。教师的心情，并不是每天都充满激情、充满阳光的，教师的不良心态，既会影响教师自身水平的发挥，同时也会影响学生的学习情绪，从而影响课堂教学的效果。教师提前几分钟进教室，可以利用这几分钟自我调控情绪，力争以饱满的精神、阳光的心态投入教学。

三是了解学生学习情况。教师提前几分钟进教室,可以有意识地选择不同程度的学生问一问、聊一聊,了解一下学生学习的起点,学生对新授课的预习情况,学生对课堂学习的知识准备、资料准备、思想准备、身体准备等情况,这样就可以根据学兰的具体情况,以学定教,适度调整教学设计进行教学。

四是稳定学生情绪。课间十分钟,班级里会有各种情况发生,有时是某项游戏活动的活跃场面,有时可能是上节课某个话题争论的延续,有时可能是学生从实验室、音乐教室、运动场归来。教师提前几分钟进教室,可以友善地提醒学生调整状态,做好迎接新课的课前准备工作。

五是沟通师生感情。教师提前几分钟进教室和学生进行"非正式沟通",这种沟通可以让学生亲近老师。教师和学生"打成一片",学生会更加信赖老师。老师和学生这种平等对话能够融洽师生关系,拉近师生间的距离,这样一来,"亲其师,信其道"的教育教学效果就会产生。

六是处理偶发事件。在课间时可能会有偶发事件,如学生打架、吵架、进行出格的游戏、突然身体不适,或教室门窗损坏、电器故障、极端天气等。教师提前几分钟进教室,学生活动、教室情况就处在教师的视野之中,教师就可以及时妥善处置。实践表明,教师提前进教室,课间偶发事件基本为零。

七是个别指导学生。个别学生的一些特殊情况,如作业问题、知识缺陷、学习习惯、家庭变故、身体康复、心理障碍等,如果不涉及隐私,教师就可以利用课前一点时间和学生进行沟通,对学生进行有效指导。这种指导往往能使许多在课堂上不易处理的问题得到有针对性的解决。

八是私下激励学生。我们常说,"公开表扬,私下批评",但有些特殊情况不宜公开表扬,如某学生带病坚持学习(学生的病不想让其他同学知道);某学生克服父母离异对学习产生的困难,调整好学习心态;某学生作业中的"偶一闪光"(对其他同学而言不算什么),等等,教师就可以利用提前进教室之机,私下激励学生。

玛兰德在《教室里的雕塑家》中曾这样描述教师的"候课":"在上课铃响之前,教师便出现在教室门口,亲切地看着学生鱼贯而入,就像将军在他的阵地上检阅士兵。"

老师们,从下节课开始,提前几分钟微笑着走进教室,相信会给你带来意想不到的收获!与此"对偶"的,迟几分钟离开教室,也许同样会有"异曲同工"之效。没准学生还有什么问题要和你探讨呢!

6 不带着情绪去教室

人有七情六欲,教师也不例外。

《中国教育报》曾登一文,认为教师有七种表情:疲惫,快乐,气愤,委屈,高兴,疑惑,魔幻。

前六条都好理解,这里需对"魔幻"做一说明。通常在一天的工作中,教师的表情很魔幻——上课时和蔼,批评学生时痛心疾首,见了领导笑容可掬。听说上面来检查,马上告诫学生注意事项,检查完了,又大陈"诚信"二字的重要性。一边大数应试痼疾,又一边告诉学生"天道酬勤",就要加班加点。

就"魔幻"而言,我觉得既有教师对教育理念的认识问题,也有教师面对教育世情的无奈之举。

老师们可以对照一下,看看自己面对学生时最多的表情是什么,也许这能代表工作时的基本心态。

从道理上说,教师要以愉悦的心情、微笑的面容、饱满的热情走进教室,面对学生,爱满教室。

但人非草木,孰能无情?

教师要教书育人,要业务进修,要研究课题,非常之忙。在教育的某些方面被异化的今天,由于学校之间的竞争、班级之间的竞争,教师身上担负着提高教育教学质量的重任,教师身心上的付出是常人难以想象的。如今,家长对教育教学的要求也越来越高,教师的工作压力越来越大。还有,夫妻不睦、子女生病、经济拮据、家庭琐事、亲人重病、同事不和、邻里纠纷、身体不适、事业不顺等都会引起教师心境的变化。在这些情况下,有些教师就会不由自主地把不良情绪带到工作中去,如对学生的提问不予理睬,神情严肃,甚至莫名其妙地发火等;又如整节课无精打采,错漏频出,拖沓无序,"草草收兵";再如有的教师一上课就对学生"直言":"我今天情绪不好,告诉你们,都给我好好听课，别给我找事，谁给我找事，我就和谁急！"

学生不是教师的出气筒！教师如果将情绪带进教室，就会严重影响教育教学效果，甚至败坏自己在学生心目中的形象。

教师理想的做法，应是"喜怒哀乐，深藏不露"。不是说一点都不能"露"，但绝不能多"露"。因为这是课堂，这是神圣的教书育人的场所。

教师如何做到"不带着情绪去教室"呢？

第一，适当分解。可以将一些可能会影响情绪的事，适当分给家人、亲人、朋友去处理，争取得到他们的帮助，不要全部"一人扛着"。

第二，团队帮助。有些事可以争取得到学校、年级、教研组的帮助，有些可以说出来的事就说出来，让大家帮着想办法。

第三，适度宣泄。心情不好怎么办？专家说："心情不好洗个澡，心情不好大声叫，心情不好草地滚，心情不好找人唠。"说的还真是那么回事。

第四，心理训练。就是训练自己的心理调适能力，练就"喜怒不形于色"的本事。遇事先忍三分钟，让自己冷静下来，用理智的思维去思考和看待问题，保持清醒理智的头脑。自然就不会把喜怒挂在脸上了。

第五，请假一天。如果有一天，你觉得心情太坏，几乎没法上课，那就干脆请假一天，调整心情。如今的教育环境，对这种情况总体上是理解和包容的。一天不够，可以再续。

7 记住学生的姓名

记不住学生的名字，我们可以说出许多理由。但一接班就迅速记住学生的名字，在课堂上、在活动中、在路上相遇时，教师能微笑着叫出学生的名字，将会产生意想不到的教育效果。

如果教师在记住学生名字的同时，还记住了学生的一些爱好和特长，择机赞许一下，那么教师的亲和力就会倍增，学生将会对教师产生亲切感，"亲其师，信其道""学其理"。这种情况下的教育教学活动，必然能起到较好的效果。

课堂上，教师能熟记并且随时叫出学生的名字，同时投以信任的目光，学生会感到惊喜、兴奋，感到教师了解自己、重视自己、关心自己，这样就缩短了师生间的距离，对学生来说，这是"课堂上的一道美丽风景"。

路上遇到学生，尤其是学生和家人在一起的时候，教师也能亲切地叫出学生的名字，并适度夸奖学生的特长或某个闪光点。这样，学生及其家人都会对教师产生好感。不要小看家庭对教师的这种好感，这对学生的学习绝对能产生积极影响。路遇叫出学生的名字，也许胜过一次家访。

在活动中记住学生的名字，就能和学生"打成一片"。我很爱打篮球，到龙岩一中，初为人师的我，经常提前帮学生占篮球场，心里盘算着下课后如何分组比赛，如何利用打球的机会，很自然地教育一些不爱学习的学生。"看，永忠球打得这么好，学习也能这么认真就好了！""据我研究，会打篮球的，都是聪明的，都是能学得好的，打篮球是打智慧啊！"这一招还真灵，我班的篮球爱好者，个个数学学得好。一些学生这样说："学不好数学，对不起任老师！"

反之，一些教师老记不住学生的名字，上课请学生回答问题，总是喊学号："这个问题请第 16 号同学回答"，把具有灵性的生命变成了数字符号。还有些教师，要么总把学生名字"张冠李戴"数次后才能叫对，要么总把学生的名字念错 N 次后才纠正过来。念错学生名字，学生会觉得这位教师没文化。记得有位叫"张芃"的学生，好几位老师第一次对着座位表叫他时都叫"张凡"，失落的张芃课后自我解嘲道："我爸怎么给我起了个这名，没有文化真可怕！"

"没有文化真可怕"在这里是句"双关语"，你以为学生是说他爸"没文化"？不！学生是说叫错他名字的教师"没文化"！一个没文化的教师，在学生的心目中具有怎样的形象？

有些教师，虽然工作认真负责，但总记不住学生的姓名。记不住学生的姓名，学生会认为自己在教师心目中没有位置，自尊心自然受到挫伤，于是内心便存留一份消极、一份懈怠、一份对立。一旦师生间有了这种隔阂，学生在课堂上就有可能不配合，就有可能被动，有可能应付学习，甚至有可能因偶发事件引起师生之间的误解和成见。

可以想象，在"恨屋及乌"的状态下，学生就会对教师所教的学科失去兴趣，缺乏学习动力，教育效果就会大打折扣。

成为一名优秀教师，需要在诸多方面做出努力，如学识魅力、人格魅力、教学魅力、形象魅力、语言魅力、沟通魅力等。《美国优秀教师行为准则》中的第1条可能会让你感到惊讶：记住学生的姓名。

人们常说，被人记住是一种幸福。

也有人这样说："世界上最美妙的声音，是听到自己的名字从别人口中说出来。"

让我们的学生感到幸福，多好！让我们的学生听到美妙的声音，多好！

记住学生的名字，并不是一件很难的事。只要用心，就能记住。

一个能记住学生名字的老师，学生也一定会永远记住他。

当夜深人静的时候，教师不妨在大脑里想一想，数一数，看看自己到底能够记住多少位学生的姓名、相貌、特长、爱好……

8　尊重每一个学生

日本优秀教师的评选标准中，有这样两条：

一是优秀教师要尊重学生的个体差异。优秀的教师在任何时候都会尊重和赏识学生，只有教师看到学生身上不同于他人的闪亮个性时，才会真正懂得教学。

二是教师要公正地对待每一位学生。人，生而平等，学生也应得到公平的教育。公平是教育的起点，一个教师若做不到教育的公平，就不能称作优秀教师。

前一条说的是"要尊重学生的个体差异"，后一条说的是"要公正地对待每一个学生"。

教师能否真正关注学生，已成为课堂教学中的关键问题。我们说教师要目中有"人"，这个"人"是不同的人，是所有的人。换言之，教师在教学中要努力做到"目中有不同的人""目中有每一个人"。

教师既要关注差异，又要面向全体。要同时做到这两条，也许"分层教学"是个好办法。实施分层教学，其目的就是让每一位学生都学有所得。在教学中，既要关注会的学生，又要关注不会的，还要关注特殊的，以求最大限度地达到关注"每一个"，让每一个学生都能积极参与到学习活动中来。

具体地说，可以分层次备课，分层次设计课堂提问，分层次布置作业练习等。在教学中，针对学生不同的个性，采用不同的态度；针对学生不同的兴趣，使用不同的教法；针对学生不同的水平，布置不同的作业；针对学生不同的进步，给予不同的表扬。划一模式下"千人一面、千篇一律"的教学，扼杀了学生的个性，必然导致教学的失败。

差异教学的本质就是"因材施教"，这就需要教师在最大程度上去了解每一个学生，去发现学生个体之间的差异，采取更好的教育措施，让学生能够在最大程度上发挥潜能，走向成功。

作为教师，教"好学生"，相对容易些，而要教好学生，就不是那么容易的了。教"好学生"是对"优材"施教，教好学生就是面向全体学生的差异教学了。

教好优秀学生容易，教好特殊学生难。惟其难，才显得更加珍贵。一位教育专家这样说："爱一个好学生并不难，因为他本身就讨人喜爱。爱一个问题学生才是对我们的重大考验，而这正是教师的天职。"

苏霍姆林斯基说："每个孩子都是一个完全特殊的、独一无二的世界。"一个学生一个世界，教师要走进每个学生不同的"世界"，对他们加以指导和帮助，给以悦纳和肯定，予以激励和引领。

教师眼中要有每一个不同的学生，其基础是"尊重每一个学生"。加拿大优秀教师的评价标准里，就明确点出教师给予学生尊重的重要性：教师给予学生尊重，方能赢得学生尊重。优秀教师懂得如何尊重学生，并将这种尊重融入教学的方方面面。

师者，要修炼一双慧眼，目中有人，有不同的人，有所有人；师者，更要修炼教学艺术，让所有的人快乐成长，让不同的人"各造其极"。

9 教学生整理书包

要上好一节课,学生应该做哪些准备呢?一般说应有两个方面的准备:精神的和物质的。书包整理讲的是物质准备,包括教科书、练习本、笔记本、优盘及其他有关的学习用具。

优秀教师,往往会关注学习过程中的每一个细节,告诉学生:学习,从整理书包开始。

按照习惯,上课前要把相关学习用具放在课桌的左上角或右上角备用。为了保证不缺一样,应该在头天晚上或当天早上把自己的书包整理一下,对照课程表逐一检查,并根据老师事先布置的要求,落实上课时所需要的每一样东西,若无则补,若缺则添。万万不能到上课时乱翻乱找东西,或者因缺带了某样物件而直接影响上课的成效。

不少学生到了学校后,能按课程表的顺序,在课桌里把准备的东西依次排列好,一丝不乱,很有条理。要做到这一点,需在家里书桌前贴上课程表或在铅笔盒里放上课程表。整理书包要注意三点:一是要自己整理,不要让父母或旁人代替。特别是住校生,不要认为东西都在学校而忽视整理书包,或认为我没有书包,东西都在课桌里就可以不整理,仍然应该像走读生一样,对照课程表,亲自整理一下上课时的一切用具。二是要清理书包,不要让无关的东西把书包塞得满满的,更不要在书包里放玩具或吃的东西;若带有液体的东西要单放,以免弄翻后污染书包。三要多备一两本课外书,以备万一有某些课临时改为自习时有可读之书。

学会整理书包,这是一种好习惯、好方法,应当提倡推广。

说到习惯,我们再看一个故事。

1978年,75位诺贝尔奖获得者在巴黎聚会,记者采访其中一位:"你在哪所大学、哪所实验室里,学到了你认为最重要的东西呢?"出人意料,这位白发苍苍的学者回答说:"在幼儿园。"记者十分惊讶:"在幼儿园能学到什么呢?"学者说:"把自己的东西分一半给小伙伴;不是自己的东西不要拿;东西要放整齐,饭前要洗手,午饭后要休息;做了错事要表示歉意;学习要多思考,要仔细观察大自然。从根本上说,我学到的东西就是这些。"

学者的话告诉我们一个浅显而又深刻的道理:好的习惯让人终身受益,必须从小培养,培养好习惯"一本万利"。教育家乌申斯基说:"良好的习惯乃是人在其神经系统中存放的道德资本,这个资本不断地增值,而人在其整个一生中就享受着它的利息。"他还说:"坏习惯是道德上无法偿清的债务,这种债务以不断增长的利息折磨人,去麻痹他的最好创举,并使他达到道德破产的地步。"

习惯是人在长期训练和事件中形成的自动化的行为方式,一旦形成便难以改变。习惯,对学生的学习乃至人的一生都有着重要的影响。俄国生理学家巴甫洛夫说:"在人类机体活动中,没有任何东西比节奏性更有力量。"科学研究表明,人的一生中 80% 左右的时间是按自己的习惯行事的,而一旦养成了好的学习习惯,学习就会事半功倍。

叶圣陶说:"什么是教育?简单一句话,就是要养成良好的习惯。"教书育人,应从培养学生良好的习惯开始,培养学生良好的习惯,可从整理书包开始。

10 每堂一赞

不知从何时起，我养成了一个习惯，每天备课快结束前，还要"备一事"，就是"明天表扬谁？"

可以表扬最近进步的学生，可以表扬作业工整的学生，可以表扬给出新颖解题方法的学生，可以表扬自觉预习课文的学生，可以表扬研究型学习做得扎实的学生。表扬学生，就是赞美学生。教师，不要吝啬你的赞美。因为你的赞美，也许正是某个学生成才的起点。

家庭教育的理念中，就有"好孩子是夸出来的"这一条。"说你行，你就行，不行也行；说你不行，你就不行，行也不行！"恰恰反映了家庭教育中最重要的教育规律。父母言行要多一些正强化，少一些负强化。"行"这个字为什么这么灵？因为它满足了孩子生命中无形的最大需求——赏识。对于孩子，其实无好无坏，全在心态，就看怎么去引导。所以，赏识孩子要找出孩子可以发展的一面，鼓励孩子说："你行！"

家庭教育的理念，用在教学上，道理是一样的。

曾读一书，书名就叫《一切从赞美开始》。书中说"赞美"有四种定义：其一，赞美是通过语言使别人的某种态度、思想及行为表现得更为强烈而采取的定向的激励方式；其二，赞美是一种精神嘉奖；其三，赞美是一种润滑剂或万能胶；其四，赞美是相互的抬高，是一种双赢的策略。

赞美激励是鼓舞学生士气的有效手段，教师岂可不用？

教师赞美学生，可以赋予学生积极向上的精神力量。教师要学会用好话迎合学生，不要放过赞美的机会；要寻找学生的优点来赞美，不要"鸡蛋里面挑骨头"；要对提问题的学生多加赞扬，不要认为这些学生怎么"这么多事"。

赞美之策，一是赞美学生要持平等的态度，即要放下架子来赞美；二是赞美要公正，即要一碗水端平；三是赞美要及时、真诚，此时不赞，更待何时？

四是赞美要公开、得体，管理学中有"公开表扬，私下批评"一说。

当然，赞美亦需有度，随意拔高不可取。

● 赞美最近进步的学生

学生的点滴进步，教师要善于发现；学生的偶尔闪光，教师更要及时捕捉。

小玲同学数学学得不好，作业几乎没有全对过。在初学"三角函数"时的一次作业中，竟然全做对了。全班同学全做对的不少，但我特地张贴了小玲的作业。

那天发回作业，小玲没有找到自己的，我笑眯眯地对小玲说："别找了，你找不到的。"小玲一脸茫然。我指着优秀作业张贴栏说："你看，在那里！"

上课一开始，我就对全班同学说："学习之道，贵在认真。近来我们班有不少同学学习非常认真，小玲就是其中的一个，张贴栏里的全对的作业是小玲的。我不敢绝对地说，小玲今后数学会学得如何如何的好，但我相信，只要她能坚持下去，她的数学学习肯定会一直进步的。"

果然，从高一到高三，小玲的数学成绩"稳中有进"。

● 赞美学习认真仔细的学生

有相当一部分学生，很难找到其闪光点和进步点，但他们学习认真仔细，一步一个脚印，基础知识打得很牢。这类学生多半是思维深度要差些，开拓力和创造力差一些，以女生居多。这类学生成绩居中，单科成绩不突出。

赞美这类学生，既要抓住"认真仔细"赞之，更要抓住"活而有序"导之。

引导这类学生，一要大力进行应变能力的训练，注意灵活应用基础知识。可从一题多解，一题多变，一法多用训练入手，逐步深化。二要多进行防思维定势的训练，从整体上全面考虑问题，从局部发掘隐蔽条件。三要在进行"通解"训练的基础上，适当选择一些"巧解"问题进行训练。"通解巧解，不可偏废"。四要在培养其应变能力时，保护和发展"仔细严谨"的习惯，切不可优缺点一起克服掉。五要适当看些智力训练、能力测试方面的书籍，参加一些智力游艺活动（如扑克牌算24点，下象棋等），"练应变于课外"。

赞美与引导相结合，可以起到"赞美"的"涟漪效应"。

• 赞美给出新颖解题方法的学生

数学课堂教学中，我曾讲过这样一道题：

问题：设 $a>2$，$b>2$，求证：$ab>a+b$。

这是一道并不难的证明题，但有些同学面对此题却无从下手。

我引导学生从对称入手，有：

∵ $a>2$，$b>2$，∴ $ab>2b$。

同理：$ab>2a$。

相加即可得证。

我又引导学生从"不妨设"入手，有：

不妨设 $a \geq b$，则 $ab>2a=a+a \geq a+b$。

接着，我又从"构造正项"入手，有：

$2ab-2(a+b)=(ab-2a)+(ab-2b)=a(b-2)+b(a-2)>0$

这时王兴同学提出可以尝试从"增量"入手，有：

令 $a=2+\alpha$，$b=2+\beta$，α、$\beta>0$，则

$ab=(2+\alpha)(2+\beta)=4+2(\alpha+\beta)+\alpha\beta>4+(\alpha+\beta)=(2+\alpha)+(2+\beta)=a+b$。

好一个"增量法"！我激动地说："我们以前学过增量法，也举过一些例子，没想到王兴同学在本题中运用得如此之妙！可喜可贺，来，我们赞美一下，给王兴同学来点掌声。"我们班的"来点掌声"，绝对是全班同学（包括王兴在内的）的"热烈掌声"。

掌声刚落，刘鸿站起来说："其实不必那么复杂。"

咦，你刘鸿难道还有更好的解法？

刘鸿边说着"可以从'倒数'入手"，边走上讲台，写下：

∵ $a>2$，∴ $0<\dfrac{1}{a}<\dfrac{1}{2}$。

同理有：∵ $b>2$，∴ $0<\dfrac{1}{b}<\dfrac{1}{2}$。

相加，得 $0<\dfrac{1}{a}+\dfrac{1}{b}<1$。

两边同乘 ab 即得证。

我和同学们的眼睛放光了，证法简洁，很有创意！

我大声地更加激动地说："刘鸿啊，真有你的！数学家的头脑也不过如此！

有你这样的头脑，学什么东西还有学不会的？"全班学生会心一笑。

这是没有预设的赞美，这也是无法预约的赞美。

- **赞美自觉预习课文的学生**

数学知识一环紧扣一环，坚持预习就能跟上正常的学习。但从中学数学教学的实际情况看，绝大多数学生没有养成预习习惯，这既有学生对预习的认识和坚持问题，也有教师的"预习管理"问题。我们应努力让学生认识到，预习可以培养自学数学的能力，可以帮助同学们提前思考、解决数学问题，可以提高听数学课的效率，可以提高笔记水平，可以改变被动学习数学的局面，防止在学习数学时因跟不上队而失去信心。

学生养成预习习惯并坚持预习，不是一件容易的事，教学中应注意经常检查，树立典型，鼓励学生持之以恒。

怎么鼓励学生预习？请看我设计的一个教学片段：

我问学生读过柳宗元的《江雪》一诗吗。学生说读过，随即背了起来："千山鸟飞绝，万径人踪灭。孤舟蓑笠翁，独钓寒江雪。"我说："好！咱们就用后两句'孤舟蓑笠翁，独钓寒江雪'来猜一数学名词。"

学生纷纷猜错，终于有一位学生说谜底是不是"公垂线"。我请这位学生解释谜底，学生说："'孤舟蓑笠翁'扣'公'，即'老公公'；'独钓寒江雪'就是'垂线'，垂下钓鱼的线。"我激动地说："完全正确，解释谜底也很精妙！"

就在学生报以热烈掌声的同时，我顺势说："我还想再表扬一下这位同学，同学们知道我还想再表扬他什么吗？"同学们说了很多"表扬"的可能，都没说对。我大声说："'公垂线'这个数学概念，我们还没学呢，他怎么就知道了呢？"同学们异口同声地说："预习！"我笑着说："是啊，预习，不仅能促进学习，还有益于猜谜！'公垂线'是我们今天要讲的"三垂线定理"中的一个非常重要的概念，下面我们正式上课。"

我是在建设我们班的"预习文化"。

- **赞美研究性学习做得扎实的学生**

研究性学习要求学生在教师指导下，从自己的学习生活和社会生活中选择研究专题，采用类似于科学研究的方式，主动地获取并应用知识，以解决问题。研究性学习的意义，在于引导学生改变学习方式。

研究性学习强调开放性、问题性、综合性、社会性、实践性和探究性，它的课程内容不再是由专家预先规划设定的待定的知识体系，而是一个师生共同探索新知的过程，是一个由师生共同完成学习内容的选择、组织与发展的过程。

数学研究性学习是一种开放性、参与式的教学形式，它不局限于一间教室或一所学校，也不局限于一门课或几本书。为了研究生活中的数学问题，学生必须走出课堂，走出校园，融入自然和社会，用眼睛去认识自然、了解社会，用头脑去分析、去鉴别。

数学研究性学习不是以学生经过调查得出一两个结论为终结，而是要求学生把自己所得出的结论运用到现实生活中去，强调学生的参与过程，这样才有助于学生把理论和实践联系起来，进而培养学生的创新意识、创新能力。

如何去管理学生的数学研究性学习？我所采取的方法之一，就是赞美。可以是对学生选题的赞美，可以是对学生选择研究方法的赞美，可以是对组织研究、分工落实的赞美，可以是对资料收集的赞美，也可以是对撰写论文或设计方案的赞美。

我还让出宝贵的课堂教学时间，让研究型学习做得比较扎实的学生在讲台上讲解或展示他们的阶段研究成果或最终研究成果。

班级里的一个个研究性学习小组，被老师一次次赞美后，数学研究性活动热情高涨。

11 每课一趣

每节课都要有一道以上的趣味数学题，或是数学游戏，或是数学智力趣题，或是趣味数学故事。有时在开讲时讲，有时在课末时讲，有时渗透在课中讲。趣题可以和所学内容有关，也可以与数学内容无关。趣题一般不超纲，但也可以适度超一点。趣题宜自然融入，力求起到引发兴趣、激活思维、活跃课堂之效。

趣味数学，贵在"趣味"。帕斯卡说过："数学研究的对象是这样的严肃，最好不要失去能使它变得稍微有趣些的机会。"趣味数学正是把数学问题"变"得十分有趣，引起学生的好奇心，激发学生学习数学的兴趣。打开科学家传记，可以发现其中不少人的创造、成就往往和他们具有某方面的兴趣分不开。爱因斯坦小时候曾被认为是呆头呆脑的，进入初中后成绩也不好。正在这时，他的一位当工程师的叔叔却用充满趣味的魔术师式的语言，引起爱因斯坦对知识的好奇。他对爱因斯坦说："代数嘛，就向打猎一样有趣，那头藏在树林里的野兽，把它叫做 X，然后一步一步逼近它，直到把它逮住！"他还从几何学入手，打开爱因斯坦思维的大门。他在纸上画了个直角三角形，标上 A、B、C，并写上 $AC^2+BC^2=AB^2$，然后说："这就是大名鼎鼎的毕达哥拉斯定理。两千年前的人就会证明了。孩子，你也来证证看！" 12 岁的爱因斯坦被这个定理迷住了，他一连三个星期苦苦思索，最后终于证明了这个定理。

看看这位 20 世纪的物理大师，我们能从中得到什么启示呢？这说明：天才的秘密就在于强烈的兴趣和爱好。我们应当把培养学生的兴趣和爱好作为正在形成的某种智力的契机。而趣味数学正是培养学生的兴趣和爱好的重要方法之一。

兴趣和爱好就像催化剂，能不断地促使学生去实践，去探索，逐步引导他们热爱数学，从而发展他们的智力，为将来钻研科学技术打下牢固的智力基础。

数学趣题的非智力作用，充分体现在激发学生对数学的兴趣上。

趣味数学还是数学科普中相当重要的一环，但过去并不被人们所重视，认为这是小玩意儿，不登大雅之堂。现在这种局面有所扭转，国内有许多刊物都登载过趣味数学题和数学游戏，近年来还编写和翻译了不少这方面的读物。对中小学生来说，这些都是促进智力发展的很好的课外读物。也正是在这种情况下，我们应当注意：第一，趣味数学题或智力测验题，并不是心理学上所指的智力测验。这些趣味数学题能培养学生的观察能力、记忆能力、想象能力和思维能力，但决不能单纯依靠它们来测定一个人的聪明程度。第二，课堂教学的任务是面向全体学生，所以在课堂教学中不能随意扩大到教材以外的内容。如果能结合授课内容，适当将数学问题引趣，常使学生感到生活中处处存在数学，那么学生学起来也就兴趣盎然了。应当指出，趣味数学题内容广泛，形式多样，涉及题外因素多，容易偏离中小学双基训练，对智力发展不易收到系统的收获。所以，应以在课堂教学中培养智力为主，课外活动为辅。只有这样，我们才能充分利用这一有利条件，因势利导，不断在课内课外全面发展学生的智力。

下面讲一个我的"某课一趣"。

几乎所有的人都玩过"石头、剪子、布"，都曾用过"石头、剪子、布"来决胜负。不知有没有人想过"石头、剪子、布"的胜算策略问题？其实，你简单地研究一下，还是挺有意思的。

情形1：如果规定起始拳，并且不可以连续出同一种拳，那么我教你一招，你一定不会输。

比如规定起始拳出石头，接下来你和你的对手都只能出剪子和布，这时你不能出布，因为对手有可能出剪子，你必须出剪子，这样不论对手怎么出，你都不会输。也就是说，如果对手出剪子，你们打平手；如果对手出布，你就赢了。

如果起始拳规定为出剪子，接下来你怎么出呢？相信你能找到对策。

如果要总结规律，那就是这次出的拳应该是上次输给对手的拳。

情形2：如果没有规定起始拳，但从第二拳开始不可以连续出同一种拳，那么你从第二拳开始，一定有不会输的胜算。

假如不规定起始拳，第一拳大家随便出，那就要考虑第一拳可能出什么的问题。

你可能会说，出石头、出剪子、出布的可能性各占三分之一。其实不然，据统计，先出石头或布的人要多于先出剪子的人。剪子的手势是相对最难做的，因为要在瞬间出拳，与复杂的剪子相比，人们更容易选择简单的石头或布。

因此，在不规定起始拳的情况下，如果先出石头或布的人居多，那我们第一拳就应该出布。对方出石头，我们获胜；对方出布，打成平手。如果打成平手，接下来你便可以采用情形1所讲的策略了，也就是说，如果大家都出布打成平手，下一拳我们就出"输给布"的石头。

情形3：如果规定起始拳，从第二拳开始，可以随意出拳，那么就要研究猜拳心理和实战情况，你才有更大的胜算。

如果是这种规定，根据情形2的研究，我们从第二拳开始可以考虑出布，这样我们可能有更大的胜算。

如果我们输了，我们就总结一下对手的出拳规律。

如果出布打成平手，我建议我们下一拳还是采用出"上次输给对手"的拳——输给布的拳是石头。为什么这么说呢？因为就绝大多数人而言，喜欢连续出同一种拳的人没有变换出拳的人多。

当然，如果你在实战中，遇到某个喜欢连续出同一种拳的人，那你就要随机应变了。

情形4：如果没有规定起始拳，也可以随意出拳，那么就还是要研究猜拳心理和实战情况，争取更大的胜算。

有了上面的分析，我相信你已经知道如何争取更大的胜算了。

第一拳出什么？出布。第二拳出什么？出石头……

嘘，上面的分析，千万别让对手知道。

12 每日一题

如果说"每课一趣"旨在让课堂充满活力、让学生感到"学习原来如此有趣"的话，那么张贴在班级学习园地里供学有余力的学生选做的征解题，就是为了激发学生主动迎接挑战的进取精神。

征解题可以是课本问题的拔高，可以是身边的精彩学科问题，也可以是切合时宜的学科趣题。多数学生对每日一题很感兴趣，哪天没出征解题，学生就"若有所失"。征解题也可以由学生提供，经教师简单评判或修改后署上学生名字公布。

• **课本问题的"拔高"**

课本问题包括课本例题和课本习题，这些题目都是经过课程和教材专家的精心挑选、反复比较才确定下来的，往往有较深刻的学科背景或具有典型的代表性。

"每日一题"不能仅仅满足于学生的解答，还应与学科课堂教学联系起来，让"每日一题"充分发挥其教学效应。

• **身边的精彩数学问题**

"每日一题"一定不要变得"面目狰狞"。以数学为例，学生之所以"不讨厌数学而讨厌数学题"，是因为我们让数学题"面目狰狞"。

其实，我们身边就有许多精彩的生活化的数学问题，只要用心发掘，就一定能给学生"不讨厌"的数学问题。比如，象棋盘中就有许多有趣的数学问题。

有一天的"每日一题"，我出了一道象棋题：马跳9步能跳回原位吗？（如图7所示）

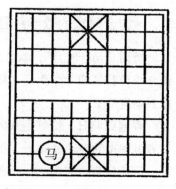

图7

不少学生回家拿着棋盘研究，奇怪，马无论怎么跳都跳不回原来的位置。

为什么马跳9步跳不回原位呢？

我们可以在棋盘上建立直角坐标系，并设这只马所在的位置P的坐标为(x_0, y_0)，那么，马跳一步后的位置的坐标应为(x_0+x_1, y_0+y_1)，这里的x_1和y_1只可能是1、-1、2、-2这四个数中的一个（想一想，为什么）。

同样，跳第2步后，马的位置的坐标应为$(x_0+x_1+x_2, y_0+y_1+y_2)$，这里的$x_2$和$y_2$也只可能是1、-1、2、-2这四个数中的一个……马跳9步后位置的坐标为$(x_0+x_1+\cdots+x_9, y_0+y_1+\cdots+y_9)$。如果这时马又回到原位置$(x_0, y_0)$，那么有：

$x_0+x_1+\cdots+x_9=x_0, y_0+y_1+\cdots+y_9=y_0$

也即$x_1+x_2+\cdots+x_9=0, y_1+y_2+\cdots+y_9=0$。

两式相加，有：

$(x_1+y_1)+(x_2+y_2)+\cdots+(x_9+y_9)=0$。

由于上式子中18个数都只能取1、-1、2、-2，而且每一次跳的两个坐标之和不能为2和-2，因此，$x_1+y_1, x_2+y_2, \cdots, x_9+y_9$这9个数只能取1、-1、3、-3。

但是不论怎样取法，由于奇数个奇数相加为奇数，所以这样取出的9个数等于0是不可能的。所以马跳9步不可能回到原位。

通过上面的分析，我们还可以知道：不仅马跳9步不可能回到原位，只要是这只马跳奇数步，都不可能回到原位。如果这只马跳了几步后回到了原位，那么它跳的步数必定是偶数。

这就是身边的精彩数学问题。这样的"每日一题"学生非常感兴趣，甚至连一些学生家长也乐此不疲地加入解题的队伍中。

• 切合时宜的数学趣题

所谓"切合时宜"，就是"每日一题"的背景符合当时的社会形势、时代潮流、季节特征或学生生活。切合时宜的学科趣题，学生很感兴趣，做起题来也就兴趣盎然了。

香港回归日，恰好是我的一位好朋友的生日。几位好友，找一酒家，一边看着电视里的滚动报道，一边点上蜡烛兴高采烈地为朋友祝福生日。

酒店经理也来助兴，问朋友多大了。朋友风趣地回答："我出生年份的数字之和就是我的年龄。"经理说："这我算不出，还是请教数学老师吧。"

我当然知道朋友多大岁数，我将这个问题作为"每日一题"让学生"算一算"。

具体解答如下：香港回归日是 1997 年 7 月 1 日，朋友应该是 20 世纪出生的人，设朋友出生于 $19xy$ 年，则

$$1997 - (1900 + 10x + y) = 1 + 9 + x + y$$

由此得：$11x + 2y = 87$，

即 $x = 8 - \dfrac{1 + 2y}{11}$，

要注意到 $0 \leq x \leq 9$，$0 \leq y \leq 9$，且 x、y 都是整数，将 y 可取的整数值逐一代入，可知只有当 $y=5$ 时，x 可取整数值 7。

算出来啦！朋友出生于 1975 年 7 月 1 日，香港回归日他刚好 22 岁。

- **学科竞赛题的弱化**

学科竞赛题往往有较深刻的理论背景和一定的解题难度，其解法独特、构思巧妙，不宜让大多数学生涉及。但作为"每日一题"的选题，可以考虑将学科竞赛题弱化到有相当一部分学生能够解答。弱化的方法有：将抽象问题具体化，将多元问题"少元"化，将复杂问题简单化，将含参问题数字化，将高维问题低维化，等等。

- **学生提供的学科问题**

"师不必贤于弟子"，教师应开诚布公地向学生承认自己的过失或不足，经常向学生学习。

陶行知说："你要教你的学生教你怎样去教他。如果你不肯向你的学生虚心请教，你便不知道他的环境，不知道他的能力，不知道他的需要，那么，你就有天大的本事也不能教导他。"可见，向学生学习是多么的重要。

我写的《来自学生的巧解妙证》一文，就列举了多个学生解数学题比我高明的案例。

数学教学如此，"每日一题"亦然。"每日一题"欢迎学生供题。

学生要供题，就要多涉猎数学书籍或科普书籍，就要研究颇具挑战的数学题，有时还要适当地将问题进行变式，学生的这种研习是一种"我要研习"的主动行为，是一种需要、一种享受，而不是一种负担、一种苦役。"我要研习"，是一种进取精神。

13 解放左手

不知从何时起,我去听课时,会在听课的过程中关注教师的左手,在评课过程中或多或少会谈到我所关注到的教师左手的情况。久而久之,在一定范围内流传起这样一句话:任老师听课看左手。

为什么我要关注教师上课时的左手呢?

教师上课,右手一般是拿粉笔或操作多媒体,而左手使用各异。有的老师一节课下来,左手不离课本,你信不信?有一次,我去听一位历史老师的课。记得前次听她的课时,她就是左手不离历史教科书,"照本宣科"。那次听课人多,我没有点评她的"左手问题",我猜想这节课她仍有"左手问题",就对同去听课的一位老师悄悄地说:"估计这节课她仍左手不离教科书。"我猜对了,同去听课的老师愕然,问我怎么能预先猜到,我笑曰:"观察。"

其实,不少文科教师,如语文、英语、历史、地理、政治等教师,上课时往往左手不离教科书;而不少理科教师,如数学、物理、化学、生物等教师,上课时往往左手不离教案本。文科教师要读课文、解释词句、说明段落,好像就得拿教科书;理科教师要抄写习题、分析习题、解答习题,好像就得拿教案本。

一定要这样吗?

你看魏书生老师,右手拿一根粉笔,左手空着,语文书就放在讲台上,翻到要上的那课,上课时偶尔用余光扫下,课文了然于胸。左手解放了,就有了许多有效的肢体语言,课堂也会更生动有趣。

再看孙维刚老师,也是一根粉笔"走天下",课本、教案本虚放讲台上,就这样上数学课。从初一到高三的三轮六年一循环的教学教育改革实验,第一轮、第二轮、第三轮实验班的学生,高考成绩一届比一届出色:第一轮班,除1人外,高考全部上线;第二轮班,40人中15人考入北大、清华;第三轮班,40人中22人升入清华、北大。更重要的是,实验班的学生升入大学后,有相当数量的学生当了干部、拿到奖学金，绝大多数继续攻读了硕士、博士。尽管这些学生升入初中时大都考不上重点校，但经过孙维刚六年的培养，不论是在大学里，还是毕业走上工作岗位后，都是全面发展、备受称赞的。

值得一提的是，孙老师是北京二十二中——一所普通中学的一名普通教师，他创造出了令人称奇的育人成绩。

我不是说，教师的左手一定不能拿教科书、拿教案本，我希望我们的老师能像两位大师那样，对教科书、对教案本了然于胸，能轻松驾驭教材，拓展教材，活用教材。

要做到这一点，教师首先要像名师那样修炼学识魅力。

名师的学识魅力，体现在名师具有扎实的基础知识、深厚的教育科学知识、精深的专业知识、广博的相关科学知识，以及能不断获取的新知识等方面。

扎实的基础知识。基础知识包括哲学、语文、外语、数学、物理、化学、生物、历史、地理、音乐、美术和计算机等基础知识，名师对这些知识往往能准确掌握、深刻理解、牢固记忆、灵活运用。

深厚的教育科学知识。名师对教育学、心理学等知识有较深刻的领会，能深刻理解和熟练运用教育科学理论，根据教育规律和受教育者的身心特征进行教育、教改和教育实验。

精深的专业知识。名师对本专业知识了如指掌，并能熟练地运用本专业知识去分析问题和解决问题。名师往往还通晓本学科发展史，了解本学科发展现状，能够预测本学科的发展趋势和作用，在教学中渗透学科最新成果。

广博的相关科学知识。未来科技发展的特点是高度分化和高度综合，其结果是新兴学科、交叉学科、边缘学科、中间学科等大量涌现。名师深知，一个对新兴学科知识一无所知或知之甚少的教师，是很难适应时代对他的要求的。

能不断获取的新知识。如今，"一杯水、一桶水"已远远满足不了时代的要求，名师深知，我们需要的是滔滔不绝的"长流水"。为师唯有筛滤旧有，活化新知，积淀学识，才能培养出善于终身学习的新一代。

修炼好学识魅力，左手就可以解放了。

当然，如果你每天睡前再熟悉一遍教案，那就更好了。

14 幽他一默

上海曾进行过一次关于"优秀教师身上应该具有的最主要特征"的调查，结果学生中选"富有幽默感"的最多。厦门市某小学进行过一次关于"你最不喜欢的教师行为是什么"的调查，结果学生选择排位第二的是"教师不幽默"。可见，学生喜欢具有幽默感的教师。

我们先来欣赏于永正老师执教古诗《草》的教学片段。

师：谁愿意回家背给哥哥听？（找一学生到前面来）现在我当你哥哥，你该怎么说？

生1：哥哥，我背首古诗给你听听好吗？

师：哪一首？（生答《草》）弟弟，这首诗我也学过。他是唐朝大诗人李白写的。

生1：哥哥，你记错了，是白居易写的。

师：反正都有个"白"字。（众笑）我先背给你听听：离离原上草，一岁一枯荣。野火烧……不尽……哎，最后一句是什么？

生1：春风吹又生。

师：还是弟弟的记性好，谢谢你。（众笑）谁愿意背给奶奶听？（找一学生到前面来）现在我当你奶奶，你奶奶没有文化，耳朵有点聋，请你注意。

生2：奶奶，我背首古诗给您听好吗？

师：好，背什么古诗？（生答《草》）

师：草？那么多花儿不写，为什么写草啊？

生2：因为草有一种顽强的精神，野火把它的叶子烧死了，可是第二年春天，它又长出了新芽。

师：哦，我明白了。你背吧。（生背）"离离原上草"是什么意思？我怎么听不懂？

生2：这句是说，草原上的草长得很茂盛。

师：还有什么"一岁一窟窿"？（众笑）

生2：不是！是"一岁一枯荣"。枯，就是叶子黄了，干枯了；荣，就是茂盛。

师：后面两句我听懂了。看俺孙女多有能耐！小小年纪就会背古诗。奶奶像你这么大的时候，哪有钱上学呀？（众笑）

于老师的课堂幽默随处可见：有时"一本正经"，有时"假装糊涂"，有时"自我嘲弄"，有时"信手拈来"……他把幽默巧妙地融入课堂教学，融入对学生的评价指引，而他的幽默又融合了对学生的人文关爱，融入了高深的教学艺术。

教师"幽他一默"，师生距离拉近。课堂上，教师态度严肃、板着面孔，容易导致师生关系紧张。苏霍姆林斯基说："如果教师缺乏幽默感，就会筑起一道师生互不理解的高墙。"而幽默可以使教师产生亲和力，是师生关系的"润滑剂"。

教师"幽他一默"，活跃课堂氛围。幽默的课堂，一定是充满笑声的课堂。课堂上的笑声，能减轻学生学习的压力，能寓教于乐，能使教师的"教"与学生的"学"变得轻松有效，能让学生以积极的心态学习知识、掌握技能、形成品格。

教师"幽他一默"，激发学生兴趣。英国学者鲍门在《幽默教学：一门表演的艺术》一文中指出："理想的教师应当达到艺术化的教学水平，善于利用幽默来激发学生兴趣，使学生学得更好。"教师幽默教学，把课讲得有趣有味，学生在快乐之中因兴趣而学。

教师"幽他一默"，开启学生心智。心智是人们的心理与智能的体现。教师的幽默教学，可以培养学生乐观豁达的气度和积极进取的精神，可以给学生以艺术的灵气让思维活跃，可以使理性认识建立在感性认识之上，可以使理智建立在审美情感基础之上。

教师"幽他一默"，造就愉悦境界。有人说，幽默是一种境界，是一种艺术，是一种智慧，是一种能力，是一种修养，是一种创造。教师的幽默，是其审美情趣、艺术修养、文化素质的综合体现。幽默的课堂，妙趣横生，其乐融融，师生共享愉悦境界。

教师要努力培养自己的幽默感，在轻松笑语中包含着深刻，在脱口妙语中蕴涵着睿智，在他人没有觉察的事物中发掘出笑料，在习以为常的事理中辨识其中的谬论，在通俗例子中寻求别致，在平凡普通中提炼神奇。

我们说"幽默是一种能力"，既然是能力就一定是可以培养的。如何培养？一是有幽默意识，记住苏联教育家斯维特洛夫的话："教育家最主要的，也是第一位的助手是幽默。"二是注意积累，多学多思，积累"幽默"素材。三是联系学科，发掘学科中的幽默点，这既有利于教师专业成长，又有利于学生加深对知识的理解。四是训练语言，可找些训练口才的书来读，可向主持人或语言艺术家学习，并在实践中运用。五是向同行学习，看看同行是怎么幽默教学的，可向本校同行学习，也可向外校同行或国内名师、大师学习。

说到幽默教学，还要注意几点。一是幽默要契合教学内容，过多脱离教学内容的"幽他一默"容易使学生分心。二是教学幽默要把握时机和运用的"度"，绝不能"为幽默而幽默"，幽默为教学所需，幽默有"度"，才能恰到好处。三是不能庸俗，在教学中为了逗乐而讲些低级趣味的"幽默"，就失去了幽默应具有的审美价值和教育价值。

师者，幽他一默，让学生在笑声中学习。

15 以眼传神

眼睛是人的五官中最灵敏的器官，是心灵之窗、情感之镜。

优秀的教师，眼睛会传神，会用眼神和每一个学生交流。马卡连柯认为，做教师的绝不能没有表情，不善于运用表情的人就不能做教师。

教师的面部表情中，眼神是很重要的，教师以眼传神，可用来表示赞同、鼓励、默许、否定、批评、限制、告诫，还可用来启迪、提示等。教师的眼神能拨动学生的心弦，控制学生的心态，提高教学的效果。

教师以眼传神，要传什么"神"？

第一，要传"兼顾"之神。湖北秭归二中董建华老师说到这样一件事：有一次一名学生上课做小动作，他课后问学生为何不听讲，学生说："老师上课从来不理睬我们。"他说："我在课堂上对每一名学生都是公平公正的！"学生说："老师说错了，您的眼睛从来没有望过我们，只盯着几个成绩好的同学！"

课堂教学中，教师的目光要分配合理，不要长时间直视某一学生，也不要忽视、冷落某些学生，前后均应兼顾，以便随时通过目光调节课堂气氛和学生情绪。

第二，要传"暗示"之神。在课堂教学中，教师的眼神可以起到暗示、唤醒、警示的作用。上课了，教师站在讲台上，可以用镇静、期待的目光环视教室一周，默默地注视着学生，学生得到教师目光的暗示会迅速安静下来，并做好上课的准备。

当学生不专心听讲时，教师用目光"点射"，这种暗示的眼神胜过说教，更胜过训斥，能够达到"此时无声胜有声"的作用。

第三，要传"鼓励"之神。教师要以鼓励的眼神来关注每一个学生的发展，特别是那些学困生，更需要得到老师的鼓励。在课堂提问中，当学生很好地回答问题时，教师要及时投去欣赏的目光，并提出更高、更难的目标，让他们面对新的挑战；当学生积极思考、大胆发言时，教师要不时对学生投以赞许的目光，这种无声的称赞使学生的学习劲头倍增；当学生回答问题犹犹豫豫，害怕答错时，教师向学生投去信任的目光，鼓励其大胆发言。

第四，要传"批评"之神。当发现有学生扰乱课堂秩序时，教师可以用表示不满或夸张的眼神来责备学生，这种眼神远比教师直截了当的语言警告要有效得多，因为再调皮的学生也惧怕教师那锐利的目光。

凡有一定工作经验的教师都知道，不少学生虽很调皮，但他们却很爱面子，不吃你"来硬的"的那一套，特别是公开场合的批评。教师的批评语言稍有不慎，就有可能让他们产生"逆反心理"而与教师当面抗衡，弄得教师下不了台。利用眼神批评教育学生，就可以保护学生的自尊心，能起到"润物无声"之效。

第五，要传"关爱"之神。用语言关爱，是爱的一种方式；用眼神关爱，也许会让学生对爱有别样的感受。一位教师感慨地说："充溢着师爱的眼神与学生清澈明亮的眸子交流、融合，美好的情感就会贮藏于学生心中。"

一位犯了错误的学生在博客里写了这样一段话："那一次，我在老师的眼神里真切地感受到了爱。那一刻，就是老师的那个眼神，让我的心里暖暖的。我犯了错后，很害怕，怕我从此以后将是一个坏学生，如果不是老师的宽容和谅解，不是老师对我的关爱的眼神，我从此以后一定会是一个自卑的人，是老师让我找到了自信，改正了错误，成为一个心里光明磊落的人！"

第六，要传"欣赏"之神。"用苛求的眼光看自己，用欣赏的眼光看别人"。得到别人的欣赏是一种幸福和满足，它能够为自信心的形成和增强起到"助推"作用。教师用欣赏的眼光看学生，能促进和激发学生的学习兴趣和热情，使之变成巨大的学习内驱力。对优秀生的勤奋睿智要欣赏，对中等生的新颖思路要欣赏，对学困生的点滴进步要欣赏。

教师用欣赏的眼光看待每一位学生，尽力寻找他们的闪光点，就会发现原来学生是非常可爱的。套用一句罗丹的名言，我们是不是可以这样说："不是学生缺少闪光点，而是缺少发现闪光点的眼睛。"

反过来说，教师的眼睛，不能传"压制"之神，不能传"厌恶"之神，不能传"讽刺"之神，不能传"挖苦"之神，不能传"歧视"之神。

眼神的信息是复杂的，师生之间的交流也是多维度的。教师要不断修炼自己的"目光雷达"，根据变化适时调整眼神，增加眼神的内涵，面朝学生，眼神过处，"春暖花开"，这样的课堂自然流淌着生命的诗意。

16

修炼绝活

我不止一次地听到一些学生在回忆他们当年的数学老师时这样说：我们的数学老师，画任何图形都不用三角板和圆规，胳膊一抡，就是一个标准的圆，信手一拉，就是一条直线，在坐标轴上一画，就是一条抛物线。学生听老师的数学课，就是一次作图欣赏。

这就是这位数学老师的"绝活"。我不清楚这位老师其他方面的情况如何，但仅凭学生对老师"绝活"的钦佩程度来看，至少老师的"绝活"已经给学生留下了深刻的印象。

谢云老师写过这样一段文字，记录大学时代教过他秦汉两宋文学的万光治老师：

> 先生讲课时，难得打开讲义或课本。每站上讲台，便望着教室后面的某处天花板，眼光破镜而出，犀利如剑，仿佛要穿墙而出，直透到"秦时明月汉时关"的渺远意境里去。接着开口，开口便有如悬河，汩汩滔滔，上下几千年的风雨岁月，便赫然呈现在我们眼前。又仿佛水泻平地，洋洋洒洒，有着一股夺人的气势。宏奇瑰丽之境或萧索黯然之意，全在那疏放有致的纵横捭阖中，得到了充分的显现。

> 其实，我们早已习惯了慢条斯理、温文尔雅的行课方式，万先生这种突如其来、挟风带雨的风格，便有一种特别强悍的凝聚力和威慑感，弥漫了全室，将一颗颗心带到秦汉两宋的沧桑烟云里。平时上课，教室里总是嘤嗡不断，嘻哈连连，万先生的课，却清风雅静，幽寂无语，似乎所有人都屏声敛息。先生却依旧目不斜视，旁若无人。人呢，当然有，都沉浸在先生用语言和气势预设铺陈出的氛围中，只是不知今世何世，亦不知身在何处了。

谢云老师说他至今想来，虽然遥隔20多年光景，但先生超强的记忆力，对史料的精熟程度，仍令人钦佩之至。而他授课时的情境，至今历历在目，每每念及，都是美好的回忆和享受。

每位教师若都能修炼一手属于自己的绝活儿，该有多好！

教师的绝活儿，多与教师所教的学科有关。

比如，语文老师的诵功——对古诗词的吟诵，书功——写出一手好字，写功——写出一篇篇美文，若还能成为灯谜对联之类的专家，则更是妙不可言。

就说灯谜吧。任课教师利用它，能激活课堂，引发学生学习兴趣，增知启智，融洽师生关系；班主任利用它，能充实主题班会和课外活动内容，增添班集体的生活情趣，借以协调人际关系和改善心理氛围；社团组织利用它，能寓教于乐，活跃节假日活动的气氛，有助于培养智慧型的学生干部；学生家长利用它，有助于融洽亲子关系，营造家庭学习氛围，促进学习型家庭建设；学生有了它，则能育德、增知、启智、激趣、促美、创新。

数学老师的算功——复杂算式的计算能力，画功——信手画出各种几何图形，妙解之功——对问题的一题多解，善变之功——对问题的一题多变，若还能成为趣味数学专家，就能成为更受学生欢迎的老师。

我从小就学会了扑克牌"算24点"游戏，上学时，我就和同学玩。那时能玩的游戏不多，"算24点"游戏给我们的童年带来了无比的乐趣，尤其是某种牌组我先想到算法，而其他人还在苦思冥想时，我更是乐不可支！

当老师后，我几乎在和学生的所有的外出活动中，都会带上几副扑克牌和学生开战。经常有这种情形，我一人战学生三人，甚至一人战班级所有学生，在和学生的所有"交战"中，我至今没有失败过。特别是当学生都说某牌组"无解"时，我却能给出正确答案，让学生惊叹不已。

我的这招"绝活儿"给学生留下了深刻的印象。有位学生还写了一篇文章发表在报纸上，文中说他对数学的兴趣，是从寻找牌组（3，8，3，8）的算法开始的。学生百思不得其解，我对学生说"肯定有解"。学生不信，回家和父母一起想了两天两夜，仍不得其解，遂求我给解。当我写出 $8÷(3-8÷3)=24$ 时，学生"目瞪口呆"，从此迷上了数学，最终考进了清华大学。

教师的绝活儿，也可以与所教学科无关。

与教师专业无关的知识或能力，我们常常称之为"副业"。所谓略修"副业"，是指教师在其专业之外，还有自己的一些爱好，不受一种专论或一种思维的限制。广泛的爱好，使教师品位高雅、教学富有情趣。

魅力教师不仅要专业发展，还要在专业发展中略修"副业"。学生对教师专业之外的"副业"往往充满好奇，教师的"副业"也往往成为学生喜欢他的理由。

当数学教师用诗歌来描述数学现象时，当语文教师以理性的视角来阐释某个科学之谜时，当体育教师随手画出生动有趣的漫画时，当英语教师用多种泳姿劈波斩浪时……带给学生的是什么？

17 扬长避短用多媒体

多媒体网络教学给教育带来了全新而深刻的革命,在很多方面是传统教学手段无可比拟的,多媒体网络教学将会有迷人的广阔前景。

为了使多媒体网络教学"一路走好",为了使多媒体更好地运用于教学,基于"生于忧患"之考虑,换个角度观之,另类目光视之,说"冷眼"也可,说"理性"也罢,我提"十问"。

● 一问"情感"归于何处?

课堂是面向每一颗心灵敞开温情的怀抱,课堂是点燃每一位学生思想智慧的火把,课堂是情感态度价值观激情迸发的舞台。媒体要素(如文本、视图、音响、网页、电子信箱等)要和情感要素(如教师的人格魅力、富有情趣的讲解、师生的密切合作等)有机结合,才能产生新的整体的特殊效应。

有位教师在制作课件时,将掌声与叹息声都作了"精心的安排",每当学生改对或改错一个病句,电脑就会发出掌声或叹息声,可谓用心良苦。但"多情"却被"无情"恼!

先进的教学手段不应完全取代传统教学。师生的情感交流,可能是教师的一个手势、一次微笑、一句赞语,可能是颇有特色的板书、直观的模型展示、具体的实物演示,而这些都不是媒体教学所能实现的。

问课堂,人在何方?问师生,情归何处?

● 二问"变化"怎么应对?

课堂随时都有意外的通道和美丽的图景,课堂最显眼的标志是平等民主安全愉悦,焕发出生命活力的课堂才是理想的课堂。教学过程是一个动态的、发展的过程,时常会产生一些不可预见的情况。对于课件固定不变的教学思路与课改要求开放性、启发式教学的矛盾，教师应该怎么应对？

曾听过一节几何课，讲一道题的多种证法。课件里隐藏了五种证法，教师提问学生，当学生说出了隐藏证法中的某种证法思路时，哪怕很小声，教师都能很快听到，继而报以微笑，充分肯定，点击鼠标，显示证法。有位学生举手说出他的思路，声音不算小，可教师就是充耳不闻，当学生再次举手时，教师仍目不视之——课件里没有这种证法啊！而学生的思路虽非最优，但能证此题！

- 三问"他人"怎为我用？

网络技术和资源共享，为广大教师提供了多渠道获得教学课件的可能，减少了教师制作课件的时间，也为充分借鉴他人研究成果创造了条件。可能是教师确实太忙，可能是制作课件使用的软件难以转换，可能是自己制作课件的能力有限，也可能是看见了他人课件造成了思维定势，有相当一部分教师"拿来"就用，也不考虑是否适用于自己的学生。

我早年曾制作一个数学课件，由于当时制作课件水平不高，有相当一部分要进行板书，还有一些内容是课堂中的活动，这些都没能在课件中体现出来。我当时不会使用"隐藏"或"链接"，30多页课件中至少有十多页是根据课堂教学情况备用的。碰巧的是，在一次异地随机听课时，一位数学教师竟全用了我的课件，该板书和活动的部分没有了，不该全讲的几乎全讲了，差点惹出笑话来。主动"拿来"，值得肯定；盲目"拿来"，怎为我用？

- 四问"思维"空间安在？

利用多媒体进行教学，确实有容量大、速度快、操作易、效率高等优势。然而教学是快的技术吗？现实的情况是，由于课时紧张却又追求容量，使用课件时画面的切换较快，思维空间没有留足，表面上看内容丰富，实际效果"夹生"的多。课堂里曾经生动的"抑扬顿挫"少见了，教学中意犹未尽的"留白"也不多了。教学，在某些时刻，更可能是慢的艺术。

我不时见到学生课后用优盘拷贝老师课件的情形，有时还要"优盘排队"，喜乎？忧乎？

另一方面，如果在课件中把学生思维都用多媒体形象地展现出来，这种"展现"也很可能成为学生思维能力和创造能力的"杀手"。我们要充分利用多媒体的运算和资源储备功能，引导学生进行探索，而不是用多媒体的"展现"功能将学生的思维能力弱化。

●五问"想象"境界存否?

儿时读柳宗元《江雪》一诗,"千山鸟飞绝,万径人踪灭。孤舟蓑笠翁,独钓寒江雪。"老师让我们齐读一遍,接着大略讲解诗意,特别强调"千山""万径"来照应"孤舟""独钓",用"绝""灭"来照应渔翁"超然物外"之境界。然后老师让我们一边读诗一边想象诗中的情景,又请大家闭上眼睛,由老师慢慢地轻声地拖着长音读着诗,所有学生想象诗境。老师读完了还让大家伏在桌上继续想象一会儿,我们所有同学都有了属于自己的诗境。没有板书,没有挂图,只有无配图的课本,儿时的诗竟却在我脑海里保留了很长一段时间。

直到前些年当了校长,去教学巡视,忽闻教室里传来了"千山鸟飞绝"时,我好奇地悄悄隔窗向教室里看去,屏幕上的"诗境"瞬间替换了我儿时的"诗境",以至于我现在闭上眼睛想《江雪》诗境,竟然只有那屏幕上的诗境,而我儿时的诗境已荡然无存。

我绝没有否定课件在帮助学生想象方面所起到的作用,我只是想说,在多媒体技术如此发达的今天,教学中留给学生想象的空间和创设想象的境界还能做得更好些吗?

●六问"时间"该怎样分配?

学校里常常有这种情况:

问老师:"最近忙吗?"答曰:"最近要做个课件,忙死了。"

指导一些青年教师参加数学教学评优活动,我惊奇地发现,这些青年教师把大量的时间用于数学课件的制作上!

课件制作,是一项技术工作,是一项创新活动,是科学和艺术在教学中的体现,也是要花许多时间和精力的。

教师的教学准备,是更多地放在制作课件上,还是更多地放在钻研教材教法上?我认为应该是后者!钻研教材教法才是教师要用心思考、用心反思、用心打磨的!学校里确实有些制作课件的高手,但教学水平却无人喝彩。

对于课件制作与教材教法钻研在时间上的矛盾,为师者一定要合理分配好。

●七问"实验"能否取代？

多媒体网络技术已经可以在很大程度上解决很多"实验"问题。

在一次多媒体技术产品展示会上，厂家技术人员甚至说："从技术角度说，现在中学里的各种实验，都可以通过我们的产品解决。"

我惊异！我惊喜！我担忧！

惊异的是，多媒体技术如此发达；惊喜的是，一些实验条件尚不具备的学校有了一条解燃眉之急的途径；担忧的是，学生的动手实验会不会被多媒体取代？

事实上，这种担忧不是多余的。近年的听课中，谁没有见过用多媒体实验取代学生动手实验的？我在这里呼吁：对于实验性较强的学科，如物理、化学、生物，一些必须让学生动手的实验，不能用多媒体虚拟技术来代替学生的实物实验操作！

长期虚拟实验下去，学生的动手能力、实物操作能力、实验误差分析能力等将会严重弱化。也就是说，他们将失去科学精神和科学素养！

●八问"实践"如何进行？

综合实践活动课程是我国新一轮基础教育课程改革的一个生长点。综合实践活动（包括研究性学习、劳动与技术教育、社区服务、社会实践）被列为必修课程。其课程目标是：培养学生独立的、持续探究的兴趣，使学生获得丰富的参与研究、社会实践与社区服务的体验；进一步提高学生发现问题、提出问题和分析问题的能力；使学生掌握基本的实践与服务技能；培养学生分享、尊重与合作的精神；使学生养成实事求是的科学态度；培养学生的服务意识与奉献精神、社会责任心与使命感。

说得太好了！我真希望我们的综合实践活动能达到预期的目标。

现实的情况是这样吗？不完全是。至少有一定数量的涉及实践的研究性学习课题，学生缺少实践环节，许多"实践"是虚拟的，是网上搜索来的。我们提倡真正意义上的"网络环境下的研究性学习"，反对具有实践内容而缺少实践环节的研究性学习课题。

●九问"文本"可否忽视？

我读中小学时，语文老师经常这样说："请同学们翻开课本，我们一起看课文。"数学老师经常这样说："这个定理很重要，请同学们用红色笔划上记号，特别在'××××'下标上着重号。"1977年，我回城参加高考复习，重拾课本，批注、画线、小结重现，当年课堂情境历历在目，给我的复习带来了丰富的情感支撑和高效的知识掌握。

我当教师时，也经常请学生在课本上写写画画，经常查看学生的课本，看看学生是否有画（画层次、画要点、画疑难）有批（眉批、旁批、尾批）有练（完成书上简单的练习），要求学生养成"不动笔墨不读书"的习惯。

现在的一些情况是，一些课堂上出现了将教师的讲解改为多媒体演示，一节课上完，课本几乎没动，一切尽在"屏幕"中。另有一种情况是，"书本搬家""板书搬家""习题集搬家"，课堂上，学生步步紧跟屏幕，师生都以屏幕为教学的中心。

源于文本，高于文本，利用文本，不唯文本，这才是我们孜孜以求的课堂教学之境界。

- 十问"主体"如何体现？

课堂是师生互动心灵对话的时空，课堂是师生唤醒各自潜能的时空，课堂是师生共同创造奇迹的时空。可以看出，学生是课堂的主体。

即便是在网络时代，多媒体网络教学同样要明确教师的主导作用和学生的主体作用，努力建立"以学为中心"的教学模式，要注重引导学生开展研究性、探索性学习。

以学生为中心，就不能以教师的思维取代学生的思维；以学生为中心，更不能喧宾夺主——让多媒体这个"宾"夺取学生这个"主"！

课间行走在教室外的走廊，时常看到多数班级里提前"屏幕登场"，有些班级还音乐渐起。上课了，拉下窗帘，光亮处就是屏幕，声音来自屏幕，学生和教师关注的焦点是屏幕。一节课下来，屏幕是中心。学生曾在周记中用歌词般的语言抱怨说："哦，'屏幕''屏幕'，是你是你还是你！"也有教师这样笑着对我说："倘若停电了，我真不知道还能不能上好课。"

网络时代，勿忘教师主导，更勿忘学生主体！

基于上述十问，我以为，多媒体网络教学不能忽略情感，不能没有变化，不能拿来就用，不能思维僵化，不能破坏想象，不能费师多时，不能取代实验，不能远离实践，不能忽视文本，不能主体不明。多媒体网络教学要让优势"最大化"、弊端"最小化"。倘若如此，这"十问"问出了效应，问出了价值。扬长避短用多媒体，学生幸甚，教育幸甚！

18 非预设生成

什么是预设？

预设指的是教师在课前对课堂教学的规划、设计、假设、安排，然后师生按照课前的设计和安排展开有序的课堂教学活动，学生通过完成各种活动获得预设性的发展，简而言之，预设即预测和设计。

什么是生成？

教学不是完全根据教师的预设按部就班地进行，而是充分发挥师生双方的积极性。随着教学活动的展开，教师和学生的思想与教学文本不断碰撞，创造火花不断迸发，新的学习需求、方向不断产生。它体现了课堂教学的丰富性、开放性、多变性和复杂性，激发了师生的创造性和智慧潜能，从而使课堂真正焕发出生命活力。

预设与生成的关系：预设与生成是课堂教学的两翼，缺一不可。没有精心的预设，就没有精彩的生成。预设使课堂教学有章可循，生成使课堂充满活力，精彩纷呈。预设体现了对文本的尊重，生成体现了对人本的尊重。预设是教师的有备而来，顺势而导；生成是学生灵感的突现，智慧火花的迸发。

生成是对预设的丰富、拓展、延伸、超越，没有高质量的预设，就不可能有精彩的生成。如果把预设看作"根"，那么生成就是"叶"，只有依靠"根"的博大精深才会有"叶"的浓密茂盛。如果把生成比作朝霞，那么预设就是旭日，朝霞只有依靠旭日方能绽放光芒！

关于预设和生成，还有许多精彩的观点。

"课堂因预设而存在，因生成而精彩"；"课堂因生成而美丽""因预设和生成的融合而精彩"。预设是生成的基础，生成是预设的提高，二者是相辅相成的，是矛盾的统一体。

教学创新，就必须在预设上创新，在生成上也创新。

课堂教学预设，是教师对自己的课堂上可能出现的各种问题的预见及对策准备。课堂教学生成，是根据课堂教学本身的进行状态而产生的动态的活动过程，具有丰富性和生成性的特征。

关于预设与生成，有人精辟总结："总之，课堂需要预设，没有预设的课堂是不负责任的课堂，但仅有预设是不够的；课堂同样需要生成，没有生成的课堂是不精彩的课堂，生成的课堂充满了生命活力，但课堂也不能完全是师生的即兴创造。预设与生成相得益彰，二者是互补关系。"

我的备课观：备好教材，心中有书；备好学生，心中有人；备好教法，心中有术；备好开头，引人入胜；备好结尾，引发探索；备好重点，有的放矢；备好难点，突破难点；备好作业，讲求实效；备好学案，渗透学法；备透理念，融会贯通；备多用寡，左右逢源；备之研究，深层探索；备之终身，养成习惯。

课若如此来备，基本上能预设充分，但还可以进一步升华。

预设充分，就能产生更多的"预设下的生成"，当然，对"非预设生成"的出现教师也要表现出惊喜状态，让学生在教师的惊喜中得到"智力满足"。

当然，我们更希望每节课都有一些（哪怕一点点）非预设生成，出现一些"无法预约的美丽"，这样的课堂，就是生成的、开放的创造天地。就像布鲁姆说的："没有预料不到的结果，教学也就不成为一种艺术了。"每一位教师都应努力地去促进更多的生成的东西，并及时捕捉住智慧的火花，让它绽放生命的活力，使课堂教学因生成而变得美丽。

近年来，厦门一中、上海市格致中学、辽宁师范大学附属中学、贵阳二中、浙江省茅盾中学、浙江省嘉兴第一中学、贵州省实验中学、海南省琼山中学、深圳市宝安中学等联合举办"激活课堂"数学教学研讨活动，每校派出一位老师"同备一节课，同上一节课，同评一节课"，并在理论上对"激活课堂"进行研讨，取得了意想不到的可喜效果。

"同备一节课"，大家都在预设，都在如何创新、怎样激活上动足了脑筋，"各显神通"。到了听课时，才发现"山外青山楼外楼"，"英雄所见不尽相同"。在对一节课充分预设基础上的听课，让大家在反思中获益颇多。

"同上一节课"，大家都在预设的前提下实施课堂教学，有落入"如来佛手心"的预设下的生成，也有不少非预设生成，这是对授课老师业务功底和教学机智的考验。办了十一届活动，大多老师身手不凡，处理得恰到好处。

"同评一节课"，是专家与授课老师的平等交流，是理论研究与行动研究的思维碰撞。专家们有了鲜活的课例，评起课来有声有色、句句在理、揭示本质；一线教师有了研究课例，评起课来理论提升、深入浅出、可圈可点。

我以为，"激活课堂"数学教学研讨活动，是"预设"和"生成"的"研发基地"，是教师专业发展的平台。我们相信这项活动会越办越好，并且希望推广到其他学科。

近读《多一点精心预设 融一份动态生成》一文，作者杨育池老师的"一点认识"写出了课堂教学预设与生成的韵味，录之，供读者一读，更希望读者对原文一读。

课堂是开放的，教学是生成的，教学是"静态预设"在课堂中"动态生成"的过程，课堂上发生的一切，既不是由教师单方面决定，也不是都能在备课时所预料的；教学过程的真实推进及最终结果，更多地决定于学生的学情、课堂具体进行状态和教师的处理策略。一节课究竟是怎样的过程，不能在课时计划的预设中成竹在胸，它需要教师在预设的基础上随着课堂信息的整理、分析、选择与调控中不断进行演变，适时调整教学环节，动态生成学习内容。过分强调预设缺乏必要的开放和不断的生成，就会使课堂教学程式化，课堂变得机械、沉闷，缺乏生机和活力，使师生思维活力得不到充分发挥；如果教学中单纯依照开放和生成，缺乏目标与计划，变得无序、失控，课堂教学显得过于自由化；缺乏精心准备和必要预设，使师生思维活力得不到高效发挥。

教师的"预设"、师生的"生成"是在一定的学习任务的前提下的"预设""生成"，而不是师生随心所欲、节外生枝。生成，不是对预设的否定，而是对预设的挑战，精彩的生成源于高质量的预设。预设是为了更好地生成，生成是预设的后续发展和进一步的完善，两者是互生共进的；教学中教师还应认识到两者之间的差异，因为这两者之间的差异反映出我们的教学过程具有复杂性和不可预测性。当我们在课堂教学中没有按照预设展开时，当面临的信息使我们措手不及时，我们应努力做到不漠视，不将学生的思维强行拉回到预设的轨道，而是对预设进行及时的"整顿"，对生成进行发掘和利用，努力创造出课堂的精彩，激发学生的思维活力。这要求教师课前应精心预设，有效处理教材、主动走进学生、积极开发资源，才能在课堂中机智地选择预设、整合预设乃至放弃预设，从而收获生成。

总之，教师多一份精心的预设，课堂就会多一份动态生成，学生就会多一份发展。通过预设促进生成，通过生成完成预设目标。在预设中体现教师的匠心，在生成中展现师生智慧互动的火花，追求课堂教学的动态生成，数学教学才是一门名符其实的艺术，这样的课堂才能出现"不期而遇"的精彩。

19 引趣引深

学科教材具有知识的系统性，一般编写得比较简练。由于研究对象的特点，教材在许多地方的叙述比较抽象，这给学习带来一定的困难。因此，根据教材的特点，充分挖掘教材中的趣味因素，用"引趣"的方法上好学科课程，以引起学生对学科学习的兴趣，是十分重要的。特别对于初中生，他们的自觉性、自制力较差，注意力易分散，而好奇心、好胜心较强，如果教师能根据他们的心理特征，逐步引导他们热爱学习，从而发展他们的智力，教学质量就必然会提高。

教学中如何引趣？以数学为例加以说明。

• 引趣于讲授新课之前

结合授课的内容，收集与授课内容有关的趣味材料，在上新课之前介绍一些古今中外数学家的故事或有趣的数学知识以及做数学游戏等，在此基础上引导学生去探索并获取新知识。

• 引趣于概念教学之中

正确理解数学概念是掌握数学知识的前提。要搞好概念教学，使学生既学得生动有趣，又理解透彻、记忆牢固、应用灵活。教师在上课时应注意不失时机地引发学生的兴趣，才能收到良好的效果。教学中用直观演示法揭示数学概念，用以旧引新法提出和形成新的概念，用比较法或对比法区别容易混淆的概念等，既可以活跃课堂气氛，激发学生的兴趣，又可以训练学生的智力。

• 引趣于命题（公理、定理、公式）教学之中

数学中公理、定理、公式的教学，首先应使学生认识它的条件和结论，然

后掌握它的证明方法以及如何来进行推理和用以解决实际问题。在备课时，根据命题的特点，将枯燥难记的数学定理、公式或法则编成朗朗上口的顺口溜进行教学，这种方法既易于记忆，又能提高学习兴趣。

- 引趣于解题教学之中

数学教学的目的之一是培养学生分析问题与解决问题的能力。解题的趣味性，一般可以通过趣味数学题或数学游戏题来体现。数学问题的趣味化，常常使学生感到生活中处处存在数学，做起题目来自然就会兴趣盎然。

- 引趣于知识探索之中

有人称数学是探索的乐土，这是很有道理的。教师要善于利用学生的求知心理，选择一系列问题，引导学生探索问题的奥秘，以引起其对数学的兴趣和强烈的探索精神。

- 引趣于一堂课（或一章节）结束之时

教学中，在将要结束对知识的讲授之时，应留一个"尾巴"，使学生感到言而未尽，以引起他们探讨"未尽"（新知识）的兴趣，为今后的学习和研究埋下伏笔。例如，在学完一元二次方程的根与系数的关系后，教师引趣："一元三次方程是否有类似的情况？一元 n 次方程呢？"寥寥数语，常常促使某些数学能力较强的学生去探索，去钻研，甚至一连好几天苦思冥想。陈景润当年不就是听了老师讲课之余的一席话，才致力于研究哥德巴赫猜想的吗？

数学是迷人的乐园，曾使多少探索者流连忘返，如痴如醉；数学是神奇的世界，曾使无数开拓者脑汁绞尽，驻足兴叹！

数学课是可以上得很有趣的，但现今的数学课能够达到充分"激趣"境界的还不多。当然，我们绝不能"为激趣而激趣"。"激趣"是要有智慧、有艺术的。"激趣"贵在用心挖掘，贵在浑然天成。

引趣很重要，但教学中仅有引趣还不够，还要引深。

学科问题是由解题主体与习题系统组成的。因此，解题教学就成为决定教学成败的关键因素。学科解题教学应突出探索活动，探索活动不能仅停留在对原习题的解法的探索上，还应适当地、有机地对原习题进行深层次的探索，挖掘出更深刻的结论。引深，是一种探索问题的方法，也是一种值得提倡的学习方法。引深，可以激发学生学习的兴趣，可以有效地提高学生的学习水平。引深，特别适合高中教学。

教学中如何引深？仍以数学为例加以说明。

• 通过一般化将问题引深

一般化是由个别到普遍的认识方法，它由考虑一组对象开始，进而考虑包含该组对象在内的更大的一组对象。把局部的、特殊的数学问题上升为整体的、普遍的数学问题，再根据问题本身的特性，引出数量关系及位置关系。一般化方法被数学教育家波利亚称为"获得发现的伟大源泉"。将数学问题一般化，就是将数学问题引深，往往能达到"做一题，解一类"的目的。

• 通过类比将问题引深

著名天文学家开普勒说过："我赞成类比胜过其他的一切，它是我最可信赖的，它知道自然的一切奥秘，并且在几何中它经常是有效的。"类比方法不仅是寻找和发现解题途径的方法，而且也是将数学问题引深的常用方法。

• 通过丰富命题结论将问题引深

一个命题，在条件基本不变的情况下，往往能推导出许多在形式上进而在内容上各有差异的结论。培养学生主动寻找更多结论的习惯有助于发展学生的思维能力，同时可以起到引深数学命题的作用。

• 通过变换命题条件将问题引深

变换命题的条件，一是将特殊化的条件放宽到一般化的条件，这时结论往往不变。例如，将正三角形变为等腰三角形进而变为任意三角形，将线段的中点变为线段上的任意点等。二是在原有条件的基础上附加一些限制性条件，这时的结论往往要求高一些，问题常常往深处发展。

• 通过交换命题的条件与结论将问题引深

交换命题的条件与结论，实质上就是考察原命题的逆命题是否成立。有的命题的逆命题是真实的，有的却未必真实；有的命题的逆命题比原命题容易证明，有的却难以入手。因此，交换命题的条件与结论应根据命题的特点，恰当地进行，才能达到引深的目的。

应当指出，中学数学教学要面向全体学生，所以，在教学中不能随意增加教材以外的内容，不能一味拔高。引深，应结合学生实际和所教内容的特点恰当地进行，逐步提高学生的学习兴趣，不断提高学生的解题水平。

课改背景下，引深之路怎么走？

我以为，合作学习、自主学习、探究学习都可以引深，而研究性学习也与引深有着密切的联系。一方面，某些引深的问题，再引深下去，就是渗透式研究性学习。另一方面，研究性学习有课题式和渗透式两大类。一般情况下，课题式研究性学习的选题与课堂数学学习没有直接联系，而渗透式研究性学习的问题则是课堂学习的深化。渗透式研究性学习，是基于预设的生成，是随时可以进行的。

引趣和引深应灵活运用。

值得一提的是，初中引趣教学和高中引深教学不是截然分开的，初中也可以引深，高中也应该引趣，只是初中应该多一些引趣，高中应该多一些引深。引趣中有引深，引深中有引趣，两者相辅相成，有机结合，才能共同促进学科教学。

深与浅是相对的，每位教师都能在教学中进行引趣和引深。只要用心，就一定能深入浅出。引趣，让学生感到"学科好玩"；引深，带领学生走向"玩好学科"的境界。

20 激活课堂

课堂是学生学习的最为重要的阵地。

素质教育必须聚焦课堂，课程改革必须聚焦课堂。

关于学生课堂的学习方法，我曾经总结过几句话：做好准备，迎接听课；高度集中，专心听课；抓住重点，认真听课；多方配合，高效听课；大胆发言，积极听课；区别类型，灵活听课。

这些是对学生课堂学习的基本要求。

新课程要求学生转变学习方式。转变学习方式，从根本上说就是要从传统学习方式转向现代学习方式。但是现代学习方式不是特指某一种具体的方式或几种方式的总和，从本质上讲，现代学习方式是以弘扬人的主体性为宗旨，以促进人的可持续发展为目的，由许多具体方式构成的多维度、具有不同层次结构的开放系统。认识和把握现代中学生学习方式的本质特性是教师创造性地引导和帮助学生进行主动的、富有个性的学习的重要保证。

现代中学生学习方式的基本特征具有"五性"。

一是主动性。主动性是新课程学习方式的首要特征，它对应于传统学习方式的被动性，二者在学生的具体学习活动中表现为我要学和要我学。我要学是基于学生对学习的一种内在需求，要我学则是基于外在的诱因和强制。

二是独立性。独立性是新课程学习方式的核心特征，它对应于传统学习方式的依赖性。如果说主动性表现为我要学，那么独立性则表现为我能学。每个学生，除有特殊原因外，都有相当强的潜在的和显在的独立学习能力，都有一种独立的要求，都有一种表现自己独立学习能力的欲望，他们在学校的整个学习过程也就是一个争取独立和日益独立的过程。

三是独特性。每个学生都有自己独特的内心世界、精神世界和内在感受，有着不同于他人的观察、思考和解决问题的方式。也就是说，学生有着独特的个性，每个学生的学习方式本质上都是其独特个性的体现。转变学习方式，就要尊重每一个学生的独特个性和具体生活，为每个学生富有个性的发展创造空间。

四是体验性。体验是指由身体活动与直接经验而产生的情感和意识。体验使学习进入生命领域，因为有了体验，知识的学习不再仅仅属于认知和理性的范畴，而是扩大到情感、生理和人格等领域，从而使学习过程不仅是知识增长的过程，同时也是身心和人格健全与发展的过程。

五是问题性。问题是科学研究的出发点，是开启任何一门科学的钥匙。没有问题就不会有解决问题的思想、方法和知识，所以说，问题是思想方法和知识积累与发展的逻辑力量，是生长新思想、新方法、新知识的种子。新课程的学习方式特别强调问题在学习活动中的重要性。

上述五点特性是相互联系、相互包含的，它们虽是从不同的角度提出的，却是一个有机的整体。我们必须从整体的高度来全面把握新课程学习方式的精神实质，唯其如此，才能有效地促进学生学习方式的转变。

把握"五性"，聚焦课堂，激活课堂。以智慧点燃创新火花，让课堂流淌生命诗意。

我们追求的新课程的课堂理念：

　　课堂是师生互动心灵对话的时空
　　课堂是师生唤醒各自潜能的时空
　　课堂是师生共同创造奇迹的时空
　　课堂是面向每一颗心灵敞开温情的怀抱
　　课堂是点燃每一位学生思想智慧的火把
　　课堂是情感态度价值观激情迸发的舞台

　　课堂随时都有
　　意外的通道和美丽的图景
　　课堂最显眼的标志
　　是平等民主安全愉悦
　　焕发出生命活力的课堂
　　才是理想的课堂

　　理想课堂应具备

参与度　亲和度

自由度　整合度

练习度　延展度

学生走进课堂满怀希望　面对问题

学生走出课堂充满自信　怀抱好奇

  中国中学的课堂教学比较沉闷，我们希望课堂教学能更活跃些、更智慧些、更有生命力些。一个真正充满生命力的智慧课堂应该是：当学生精神不振时，你能使他们振作起来；当学生过度兴奋时，你能使他们归于平静；当学生毫无头绪时，你能给予他们思维的启迪；当学生没有信心时，你能唤起他们潜在的力量。

  激活课堂，需要教师用科学的教学观来指导教学实践。课堂教学是科学，课堂教学是艺术，课堂教学也是一种文化。活的课堂，才是真正具有生命力的课堂，才是充满智慧的课堂。激活课堂，就是在高度关注生命的前提下，在传统课堂文化的基础上，让课堂更富有生机，让课堂更富有思想，让课堂更富有智慧，让课堂更富有创造。

  教学呼唤活的课堂，而课堂的"活水之源"，正是教师。激活课堂，就是学生在教师的引导下，围绕教学主题内容，通过启发点拨，诱发惊异，引起困惑，唤起向往。

  以数学课堂为例，激活数学课堂教学，就是教师要在课堂中激发学生的学习激情引起他们好奇、兴趣、疑问、探索等求知的欲望，使他们能自觉、主动地参与课堂学习活动，教师和学生一起"揭示数学的神奇，发现数学的完美，探索数学的应用，表达数学的精深。"

  激活数学课堂的根本，以数学问题为主线，以数学活动为中心。在"情境—问题—解决—应用—情境—问题—解决—应用……"这样一个有机相连，首尾贯通，不断延伸的、开放式的、动态的数学活动系统中完成的。

  激活数学课堂的基本策略有：创设数学情境，提出数学问题；以数学对话和数学交流为重要形式的启发式教学；注重数学实践，落实数学训练；用开放观进行数学教学；将情感、态度、价值观有机地融进数学课堂教学中。

21 课堂简约

某届春晚，潘长江的一句"浓缩的就是精华"，成为一时的流行语。就教师而言，追求课堂的简约，就是追求理想的教学境界。

初为人师的我，在备"勾股定理"这节课时，看了很多相关的资料，能用的都不想割舍，都设法往这节课里装。结果上课时匆匆忙忙，由于备好的内容都想讲到，最后不仅拖了堂，还使整节课显得杂乱无章。面面俱到的一节课下来，却大有"欲多则不成"之感。

"少则得，多则惑。"我后来逐渐悟出"课堂不是筐"，不是什么都可以往里装，也不是什么都应一下子"装进"某节课的。课堂应该删繁就简、去粗取精、摒弃浮华，尽量用简约的方法传授学科知识。

事实上，许多优秀教师都是简约课堂的追求者和践行者。

特级教师薛法根，提倡简约教学，提出教学"六简"观：一是教学目标要简明，一堂课彻底解决学生切实需要解决的一两个问题，真正给学生留下了东西，这比浮光掠影、蜻蜓点水的教学要有效得多；二是教学内容要简约，教师要对教材进行研读，精心选择能让学生终身受用的核心知识进行教学；三是教学环节要简化，教学过程应建立在科学有序的基础上，以有序、顺畅来推进；四是教学方法要简便，简便的方法、简捷的思路是为学生所喜欢、所乐意接受的；五是教学媒介要简单，现代教学技术使用过度，也会扼杀学生在学习中的独特体验、情感交流和想象思维；六是教学用语要简要，教师教学语言要清晰、明了、流畅。

"简约"的课堂教学观，是对教学的"大道至简"的一种更为深刻的认识。

简约课堂，其实就是教学设计与实践过程中的具有高度概括性的课堂。这种概括性不是一般理解意义上的简单、空洞，而是以简洁、清晰、精炼、完美的外在形式具体地表达丰富的思想内涵。换一种说法，简约课堂，是在教学中尽量排除一些形式的、不必要的、闲散的东西，最大限度地追求课堂教学的最优化的课堂。

课堂是学生学习的场所，教师与学生应该过一种简约的、轻松而深刻的、自由的精神生活，而不是一些老师理解的缺少学科特征和思想内涵的肤浅的快乐。

简约，并不是简单意义上的"减法"，而是"博观而约取"的"约"，"学不博者，不能守约"。

简约，不简单！简约并不是简单的压缩和简化，相反，它寓丰富于简单之中，是一种更深广的丰富。

许卫兵老师在《简约数学教学》一文中指出："教育中的简约，既是一种思想，又是一种策略，其本质就是遵循教育规律和人的全面发展规律，追求用最简约的教学来实现最大效益的育人功能。""无论是简约生活，还是简约艺术，或是简约教育，都是人的一种精神创造。""简约之美，也是一种和谐之美——'多'与'少'的和谐，'物'与'我'的和谐，现实与理想的和谐，表现与艺术的和谐，自由与创造的和谐。"

许老师把简约说透了！

你的课堂简约了吗？如果还没有，何不试着简约？如果已经简约了，那就坚守吧！

简约，是一种大气度，更是一种大智慧！

22 让课堂活而不乱

在传统的教学中,课堂氛围总体比较沉闷。沉闷的原因,一是教师授课语言枯燥,学生听得无精打采,甚至出现睡觉的现象;二是教师只顾自己讲,不和学生交流,为了完成教学任务而上课,没有师生互动的教学;三是学生不喜欢授课教师,因此不愿意和教师交流,课堂肯定是沉闷的。

新课程强调"激活课堂",强调在课堂创设有利于学生张扬个性的环境。课堂放开了,课堂"活"起来了,但我们又会发现有的教师驾驭不了课堂,班级乱哄哄的,有的教师面对学生漫无边际的提问或回答,无所适从。课堂"一统就死、一放就乱"的现象客观存在。

优秀教师既善于"统",也善于"放",基本上能做到"统放有度""活而不乱""活而有效"。他们的秘诀主要有以下五点。

一是课前充分准备。首先是要备好课。备好教材,心中有书;备好学生,心中有人;备好教法,心中有术;备好开头,引人入胜;备好结尾,引发探索。何时引趣,何时引深,何时提问,何时播放,充分预设便于掌控,有效预设期待精彩生成。其次是课前必要的工作。比如了解学生的知识点、兴趣点、疑惑点,避免知识脱节,有效激趣;又如游戏材料的准备,课件演示的检查等。

二是课中善于调节。即便有了好的教学设计,课堂上也会产生许多新的情况,教师要学会观察,从学生的活动中捕捉信息,及时调节教学。比如发现学生产生听觉疲劳,教师就改用视觉形式授课;发现学生不喜欢听你讲了,就让学生来讲几分钟的课;再如发现学生"各抒己见",争相发言,教师可以说:"同学们都先把自己的想法写在纸上,我让几个同学先说,观点一致者就举手,这样不会乱。"

三是课后适度交流。课后应当和学生适度交流,了解学生希望怎样的"活课堂",了解学生希望立下怎样的课堂规矩,了解学生希望怎样在"不活"之时

"激活",在"太活"之时"理性回归"。教师有了这些了解,就可以和学生一起制定一个统一的课堂规矩,以保证教学活动有条不紊、"活而不乱"地进行。

四是培养学生习惯。习惯是人在长期训练和事件中形成的自动化的行为方式,一旦形成便难以改变。习惯,对学生的学习乃至一生都有着重要的影响。就课堂学习来说,良好的习惯包括课前充分准备,课上积极发言且尽量简练,当老师请同学发言时其他同学要学会倾听,不打断同学的发言,听从老师的指挥,等等。

五是善用肢体语言。体态语言在教学工作中的作用是至关重要的,所以教师要认真研究和运用体态语言,把教学工作提高到一个新水平。教师在课堂上的一举一动、一招一式、一笑一颦,都在向学生传递信息。比如,教师使用眼语,利用各种眼神暗示学生该做些什么,不该做些什么;利用手语(当然不是严格意义上的"手语"),充分发挥手的各种表达功能,起到调节课堂的作用。

闷的课堂不好,乱的课堂也不好,最好的是"活而不乱"的课堂。让课堂"活而不乱",教师仍需努力。

23 有意差错

学生学习数学概念、解答数学习题、描绘函数图象、画出几何图形等，常常会出现错误。对于学生出现的错误或可能出现的错误，教师处理的方法往往有以下两种：一是发现学生的错误后，对错误之处进行数学辨析；二是教师根据以往的经验，在教学中将错误归类，加以讲评、纠正，以防止错误的发生。这两种方法无疑是教学中可以采用的方法。但是，这两种方法的缺陷在于不能充分暴露错误产生的过程，学生不能获得错误的心理体验。我在教学中采用一种"有意差错"的方法，即在解题过程中，根据学生容易忽视或弄错之处，有意将解题过程"不露声色"地讲错，最后引出矛盾或说明解答是错误的，然后师生共同纠正错误。这样充分暴露了错误过程，让学生在"情理之中"惊呼上当，使学生加深对错误的认识，在知识上来一次再认识，在能力上得到一次再提高，从而达到预防错误、提高解题能力的目的。

问题：在 $\triangle ABC$ 中，已知 $\sin A = \dfrac{3}{5}$，$\cos B = \dfrac{5}{13}$，求 $\cos C$。

解：由条件 $\cos B = \dfrac{5}{13} > 0$，可知 $0° < B < 90°$，

$\sin B = \sqrt{1 - \cos^2 B} = \dfrac{12}{13}$。

$\because \sin A = \dfrac{3}{5}$，$\therefore \cos A = \pm \dfrac{4}{5}$。

当 A 为锐角时，则 $\cos A = \dfrac{4}{5}$，

$\cos C = \cos[180° - (A + B)]$

$= -\cos(A + B)$

$= \sin A \sin B - \cos A \cos B$

$$= \frac{3}{5} \cdot \frac{12}{13} - \frac{4}{5} \cdot \frac{5}{13} = \frac{16}{65},$$

当 A 为钝角时，则 $\cos A = -\frac{4}{5}$，

$\cos C = -\cos(A+B)$

$= \sin A \sin B - \cos A \cos B$

$= \frac{3}{5} \cdot \frac{12}{13} + \frac{4}{5} \cdot \frac{5}{13} = \frac{56}{65}$。

至此，学生深信解答无误。这时，我说："解答错了！"学生惊愕："错在哪里？"

学生投入紧张的思考，一时找不出漏洞。

引导学生分析：

当 A 是钝角时，由 $\sin A = \frac{3}{5} < \frac{\sqrt{2}}{2} = \sin 135°$，

∴ $A > 135°$。

∵ A 是钝角，∴ 由 $\sin B = \frac{12}{13} > \frac{\sqrt{2}}{2} = \sin 45°$，得 $B > 45°$。

∴ $A + B > 180°$。这与"三角形内角和等于180°"相矛盾，所以 A 不能为钝角。

正确的答案应该是 $\cos C = \frac{16}{65}$。

值得说明的是，"有意差错"在同一堂课中不宜用得过多，否则就会影响课堂教学效率。另外，在教师解题过程中，如果学生能及时指出错误步骤，教师要给予鼓励和表扬。

下面就"有意差错"，谈几点看法。

第一，"有意差错"，说白了就是"故意讲错"。记得初为人师时的一次"有意差错"，由于"错"得太逼真，又有意放到下节课"纠错"，学生回家后又和作为数学教师的家长探讨，竟误认为我的课"犯了科学性错误"。当然，当时我并不知道我背后"有此一论"。

若干年后闻知此事，我哑然一笑，"发愤"要写一篇关于"有意差错"的文章，希望那位数学老师能看到我发表的这篇文章。

第二，在实施课改的今天，教学评价环境对"有意差错"就十分有利了。一方面，已有不少教师践行于此；另一方面评价者的"境界"也提高了。

当然，今天对"有意差错"的要求也提高了，"有意差错"还要进一步走向

智慧、走向艺术、走向无痕。

著名数学特级教师张思明说有一位导师告诉他:"最好的老师是把学生托起来,而学生还以为是自己站得高呢。"这就是我们所说的"教育无痕"。

第三,近读陈桂生教授的《"教育"是什么?》一文(《教师月刊》2009年第3期),文中有这么一段话:"关于有意识地给出一个带有错误的命题,让学生把老师驳倒,徐特立在许多年前,就提出过类似的设想。只是从来未闻有谁做过这种尝试。"

我读了这段文字,想法有四:一是"带有错误的命题"值得商榷,命题分真命题和假命题,如果"带有错误的命题"中这"命题"是假命题呢?二是教师更多的是给出"有意的解题差错",因此这里说成"有意识地给出一个错误的解答",也许更妥些。三是徐特立早就有此设想,佩服不已!四是陈老"从未闻过有谁做过这种尝试",那我1992年的做法可否称"史上第一"?

24 让学生会问

大多数学生不善问是不争的事实。其实，大多数老师也不善问。我曾经应邀为教师开设讲座，主持人特意留些时间让老师们提些问题，却经常出现没人提问的情形。

"学问"二字蕴含了深刻的学习之道。李政道教授曾对中学生传授做学问的秘诀：求学问，先学问；只学答，非学问。

柳斌先生的一句"当前教育最缺'问'"，一针见血地点出了基础教育的软肋。

课堂是师生互动、心灵对话的时空，课堂是师生唤醒各自潜能的时空，课堂是师生共同创造奇迹的时空，这样的"时空"可以没有"提问"吗？

课堂是面向每一颗心灵敞开温情的怀抱，课堂是点燃每一位学生思想智慧的火把，课堂是情感态度与价值观激情迸发的舞台，这样的课堂学习是"基于问题的学习"。

课堂随时都有意外的通道和美丽的图景，课堂最显眼的标志是平等、民主、安全、愉悦，焕发出生命活力的课堂才是理想的课堂，这样的课堂为学生会问问题、发现问题创设了条件。

学生走进课堂满怀希望，面对问题；学生走出课堂充满自信，怀抱好奇。"怀抱好奇"就是还有问题，就是想打破砂锅问到底！

我问故我在。

学问之道何在？教师理当引导。

其一，树立问的意识。学习不仅仅是记住知识、答对问题、做完作业，还要在问中明晰问题、发现问题，激发解决问题的热情。一位优秀生这样说："好问，对于治学是非常重要的。学习中，对自己的疑问、不会不懂的知识，一定要敢于问、及时问、认真问，发现了问题，通过别人的帮助获得解决，这就是学习上的进步，就是一种有效的提高。既不要自恃才高不屑于问，也不要怕丢人而不好意思问。"

其二，结合听课问。引导学生养成预习的好习惯，把预习中没搞懂的问题记下来，听课时对这部分内容特别注意，尽量掌握。要带着疑心去听课，听而不思则罔。听课中产生的新问题，要在下课时抓紧问老师，争取在第一时间弄清问题。听课常常有，疑惑时时问。

其三，要敢于问。学问，学问，就是要学，就是要问，不要不懂装懂。其实，每个人都会有自己的问题，只是有的不好意思问，有的爱面子怕别人笑话，有的胆小不敢问，但如果学生敢站出来问，教师就要为敢问者鼓掌。学生敢于说出自己的观点，哪怕最终被证明是错误的，但获益的还是自己。

其四，巧听他人之问。我读中学时年龄小，胆子更小，从来不敢在课间问老师问题，但我清楚，我疑惑不解的问题也一定是同学们疑惑的问题。于是我经常在课间往讲台上看，一见有人问老师，我就凑上前去，听他人之问，解我之疑。有时他人之问，并非我所疑，我就怂恿胆大者去问，自己在一旁"偷听"。

其五，思而后问。我们强调问的重要性，但并不是说一有问题就问，问之前，自己一定要深思细究。独立思考是一种很值得提倡的学习方法。问的问题已经过自己的思考，这样的问才有可能形成追问、反问，才能问出深度，问出实质，才能有所获益。

其六，不一定都问老师。即使问老师，也不一定局限在问本班的老师，其他班级的老师照样可以问，往往可以问出新意。其实许多问题也可以问问班级里的学习高手，同学的解答也许能听得更明白。有些同学总的成绩一般，但在某一方面有特长，也可一问。学他人之长，补自己之短。

其七，不一定都用嘴问。当今时代，学生有问题，可以通过邮件问自己的老师，问网络上的名师，也可以参加网上"问题吧"的相关讨论，或者将问题提出来，让各路高手的"奇思妙答"供你参考。搜索引擎已成为网络中检索信息资源必不可少的工具，我们可以巧妙利用搜索引擎获取所问之果。

其八，别忘了问方法。许多同学问问题，是冲着问题的解答（更确切地说是答案）而去的，切记"方法比知识更重要"。你更应学习别人在解决这一问题时使用的方法，不要仅仅为答疑而答疑。当老师的多有这样的经历，多数学生问完答案欢喜而去，却很少有学生问："老师，你是怎么想到这样解答的？"

其九，善待他人之问。对于他人之问，你会不会觉得很烦，会不会觉得浪费时间，会不会怕他人学到自己的方法？每个人都有他自己的优点和独特的思维方法，你善于同他们交流，就会学到很多东西。退一步说，帮助同学，给他解出一道题往往比自己做十道题收获更大。

其十，答问结合。我们的学生要从学答走向学问，这是当前要急于破解的一个问题。但凡事宜辩证对待，不可矫枉过正。其实，认认真真答好老师之问，也是一种积极的学习方式，不要一说学问我们就不敢学答了。理性的做法是，答而思之，思而疑之，疑而问之，答问结合。

25 随机应变

有一位老师因大意，本来该学第六课，结果板书写成了第七课，并开始讲授第七课的内容，这时学生纷纷提出第六课还没有学，课堂里出现了小小的骚动。此时，这位老师看出了学生们眼神里的异样，于是两手一摊，长叹一口气说："唉，同学们，看来老师盼望你们成才的心太迫切了，恨不能一天教给你们三天的内容啊！"同学们听了，发出愉快的笑声，并调整状态接受新课程，课堂里的氛围也变得非常融洽。

这位老师事后总结说，课堂教学千变万化，常常会出现"意外"，面对这些"意外"，作为教师，是视而不见，还是追随学生的情绪，抓住教学中的机遇，机智地做出相应变动呢？答案是显而易见的。

有一位个子矮的语文老师去上课，当他准备擦黑板时，发现黑板擦被调皮的学生放到了黑板顶端的木架上，你若是这位语文老师，会怎样和学生"论理"？可以告到班主任甚至校长那里，也可以说"谁放谁拿下，否则不上课"，但一场师生僵局却可能由此产生。

这位语文老师的处理是暂时不擦黑板了，讲课时科学设计板书，减少一些板书量，把字写得小一点，在原有板书上"加工"，整节课上下来竟可以不使用黑板擦。快下课了，语文老师掏出手绢，一边总结课文一边擦着黑板，从左边擦到右边，擦着擦着竟然让许多学生红了眼圈。当语文老师还没有走到教师休息室时，三位"恶作剧"的男生就主动跑去当面认错了。

语文老师没有和学生"论理"，他用什么打动了学生？那就是"以情感人"。"以情感人"彰显了这位教师的教学机智。

教学机智不是单纯的技能和技巧，不是与生俱来的禀赋，不是虚情假意的做作，它是教师综合素质的反映，是教师个性品质、教育理论素养、教育实践经验等多种因素融会贯通的结晶。

讲台虽小含宇宙，课堂不大变化多。面对这样的课堂，教师没有教育机智、不会随机应变是难以胜任的。

某位数学教师讲"数列求和"，讲了 $1+2+\cdots+n=\dfrac{n(n+1)}{2}$，讲了 $1^2+2^2+\cdots+n^2=\dfrac{n(n+1)(2n+1)}{6}$，讲了 $1^3+2^3+\cdots+n^3=\left[\dfrac{n(n+1)}{2}\right]^2$。

这时，有学生问 $1^4+2^4+\cdots+n^4$ 等于多少。

这原本是学生探求问题的生动之问，教师理应精彩生成。但我听课时所听到回答是："《考纲》规定，这类数列求和问题，只考到3次幂！"一些学生朝提问者笑了起来，我从学生笑的眼神和教师不以为然的眼神中，感到大家似乎对那位提问题的学生有点嘲笑之意。

当时我在想，老师啊，你不能扼杀学生的追问，哪怕他是一位平时数学学得不太好的学生，你至少也要这样说："这位同学问得好，我们以后有机会再研究这个问题。"

如果这位数学教师平时没有研究过这类问题，可以这样机智地回答："这个问题留给大家思考，我们找机会分享大家的研究成果。"

如果这位数学教师已有粗浅的研究，他就可能有精彩的生成："这位同学提的问题太好了！把数学问题一般化，是研究数学的好方法！"进一步引导学生"类比探索" $(n+1)^4-n^4$ 的解。

如果这位数学教师对这个问题已有深入的研究，他可以这样说："哇！这位同学提出的问题，就是'自然数的 n 次幂的求和问题'，这是一个很好的数学研究性学习的小课题，有兴趣的同学可以和这位同学一起组成研究小组，集体攻关，期盼同学们早出成果！"

随机应变，就能在课堂上生成更多无法预约的精彩。

26 课堂结尾巧设计

一堂课究竟怎样结尾好呢？这是一个很值得探讨的问题。就目前的教学情况看，这个问题还没有引起大多数教师的注意，一堂课常常是在解完题和布置作业中结束的。一堂课的结尾设计和导言设计同样重要。许多老师都已对一堂课的导言设计进行过探讨，这里结合我的教学体会，谈一谈数学课结尾的教学设计的几种方式，其他学科可以类比。

- 总结式

总结，就是对一堂课的内容、知识结构、技能技巧，或用提纲，或画表格，或以图示等方法加以概括总结，强调要点，使学生对整堂课有一个完整、清晰的印象。

- 启导式

启导，就是在一堂课结尾时，对作业的解题格式、完成时间提出一些要求，对有一定难度的作业给予适当的启发，对新课的预习给予指导等。这是常见的课堂结尾设计，这方面的例子很多，此不赘述。

- 呼应式

呼应，就是在一堂课即将结束时解决课前提出的问题，达到前呼后应，豁然开朗之效。

比如学习"一一映射"一课时，在课前创设情境，提出问题："劣弧$\overset{\frown}{AB}$上的点与弦AB上的点相比哪个'多'？"学生大多认为劣弧$\overset{\frown}{AB}$上的点多。

我说一样多，学生感到惊讶。接着我从映射谈起，引出课题，讲解概念，解决问题，末了再提出问题："$M=\{$劣弧$\overset{\frown}{AB}$上的点$\}$，$N=\{$弦AB上的点$\}$，能否

建立从 M 到 N 上的一一映射?"课末引导学生找出几种建立对应的方法:

f_1: $\overset{\frown}{AB}$ 上一点 $P \to P$ 在弦 AB 上的射影;f_2: $\overset{\frown}{AB}$ 上一点 $P \to OP$ 与弦 AB 的交点(O 为 $\overset{\frown}{AB}$ 所在圆的圆心)(如图8、图9所示)。进而指明:"弦 AB 上的点与 $\overset{\frown}{AB}$ 上的点一样'多'。"我还告诉学生:"这里讲的'多'与'一样多'只是一种直观的描述,同学们将来有机会学到数学家对它的精确的描述。有兴趣的同学,课后我们还可以进行探讨。"

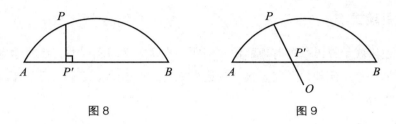

图 8　　　　　　　　图 9

• 设疑式

设疑,就是提出有一定难度的问题,让学生带着疑问结束一节课的学习,这个问题常常是下节课要探讨的。

例如,高一学完"行列式与线性方程组"之后,上"复数"之前,提出这样一个问题:

题目:已知 $a + \dfrac{1}{a} = 1$,求 $a^2 + \dfrac{1}{a^2}$ 的值。

解:$\because a + \dfrac{1}{a} = 1$,$\therefore a^2 + \dfrac{1}{a^2} = (a + \dfrac{1}{a})^2 - 2 = 1^2 - 2 = -1$。

细心的同学会提出这样的疑问:$\because a \neq 0$,$\therefore a^2 > 0$,$\dfrac{1}{a^2} > 0$,可为什么两个正数之和却等于 -1 呢?

你能解释吗?

教师指出:这实际上是由 $a + \dfrac{1}{a} = 1$ 没有实数根造成的,学了复数之后便完全可以理解了。由此引导学生探讨新的问题。

• 伏笔式

伏笔,就是在讲完旧知识后,要留一个"尾巴",使学生感到言而未尽,以引起他们探讨"未尽"(新知识)的好奇心,为今后的教学埋下一笔。

- **引深式**

引深，就是根据所授内容，用各种方法（如变式、升维等）把问题不断引向深化。例如，在学完一元二次方程的根与系数的关系后，提出："一元三次方程是否有类似的情况？一元 n 次方程呢？"寥寥数语，常会引发数学能力较强的学生去探索，去钻研。

- **引趣式**

引趣，就是提出一些有趣的数学问题，或将数学问题引趣，培养学生对数学学习的兴趣。例如，学完了根式的运算之后，根据学生常常忽视条件这一毛病，教师精心选题：

$$\sqrt{xy}(\sqrt{xy} - 5\sqrt{\frac{y}{x}} + \sqrt{\frac{x}{y}} + \sqrt{\frac{4}{xy}}) = ?$$

某学生解答：原式$= xy - 5y + x + 2$。

教师对全班说：令 $x = -1$，$y = -1$，则 $\sqrt{xy}(\sqrt{xy} - 5\sqrt{\frac{y}{x}} + \sqrt{\frac{x}{y}} + \sqrt{\frac{4}{xy}})$ 的值等于多少？

学生答：-1。

教师再问：$xy - 5y + x + 2$ 的值是多少？

学生惊愕，答道：7。

教师说：-1 显然不等于 7，究竟错在哪里呢？请同学们课后找找原因。

学生对找出"错在哪里"兴趣极大，待他们发现是因为忽视条件而铸成大错时，都认为今后一定要认真审题，注意条件，正确解答。

- **游戏式**

游戏，就是在课堂结束时，安排一些与该课内容有关的游戏，使学生在游戏中进一步加深对所学知识的认识。

例如，在学了"中心对称图形"之后，布置一个游戏："两人轮流在一张长方形白纸上用圆规画半径不小于1厘米的圆，直到画满白纸，以最后一个画者为胜。"让学生游戏一段时间后，教师再问："你认为是先画好还是后画好，怎样才能取胜？"若学生能运用所学知识，就不难得出正确的答案："我先画为好。我把第一个圆画在白纸的正中心，以后不论对方怎样画，我都可以按对方所画图的半径在其对称位置上画圆（即对方始终给我留下画相应圆的位置），因此，我是画最后一个圆者，即为胜者。"

当然，一堂课结尾的教学设计方式不止以上八种，实际上也不可能呆板地采用单一的方式。在教学中应根据授课内容、学生的知识水平和年龄特征等因素综合考虑，设计出行之有效又生动有趣的结尾。

有段时间，我思考课堂结尾的教学设计问题。一日，忽然想起一个故事来：

沈元老师在一节数学课快下课前，特地安排一点时间讲"数学文化"，他说："数学啊，了不得，它是科学的皇后，科学离不开数学；我们这段时间学的数论，是皇后头顶上的皇冠，数论非常重要；刚才我们讲的哥德巴赫猜想，则是皇冠顶上的明珠！有意思吧！"为师者"不经意"地"播撒种子"，撒在学生心头，埋进了陈景润幼小的心灵中。

沈老师这个经典的课堂结尾的教学设计，更加坚定了我研究的信心。

我听过很多公开课、观摩课、研究课、大赛课等，几乎所有课例的教学设计都列有"创设情境"一条。无论是执教教师还是评委，大家都对"创设情境"十分重视，基于这种重视，也确实创设了不少好的开讲情境。但不难发现，重视课堂结尾设计者寥寥，参赛教师如此，评课教师亦然！

其实，开头和结尾都是重要的。"良好的开端是成功的一半"，开讲设计巧妙，能先声夺人、引人入胜，其效果至少能"激活当堂"。巧妙的结尾，可以再次唤起学生思维的高潮，能画龙点睛，余味无穷，其效果至少能延伸至课后。

"课刚讲，味渐起"，是开讲的智慧和艺术，而"课结束，趣犹存"，则是结尾的智慧和艺术。

27 形成自己的教学风格

所谓教学风格，是指教师在长期教学实践中逐步形成的、富有成效的、一贯的教学观点、教学技巧和教学作风的结合和独特表现，是教学艺术个性化的稳定状态的标志。

教学风格是一切教学艺术家可以追求的最高境界，是教师教学思想的直接体现，是教师在教学上创造性活动的结果及其表现，是教师在教学艺术上走向成熟的重要标志。

雨果曾说："如果没有风格，你可以获得一时的成功，获得掌声、热闹、锣鼓、花冠、众人的陶醉的欢呼，可是你得不到真正的胜利、真正的荣誉、真正的桂冠。"从古至今，但凡成功的作家、艺术家，无不具备自己独特、鲜明的风格。作家、艺术家如此，教师亦然。

教学风格具有哪些基本特点？这是教师关心的问题。因为只有真正把握住教学风格的特点，才能使教学风格成为每个教师在教学实践道路上的自觉追求。

研究表明，独特性、多样性、稳定性、发展性四个方面，构成了教师教学风格的基本特点。

• 教学风格的独特性

每个教师都是一个世界——一个感觉的世界、知觉的世界、情感的世界、思维的世界。每个教师都有与众不同的师承、教育、个性、学识、才华、情趣、习惯以及生活阅历等，这种主体自身的独特性，就决定了教学风格的独特性。

教学风格是一种独创，是教师的自我在教学中的一种显示，具有个体性。教师的教学一旦形成自己的风格，就会在整个教学过程中都表现出其本质特色，为其教育教学打上独特的印记。

教学风格是教师对教学内容的理解和融合，升华成教师的教学价值观，并形成其自身的教学特色。

教学风格体现在整个教学活动中，不论是从教师独特的内容处理、独特的教学方法的运用、独特的教学表达方式，还是从教学板书的设计、课堂作业的布置、课外辅导的形式，我们都能感受到教师教学风格的独特性。这些独特风格，都是教师智慧的火花，是教师创造性劳动的结晶。

没有个人的独创，就没有个人的风格。通过数学名师邱学华的尝试教育和张思明对数学课题学习的独创，我们就能理解"有风格才能成名家"的至理名言。

•教学风格的多样性

物质世界普遍存在着差异性，才造就出多姿多彩的万物世界；精神世界规范蕴涵着独特性，才表现出丰富多样的个性风格。教育面对多姿多彩的物质世界和丰富多样的精神世界，更应该呈现出千姿百态、万紫千红的情景。

教师个体教学风格的多侧面发展，是指对任何一个有作为有成就的教师，在纵向发展或横向延伸的教学实践中所表现出的风格的多样性的发展。这个"多样性"，是由教师在不同的时间和空间里呈现出来的，是在教学风格的一贯性和相对稳定性前提下的多样性。所谓"教需有法，教无定法；大法必依，小法必活"，说的就是这个道理。

教师教学风格的多侧面发展，是进行有效教学所必需的。凡是成熟而优秀的教师，往往既有个性独特的教学风格，又不固守于某个模式，而是以其丰富性去适应教学过程中遇到的多种矛盾和特点各异的教学对象。

•教学风格的稳定性

教学风格一旦基本形成之后，就会在一个相当长的时期内保持不变，这是教学风格的相对稳定性。值得说明的是，这种稳定性仅仅是相对意义上的，因为教学风格的相对稳定性并不意味着教师在教学艺术追求上的故步自封、停滞不前，更不是没有创造性可言的单纯重复。

实践证明，在成熟的教学思想指导下的教学，容易形成高品位的教学风格，并会潜移默化地投射到教学中。反之，教师的教学思想不成熟，则其教学难以形成较稳定的风格特色，甚至形成低品位的教学风格。

教学风格的相对稳定性，是教师教学艺术成熟的标志之一，而且教师教学风格的相对稳定，还有利于学生的学习。一般说来，学生对教师教学风格的感知、理解、接纳、欣赏，要经过一个或短或长的适应过程。学生的学习规律要求教师的教学方式方法既不断创新，又有相对稳定性。否则，教师教学方式方法变幻莫测，只能使学生应接不暇、穷于应对，而这样是不会取得好的教学效果的。

如何把握好教学风格的相对稳定性和适度多样性的"度"，检验着每一位教师的实践智慧。

●教学风格的发展性

任何事物的稳定性都是相对的，而发展和变化是绝对的。当整体的教学风格相对稳定时，局部却仍处在变化之中。因为，如果一切都不变，教学风格就会僵化、老化，进而失去风格色彩。只有局部不断变化，教学风格才会不断完善。教学风格的基本条件之一是教学的创造性，没有创造就没有风格。而这种创造既表现为对原有风格的局部变革与完善，使其精益求精，也表现为对教学行为的求新，进而促进风格的转换。

教学风格的发展性，既指教学风格的形成不是一天两天便可完成的，而是需要经过一个探索发展的过程，还指教学风格基本形成之后并非固定不变了。

教学风格在稳定中求发展，在发展中求稳定，相互交错推进。

教学风格的发展是教师个性不断自我优化的过程，它遵循"无格—有格—破（出）格—新格……"的发展模式。从没有风格到形成初步风格，是一次飞跃；从已有风格中取得突破，是对自己的超越；再将新的探索优化升华，就又形成更新更高更美的教学风格。

李如密教授对教学风格的四个基本特征之间的关系，有一段精彩的描述：它们构成了以独特性为轴心的复杂的教学美学的"联立方程"。其中独特性与多样性，是在横向的空间范围内的对立统一体；稳定性与发展性，是在纵向的时间延续上的对立统一体，一切成熟的教学风格都是由这两对矛盾二重组合构成的审美形态。如果只要多样性不要独特性，风格的探索和追求就会失去目标和主导；如果只要独特性不要多样性，则不利于教师创造个性的充分施展和发挥；如果只有稳定性而没有发展性，教学风格就不能丰富和完善；如果只有发展性而没有稳定性，教学风格必然会失去其主导特征，也很难形成高度成熟的风格。概言之，教学风格的这四个特征是相互依存、对立统一的关系。但是独特性乃是教学风格的根本特点，如果教学风格缺乏独特性，就会失去其独立存在的价值，也就谈不上其余的特征和标志。

优秀教师在教学实践中创造的教学风格丰富多彩，不胜枚举，各领风骚。其中，李如密教授给出的一种分类法值得借鉴，即理智型和情感型、表演型和导演型、庄雅型和谐趣型、谨严型和潇洒型、雄健型和秀婉型、蕴味型和明畅型。

教师教学风格的形成，大致要经历模仿学习、独立探索、创造超越、发展成型四个阶段。

• 入格——"模仿学习"阶段

模仿学习阶段，是教师吸收和积累教学经验并迅速提高课堂教学水平的过程。在这个过程中，随着教学实践活动的深入，教师凭借自己的积极思考、周围的评价活动和教学研究活动，不断吸收他人的成功经验，加之教师独立处理教学中的相关问题的意识和能力的不断增强，会使得教师课堂教学的自立意识和能力不断增强。

• 立格——"独立探索"阶段

独立探索阶段，是教师教学风格形成与发展过程的构建阶段，是教师课堂教学艺术个性外化的探索与实践过程。这一阶段，伴随教学经验的积累和教师教学自立意识与能力的增强，教师开始逐步摆脱他人教学模式的影响与束缚，教学的主观能动性开始占据主导地位。

• 破格——"创造超越"阶段

在创造超越阶段，教师教学的特点突出表现在其对常见的教学方式方法的改革探索上，教师能够以自己的创造性行为对常用的教学方式方法进行独具特色的灵活运用、自觉探索，并主动研究教学结构，追求教学方法的最优化，追求教与学的最佳效果。

• 别具一格——"发展成型"阶段

在发展成型阶段，教师的教学艺术呈现出浓厚的个性风格，锤炼成为一种在教学中反复表现出来的个性化的教学模式，对教学艺术的刻意追求达到一种最高的境界，在教学过程的各个环节都有着独特（尤其是稳定）的表现，这标志着其教学艺术风格的形成。

上述教学发展阶段都有各自的特点。每个发展阶段的顺序不能颠倒,并且从一个阶段发展到下一阶段,都需有必要的主客观条件。在这种顺序的发展过程中,教师教学的模仿性因素越来越少,而独创性因素越来越多。只有独创性因素达到了一定量的积累,才可能引起质变,从一个阶段发展到下一个阶段,最后形成教师自己的教学风格。

周荣铨先生还提出一个新的观点:无格之格——教学的最高境界。

他认为,无格之格是教学风格的最高境界,也标志着教师已成长为一名成熟的教学艺术家。教师此时的教学已经不拘一格、不拘一式、不限一法,达到炉火纯青的地步。教学有法而无定法,"无法之法乃为至法","无格之格"才是至格,这是教师的毕生追求。这一阶段,教学从内容的处理、方案的设计到方法的选择、过程的组织,都表现出多样性与稳定性,灵活性与独创性的有机结合与统一。

风格之道在乎"学",风格之道更需"创"。师者,从"学"与"创"入手,努力形成你的教学风格。

28 提高教学活动的频率

要提高教学质量，就必须提高课上 45 分钟的教学效率。要提高这 45 分钟的教学效率，除了对教材内容、教学方法进行改革外，提高教学活动的频率是十分关键的。

从目前的教学状况来看，有相当一部分教师的教学活动频率比较低，主要表现在：讲授时语言不够精练，语言节奏较慢，动作也较慢；有些教师课前准备不充分，以致在课堂上去做本应在课外做好的事；教学过程设计不够精当；学生良好的答题、解题和操作等习惯尚未养成。

教学活动频率低带来的最大问题是教学时间不够，这就势必造成一些教师或提前上课，或拖堂，或占用自修课和课余时间上课，从而加重学生的学习负担。而优秀教师的教学频率总体较快。

要提高教学活动的频率，就必须注意以下几点。

一是锤炼教学语言。教师应当努力锤炼自己的教学语言，提高语言表达能力。教师的语言简明、精炼、流畅，就能突出中心，切中要害，从而腾出更多的时间来让学生读书、思考和练习，提高教学活动的频率。教师还必须保持适当的语言节奏。教学语言的正常节奏应为每分钟 200～260 个音节。当然，讲到关键性的内容，或要引起学生注意的地方，可以叙述得慢一点，声调高一点。

二是加快动作速度。许多学科上课时需要板书和画图比较多，教师若能加强基本功的训练，提高板书和画图的速度，就能节省时间。板书多，擦黑板的次数也就多。一般教师擦黑板每分钟只扫动 60 次左右，而快的每分钟可达 250 次以上。教具的使用在课前应先进行演示，检查使用效果，并注意可能出现的问题，想出补救方法。取出教具、演示教具（非关键步骤）、演示实验、收取教具以及使用电子设备等现代化教学手段时动作要准确、迅速、干净、利索，不拖泥带水。教学中加快动作速度，并不是说教师要急急忙忙，慌慌张张，给学生造成不必要的心理压力，而是要寓快于稳重的教态之中。

三是课前充分准备。以最经济的时间获得最佳的教学效果，是评价教学能力高低的尺度之一。为了节省课堂上可贵的一分钟，教师在课前就要充分准备。新课的引入，课末结尾的教学设计，板书的安排，挂图、投影的位置，教具的演示等，都应当周密考虑。一些图形、例题、练习及一些结论，可在课前用小黑板抄好，或利用PPT投影，结合板书进行教学。备好一节课是课前准备的最重要内容。在备课时，例题、练习的选配应以少胜多，以精取胜。编选题组，要注意利用一题多解、一题多思、一题多变、一题多用，这样就能充分利用已有的信息，扩充新信息，节约教时。教师还要熟练掌握解题要领和规律，熟练实验操作，并注意简化运算过程。倘若课前不精心演算，熟练解法和实验操作，有时也可能因"卡壳"而影响教学速度。

四是课内善于调节。即使有了好的教案，在教学中也要善于进行调节，才能有效地提高教学活动的频率。在教学过程中，教师要善于观察，从学生的一举一动、一颦一笑中得到反馈信息，并认真分析学生心理。如果学生思维活跃，教师就可以加快教学速度，适当把教材加深、加宽、加密，加点补充材料，让学生进入"临近发展区"，让学生"跳一跳，摘个桃"。如果学生思维受阻，教师就应当放慢教学速度，降低坡度，使用生动具体的形象，尽量使讲解从抽象到具体，并将难点分散。只要教师的教和学生的学保持节奏上的动态平衡，促进学生积极思考，就能提高教学活动的频率。

29 因"性"施教

科学研究表明：男女智力的平均水平是相当的，但从智力发展的特点来看，男女间又确实存在着某些差异，主要表现在某些能力上各有所长。影响男女学生学习的因素，一是智力因素，包括观察力、注意力、记忆力、思维力、想象力和创造力等；二是非智力因素（广义），包括社会影响（家庭、广播、电视、报刊等），个性心理特征（动机、态度、兴趣、气质、性格和学习能力等）和生理变化；三是教育因素。

在影响男女生学习的诸因素中，教育因素起着主导作用。国内外教育界、心理学界的研究和我们的实践已经表明了这一点。换句话说，我们的教育要能根据男女生智力差异进行因"性"施教。

下面以数学教学为例，作些论述。

从目前的教育状况来看，大多数教师比较注意因材施教而忽视针对男女性别差异进行因"性"施教。从近几年来的一些调查资料看，一些女生的数学成绩在男女生总体成绩中呈相对下降趋势，而男生的两极分化现象也比较严重。如果我们不注意这个问题，这种现象还会日趋严重。

因此，研究男女生智力特点，并针对这些特点进行数学教学，帮助男女生提高数学成绩，是十分重要的。

男女生智力发展有哪些特点？

在感知方面：女生对声音的辨别和定位，对颜色及其色调的知觉都优于男性，但男生在视觉和辨别方位上的能力则较女生强。

在注意力发展方面：男生注意力多定向于物，喜欢摆弄物体并探索物体的奥秘，在物上的注意力稳定性较好，持续时间较长；女生注意力则多定向于人，喜欢探索人生，在人上的注意力稳定性较好，持续时间较长。

在记忆力发展方面：男生理解记忆和抽象记忆较强，而女生机械记忆和形象记忆则较强。

在思维力发展方面：女生的心理感受性较强，叙述事件常常带有浓厚的感情色彩，偏于形象思维，考虑问题细致，而男生的思维具有广阔性、灵活性、独创性的特点，他们概括问题及推理能力较强，偏于逻辑思维。

在想象力发展方面：男生由于其思维偏向于逻辑思维，因而想象常带有逻辑性；女生由于其思维偏向形象思维，因而想象常带有形象性。

在创造力发展方面：男生在处理各种问题上都有逞强好胜的心理，爱独立思考，凭自己的能力去解决问题，因而创造力较丰富；而女生的行为易受暗示，优柔寡断，稍感困难就胆怯畏缩，容易墨守成规，缺乏创造力。

从上面六个方面，我们可以看到：男女生智力在总体上没有什么差异。但从初二年级开始男生在数学能力方面就逐渐优于女生了。

如何在数学中进行因"性"施教？

先谈对男生的教育。

由于男生的记忆、思维和想象都偏于逻辑性方面，因此，在数学教学中应注意发挥他们的优势，培养数学人才。

一是培养浓厚的学习数学的兴趣。如果不通过合适的途径激发男生对于数学的学习兴趣，引导他们积极思考，最大限度地调动他们学习的主动性、积极性，久而久之他们就可能失去数学能力上的优势，最后归于平庸。

二是培养创造能力。学生的创造能力不是自发地产生的，在教学中，我们必须善于培养、发现和鼓励学生的创造精神。如果我们不注意培养和发掘学生中的创造性因素（男生显示频率较高），许多可喜的创见就会被扼杀、被埋没，学生也始终只会模仿。

三是开展课外活动，开拓知识视野。即使在男生中，个别差异也是客观存在的。对于某些数学能力较强的男生（当然也包括某些女生），有目的地组织他们开展课外活动，并加以精心指导，是可以培养一些较高水平的数学人才的。

四是帮助消除影响男生智力发展的不良心理。不良心理在男生身上的主要表现为：对学习活动和智力发展毫不在乎，妄自尊大，骄傲自满，草率粗心，狂热冲动等。这种不良的心理状态，如不及时教育，加以改正，就会错过发展的大好时机，影响男生智力的快速发展。

再谈对女生的教育。

由于女生的记忆、思维和想象都偏向于形象性方面，给学习数学带来一定的困难。但女生踏实好学、认真负责、耐心细致、情绪稳定、感情丰富，只要我们利用女生这些优点，帮助女生克服智力发展的弱点，让她们对学习充满信心，她们也能在数学方面显示出与男生同样的才能。

一是帮助清除影响女生智力发展的不良心理。不良心理在女生身上的主要表现为：意志薄弱、自卑自弃、优柔寡断、缺乏主见、盲目服从等。因此，在教学中要利用各种途径帮助女生消除自卑，敞开心扉。

二是激发学习兴趣。女生对数学不感兴趣的主要原因是数学的逻辑性、系统性、条理性、抽象性较强。因此，利用女生智力具有"情感色彩"的特点，培养她们对学习数学的兴趣意义更大。浓厚的兴趣，是学好数学的前提。有了兴趣，她们的智力就会迸发出光芒。

三是改进教学方法。着重培养女生的思维力、想象力和创造力；教给她们学习数学的方法；进行数学智力训练；引导她们自己看书，敢于质难问疑，不死抠，不死记。如组织女生开展有关几何图形的游戏（如七巧板等）发展她们的想象力、思维力和创造力，并为以后学习几何做准备。

四是加强男女学生在数学活动中的交往。从青春发育开始，异性之间相处会产生羞涩心理，这对女生学习数学是不利的。因此，在教学中，应加强男女生在数学活动中的交往，这样可以促使他们互相学习、互相影响，从而实现智力互补。这种交往对女生的智力发展更有帮助。

数学如此，他科亦然。施教之道，男女有别。运用之妙，存乎一心。

30　构建独特的课堂文化

说到课堂文化，我们必须听听余文森教授是如何解读的。

理解课堂文化的关键在于理解文化，文化究竟指什么，我认为可以从以下三个方面来理解和定位文化。

第一，深度（内涵）。我们平常说某某人有知识没文化，在这里文化就是指深度和内涵。我们根据"外在—内在，表层—深层，显性—隐性"三个维度把课堂教学分为以下四个层次：教学方法（途径、手段），教学方式（策略、模式），教学范式（规范、整合的方式），教学文化（思维方式、价值观念）。显然，课堂文化指的是课堂教学最内在的最深层的最隐性的东西，即师生和课程教材所隐含的思维方式和价值观念。

第二，生态（环境）。课堂教学文化不是课堂教学活动本身，但对课堂教学活动具有根本性的影响。课堂教学活动是具体、感性、实在的教学实践。课堂教学文化则是课堂教学的"土壤"，课堂教学存在、运行和发展的"元气"，是课堂教学的活力之根和动力之源。

第三，文明（广度）。在有些场合，人们用"文化"一词来区分自然现象和社会现象、区分自然界的物质运动和人的活动，把人类改造世界的一切活动及其创造的物质成果和精神成果都称为"文化"。这种广义的"文化"概念与"文明"的含义相近。例如，考古学中讲的"文化"通常就是这种广义的文化。广义的文化是无所不包的概念，它是人类创造的物质文明、制度文明和精神文明的总和。广义的课堂教学文化包括课堂教学的一切活动、一切要素。具体来说，包括：物质层面的课堂教学文化——教室文化；制度层面的课堂教学文化——纪律文化；精神层面的课堂教学文化——价值观，思维方式，生态环境，精神生活。

课堂文化体现着教师教学的内核。每位教师都有自己的课堂文化，优秀教师与众不同之处，就是其往往有自己逼近教育本真的独特的课堂文化。逼近教育本真的课堂文化，是否定了那些"过时""陈旧"的传统课堂文化因素，提倡建立师生平等、和谐的课堂气氛，在课堂教学中，强调师生互动、共同探讨的教学模式，让学生自己去体验、去认识、去探究，从而达到自我完善、自我提高，并以此来促使其生命发展的文化。这种课堂文化，关注学生的发展，体现课堂教学重过程、重体验、重探究的基本理念。

优秀教师的课堂文化，异彩纷呈。有关爱学生身心，关注生命发展，构建生命的课堂；有面向全体学生，创设和谐环境，构建生态的课堂；有依托课堂情景，联系实际生活，构建生活的课堂；有突出学生主体，注重体验参与，引导探究学习，构建生本的课堂；有基于引趣好玩，适度引深玩好，把握庄谐之度，构建情智的课堂；有结合不同课型，面对不同学生，根据不同学段，构建多元的课堂。

如果有人问我，你的课堂文化是什么？

是否可以这样说，我的课堂文化是智趣交融、亦庄亦谐的课堂，是从"好玩"走向"玩好"的课堂。"好玩"就是"引趣"，让学生感到学习十分有趣，这是学习的原动力；"玩好"就是"引深"，让学生不断钻研，深入探索，这是学习的内驱力。

"好玩"是不易的！中小学的课是可以上得很有趣的，是可以很"好玩"的，但现今的课能够达到充分"引趣"境界的还不多。"引趣"是要有智慧和艺术的，"引趣"贵在用心挖掘，贵在浑然天成。当然，我们绝不能"为引趣而引趣"。

"玩好"也是不容易的！"引深"，是一种探索问题的方法，也是一种值得提倡的学习方法。在课改背景下，"引深"之路怎么走？我以为，合作学习、自主学习、探究学习都可以和"引深"挂上钩。教师要善于引导，让你所教的班级具有"引深文化"，也就是要有"玩好意识"。另外，研究性学习与"引深"也有着密切的联系。研究性学习有课题式和渗透式两大类。课题式研究性学习的选题，一般情况下与课堂学习没有直接联系；而渗透式研究性学习问题是课堂学习的深化，课堂上某些"引深"的问题，再"引深"下去，就是渗透式研究性学习。

值得注意的是,"好玩"是要让所有学生都能感受到的,"玩好"就不能要求所有学生都必须达到,这里有一个"度"的把握。"好玩"是一种境界,"玩好"是略高一层的境界,而在"好玩"与"玩好"之间把握好"度"就是一种理想的状态,需要灵活运用"引趣"和"引深"。

模仿一首诗,我想说:"好玩"诚可贵,"玩好"价更高。若为教育故,两者皆需要。这就是我所构建的课堂文化。

31 保持亲和力

《学记》有云："故安其学而亲其师，乐其友而信其道。"这就是我们常说的"亲其师，信其道"。"亲"是亲近、喜爱的意思，只有亲近、喜爱老师，才能对老师所讲的道理，所传授的知识深信不疑。

特级教师孙建锋说："教师的亲和力本质上是一种爱的情感，只有发自肺腑地热爱学生，才能真正地亲近学生、关心学生，也才能激发学生对于知识的追求。只有把学生当成自己的孩子，当作自己的亲密朋友，才能容忍学生的缺点，尊重他们的话语权，才能控制自己的情绪，做到以理服人，以情动人。"

美国"全美教师团队"年度评选标准里有这样一条："优秀教师要有让学生喜欢上你的本领。做学生喜欢的教师，做受学生欢迎的教师，让学生乐于亲近你，喜欢你。倘若学生抗拒你，你又怎么可能成为优秀教师呢？"

看来，就"教师的亲和力"而言，中外教育观点一致。

教师如何保持亲和力？教师靠什么让学生喜欢你？

一靠深厚之爱。优秀教师之所以能在事业上取得成功，最根本的一条就是热爱学生。教师只有从爱出发，才能对学生动之以情、晓之以理、导之以行、持之以恒。师爱要面向全体学生，要讲究艺术，要方法恰当，要爱得其所，这样才能有比较理想的效果。

二靠渊博之识。学识水平是教师已有知识及技能和再学习能力的总和，在一定程度上体现了其思想、理念的深度和技能水准。现代学生喜欢知识渊博且兴趣广泛的教师，这样的教师能像一块磁石一样，牢牢地把学生吸引住，其教学效果往往胜人一筹。

三靠智慧之教。面对瞬息万变的教育情境，要让大多数学生喜欢你，教师就要准确迅速地作出判断，妥善处理，从而收到理想的教育效果，这就是教师的教育智慧。

四靠才艺之特。多才多艺的教师对学生具有一种神奇的吸引力，这种吸引力就是这位教师独有的魅力。我们是不是可以这样说，教师多一项才艺，就多赢得一批学生的敬佩和信服。教师聊起自己熟悉的流行音乐，学生自然眉飞色舞；教师谈论 NBA 球星，肯定群情激动。

五靠幽默之趣。对于想让学生喜欢的教师，幽默风趣是一种很好的方式。在教育教学中，教师适当地幽他一默，就会吸引学生的注意力，赢得学生的好感，使学生在愉悦轻松的氛围中学到知识。幽默风趣是教师思想、气质、才学、视野和灵感的结晶，它像一根神奇的魔棒一样，使教育教学在瞬间闪烁出耀眼的火花。

"让你的学生喜欢你"，肯定还有许多方法，教师可以换位思考一下，你若是学生，会喜欢什么样的老师呢？这样一想，也许方法就出来了。

32 保持微笑

说到微笑，我们可以找到许多名言。

卡耐基说："笑是人类的特权，有微笑的人永远受欢迎。"

维克托·伯盖说："笑是两个人之间最短的距离。"

泰戈尔说："微笑，是世界上最美丽的语言。当你微笑时，世界爱上了你。"

说到微笑，我们可以找到许多诗一般的语言。

微笑是一种无声的亲切的语言；微笑是一种无声的动人的乐章；微笑是人类最高尚的表情；微笑是生活里永远明亮的阳光；微笑是身边一点一滴的美丽，感染了快乐和温暖；微笑是一首曲子，每时每刻都弹奏着我们快乐温馨的时光。

微笑之于教育，不仅仅是一种"职业姿态"，更有其独特的内涵。表现在教育态度上，它反映了教师的乐观、自信，对教育事业的自觉与忠诚，对学生的热爱与宽容，它为教育环境创设了和谐的氛围。表现在教育方法上，它可以最大限度地缩短师生之间的心理距离，提升教育的效果。表现在教育目标上，教师的微笑，会潜移默化地引导学生养成乐观、自信、善良、友好的品性。

微笑是一种理念。爱，是教育的基础，没有爱，就没有教育。微笑之源是什么？是"爱"。这就是优秀教师的教育理念。微笑是对学生深沉的爱，更是对教育事业的无私的爱、博大的爱。

微笑是一种活力。教师面带微笑出现在课堂上，会给课堂带来生机，增添活跃的气氛，给学生一种亲和感。教师的微笑，显示出青春的活力和朝气，会让成长中的学生深受鼓舞，为学习生活带来无限向上的激情。

微笑是一种鼓励。课堂上，教师把期望用微笑的方式传递给学生，学生就会受到鼓舞，增强信心，克服困难，刻苦学习。当学生犹豫不决时，教师的微笑是鼓励；当学生没有回答出问题时，教师的微笑是鼓励；当学生进步时，教师的微笑还是鼓励。

微笑是一种调适。教师微笑，不仅可以调整自己的心理状态，还能培养学生健康愉悦的心理。教师微笑，能协调师生关系，为师生交往营造一种宽松的环境，更能活跃课堂氛围、活跃学生思维、活跃学生情绪。

微笑是一种修炼。微笑是人的积极肢体语言的集中体现。当一切顺心如意时，微笑是一种本能；当面对困难考验时，微笑则是一种修养、一种毅力、一种精神。一个优秀的教师，往往是面带着微笑走进教室的，这是一种职业自觉。

微笑是一门艺术，教师要追求微笑的最佳境界。首先，要做个微笑的教师，笑口常开；其次，要把握好微笑的时机，"笑得好不如笑得巧"；第三，要笑得自然、笑得亲切，笑应当是教师真实情感的流露。

"笑意写在脸上"，但微笑的背后，是以教师宽容的品格、善良的心地、宽广的胸怀、豁达的气度、开朗的性格、丰厚的知识、诙谐的谈吐和先进的理念为支柱，恰到好处的微笑是教师美德、知识和能力完美结合的体现。

教师的微笑拥有无穷的教育魅力。微笑吧，微笑着当老师，真好！

33 与生为友

法国著名教育家卢梭曾经说过:"只有成为学生的知心朋友,才能做一名真正的教师。"

真正的教师,应是学生的朋友。这不是说我们不再是学生的老师,而是说我们和学生的关系"亦师亦友"。换句话说,我们在作为一个教师的同时,更应该成为学生的朋友。

时代的发展,学生的活跃,都将促使教师面临新的挑战。

作为"生之师",教师应成为全面关心学生成长的"重要他人"。教师要起到组织、引导、协调的作用,教师是"平等中的首席"。教师还要"身在其中,心在其外"。身在学生中,不能忘了自己的身份,要多了解教育工作的主要矛盾所在,了解学生的思想,掌握学生的现状。

作为"生之友",教师就是要以民主、平等、公正的心态来开展教育工作,魏书生老师在这方面为我们树立了榜样。教育民主、平等待生、公正处事,这些不仅是教育规律的内在要求,也是现代教育理念,同时又能强化学生的民主、平等、公正意识,有利于学生一生的发展。

教师若不能成为"生之友",其教育教学效果不会理想。诚如苏霍姆林斯基所说:"我敢拿脑袋担保:如果学生不愿意把自己的欢乐和痛苦告诉教师,不愿意与教师开诚相见,那么,谈论任何教育都总归是可笑的,任何教育都是不可能有的。"

要真正成为"生之友",也不是一件容易的事。其一,教师要放下师道尊严的架子,不能总以教育者自居,要与学生站在同一个层面上讨论问题和处理事件;其二,教师要有平等意识,允许学生在对待问题时持反对意见,允许学生申辩,允许学生与你平等对话;其三,教师要了解学生的心理动态,教师的言行要尽量能与学生的心理合拍,尽量减少代沟;其四,教师要尊重学生,"尊人者，人尊之"，教师要尽量保护学生的自尊心，期待有更好的教育效果；其五，教师要学会宽容学生，不能时时都用"严师出高徒"来求全责备，该容人处且容人，静待花开也许效果更好。

　　当然，与生为友，还要注意几个问题：一是处理好"生之师"与"生之友"的度，找到师友之间的"黄金分割点"；二是"要一碗水端平"，原则上要与所有学生为友，而不是和部分学生为友；三是若有"问题学生"，可以和他们更"亲近些"；四是师友关系主要围绕学习生活展开，不能庸俗化；五是"与生为友"并不是说不能批评学生，"建立在批评之上的"的友谊，才是更珍贵的友谊；六是"生之友"既有师生自然生成的一面，又有教师自觉而为的一面，后者虽是"自觉"而为但仍宜"自然"切入，师者当细心品悟。

　　有师为友的学生是幸运的，与生为友的教师是幸福的。

34 与学生共情

初为人师的我,当一个班的班主任,教初一两个班的数学。

由于当时学校没有太多的条条框框,我的班主任工作干得"疯疯癫癫"。我会高效率地布置完学校交代的任务,然后组织学生开展各种活动。经常举办猜谜活动,寓教育于娱乐之中,增知识于谈笑之间,长智慧于课堂之外。我觉得这些对学生成长大有益处。比如,用"考试不作弊"猜数学名词"真分数",教育学生要诚实应考;用"成绩不好怎么办"猜学科"应用力学",教育学生勤奋学习;用"注意保护视力"猜俗语"小心眼",教育学生注意用眼卫生;用"太阳出来喜洋洋"猜礼貌用语"生日快乐",为某个学生祝贺生日。我还经常制谜猜老师名和学生名,如用"垂柳轻舞神州秀"猜教师"杨国美",用"自始至终有雄心,为少点点而痛心"猜教师"任勇",用"有一点机会,就让给大家"猜学生名"杭为人",进一步融洽了师生关系。

许多过去的学生见到我,不问别的,只问:"老师,你还猜谜吗?"

我经常组织开展科技活动,特别是组织学生开展科技阅读和撰写科技小论文。我班最多时写出了100多篇小论文,占全校上交论文数量的三分之二,在当时引起轰动。我为此受到学校的表扬,还被评为优秀科技辅导员。

中午吃饭后,我会去"抢占"几张乒乓球桌,让我班学生去打,我也和学生"打成一片"。下午放学前,我会去占个篮球场,先借几个篮球、排球,学生一下课就有场地,就有球打。我班的体育活动特别活跃,为此,我曾写过一篇文章《我班的体育生活》,发表在国家教委、国家体委主办的《学校体育》上。

我的数学教学也与众不同。我上一节"实数的大小"的汇报课,来了很多听课的老师,教务主任来了,分管教学的副校长也来了。我用十分钟讲完原理、讲完书上的例题之后,就进行数学游戏活动,课堂十分活跃,学生学习数学的积极性非常高。课上,有这样一个问题:"用6个1组成一个最大的数和最小的数。"

有人说 111111 最大；有人说 111^{111} 最大；有人说 1111^{11} 最大；有人说 11^{1111} 最大；还有人说 $11^{11^{11}}$ 最大。

把所学的知识全用上，终于比出 $11^{11^{11}}$ 最大。

最小的数呢？学生说答案不唯一，有 1^{11111}、$1^{1111^{1}}$、1^{1111} 等等。

究竟有多少种不同的答案呢？

如果 7 个 1，8 个 1，…，n 个 1 呢？

课堂沸腾了，听课的老师惊愕了，我的课成功了。

这节课好评如潮：说我数学功底扎实，说我会调动学生学习的积极性，说这才像数学课，说这节课的思维量大，说教学确实与众不同，等等。

从那以后，我的课充满趣味、充满方法、充满变化、充满数学的思维、充满师生互动。我的学生几乎每节课都期盼我的到来，因为我来了就意味着数学场来了，灯谜来了，美感来了，激情来了，诗意来了。

就这样，愉快的三年过去了，我们班取得了优异的中考成绩，而成绩的背后是他们三年来形成的良好的品德和被激活了的智慧的大脑。

那时的教育在今天看来就是"师生共情"！

师生共情，就是教师能设身处地体验学生的处境，对学生的情绪情感具备感受力和理解力。在与学生交流时，能进入学生的精神世界，感受到学生的内心世界，能将心比心地对待学生，体验学生的感受，并对学生的感情作出恰当的反应。

师生共情，可以使学生感到自己被接纳、被理解和被尊重，从而使其产生一种愉悦感和满足感，有助于师生之间进一步加深理解和沟通；可以促进学生的自我表现，自我探索；可以使师生更准确地察觉和理解彼此的思想和感情。

师生共情，一定能使师生关系融合；师生共情，一定能使师生情感产生共鸣；师生共情，一定能营造出利于学生健康成长的氛围。

师与生，有太多的地方可以"共情"，让我们用心去发掘，让我们的教育工作变得更加充实而富有诗意。

35　经常换位思考

陶行知先生曾说过:"我们必须会变成小孩子,才配做小孩子的先生。"我们品悟先生的话,能悟出什么?我觉得先生想告诉我们,必须先"换位",把自己先变成学生,从学生的角度看问题,这样才能成为教师。

优秀教师,往往是善于换位思考的教师。

备课时,换位想一想,学生想听与这节课有关的什么东西?优秀生怎么才能"吃得饱",中等生怎么才能"吃得好",学困生怎么才能"吃得了"?如此一换位,备课就进入了一种新的境界。

上课时,换位想一想,学生喜欢什么样的课堂开讲,喜欢什么样的重点深化,喜欢什么样的难度突破,喜欢什么样的课堂总结,喜欢什么样的师生互动?如此一换位,教学的智慧就生成了。

布置作业时,换位想一想,是"多多益善"好,还是"精选精练"好?是"加大难度"好,还是"难易适度"好?是"划一模式"好,还是"注意分层"好?如此一换位,作业的训练就有效、高效了。

组织活动时,换位想一想,是穿统一校服去好,还是自由穿戴去好?是全体活动好,还是分组活动好?是放松尽情活动好,还是结合活动写篇作文好?如此一换位,就能设计出让学生相对喜欢的活动。

学生犯错时,换位想一想,是公开批评好,还是私下批评好?是迅速通报家长好,还是教师教育学生好?是严格惩处好,还是善待包容好?如此一换位,就能根据实际情况找到相对合理的教育方式。

教师经常换位思考,就能在理想教育与现实教育之间找到"黄金分割点",就能相对客观地认识问题,从而有效地解决问题。

优秀教师是这样做的:用"学生的心灵"去感受,用"学生的大脑"去思考,用"学生的眼光"去看待,用"学生的情感"去体验,用"学生的兴趣"去爱好。

如此，才能带来学生所期盼的接近教育真谛的教育。

善于换位思考的教师，做人心胸宽广，做事聪明睿智；善于换位思考的教师，处理问题往往比别人眼高一层，技高一筹。

如果教师经常用"假如我是学生"来思考，你就走进了学生的心理世界，你的育人之道必将获得成功；如果教师经常用"假如我是家长"来思考，你就多少能感受到家长的所思所想，你的家校共育工作，也一定能做出成绩；教师若还能用"假如我是校长"来思考，你就能站在更高的角度来审视学校的教育教学工作，努力配合学校做好自己的工作。

如果我们的老师，还能引导我们的学生进行"假如我是某某学科老师"或"假如我是班主任"的讨论，让学生站在老师的角度来思考问题，一方面能让学生理解老师工作的情况和辛苦，配合老师工作；另一方面也能促使学生对教师的教育教学工作积极建言献策，而教师则可以从与学生的讨论中获得新的信息，改进自己的教育教学工作，以期取得更好的教育教学效果。

36 适度钝感

"钝感"是相对于"敏感"而言的。

教育需要敏感，有时也需要钝感。教育的敏感，在很大程度上是一种教育智慧；教育的钝感，也许可以说是一种境界。

按照日本著名作家渡边淳一的解释，"钝感力"可直译为"迟钝的力量"，它是"赢得美好生活的手段和智慧"。如此看来，敏感、钝感都是一种智慧，就看我们怎么去修炼、怎么去辩证地运用。

做智慧型教师，需要教师敏感地透视"问题"，揭示规律，既能深入浅出、富于启发、生动活泼地传授知识，又能激发学生兴趣，培养学生能力。

课堂的灵性，要靠教师"灵气"的感染。这种感染可以是一题多解、一题多变、一题多用，可以是化难为易的巧妙解答。教师更高的教育智慧，也许是教师"大智若愚"的有意差错，也许是"设置陷阱"的善意为难。

在一次数学高级研修班上，史宁中教授在报告中说了这样一句话："老师上课时不要表现得太聪明，才能让学生显得更聪明。"

说得太好了！这让参会的王增良老师感慨不已：在新课程积极倡导学生主体参与、培养创新能力的课堂中，老师是否可以抛弃一些虚假的"聪明"，放下一点架子，在上课中表现得"愚钝"一些，参与到课堂学生的学习讨论之中呢？

王老师撰写了《"上课"教师不要表现得太"聪明"》一文，我很赞同文中的几个观点：教师的"聪明"，重在课前的预设；教师的"愚钝"，应成为学生学习兴趣和积极性的动力；教师的"愚钝"，应成为师生对话、学习交流的平台；教师的"愚钝"，应成为学生探究和创新能力的源泉。下面是我的课堂回顾，从中可以体现出钝感的力量。

回顾1：生考教师"可略超纲"

放暑假前，我对学生说，年级布置的暑假作业，大家"挑着做"，选挑战性的题做，做多少算多少，没关系。但每人必须出一份试卷在半个月后给我，你们来考老师，想办法把老师考倒。全班学生个个露出神秘的表情，他们从来都是"被考试"，哪有可能出题考老师？我具体布置一番后，有学生举手问："可以略超纲吗？"我佯装水平有限，笑着说："可以可以，可别超太多啊。"

这"别超太多啊"就是钝感。你不让学生"超太多"，学生偏要"超太多"。学生要"超"，他们能不积极主动地先学吗？

回顾2："老师，你真傻！"

六一儿童节前夕，我给初一学生出了一道趣题：

明天是六一儿童节，同学们能用6个1分别组成一个最大的数和一个最小的数吗？

最大的数，放下不说。

最小的数，开始时，学生都说是 1^{11111}，后来发现答案为1的情况还很多，其表达形式"不唯一"，如 $1^{1^{1111}}$，$1^{1^{1^{111}}}$，$1^{1^{1^{1^{11}}}}$，…，等等。当学生们说出"不唯一"时，我的眼睛就放光，嘿！他们已经会用很标准的数学语言来回答问题了，已经开始从"数学好玩"走向"玩好数学"的境界了。我叫了起来："哇！我上大学后才会用'不唯一'来回答数学问题，你们现在就会用了，真了不起！"

下课了，几个学生对我说："老师，你真傻！如果我当老师，不给6个1，而给6根火柴棍。"

学生敢说老师傻，我乐啊，至少说明学生不迷信权威了。我一时对6根火柴棍没反应，学生立刻一边贼溜溜地看我一眼，一边在纸张上写下：

$$\frac{1}{1111}$$

学生得意地说："6根吧，是不是比1小？"正当我刚刚反应过来——学生把一根火柴棍当做分数线了，另几个学生"奸诈"地一笑，说："老师，他们才傻，6根火柴棍可以这样摆。"边说边写下：

$$-11^{111}$$

这几个学生，还模仿前面那几个学生的语调说："6根吧，是不是比1更小？"

我再次惊愕了！前面那几个学生心里钦佩，但嘴上辩解道："我们，我们没想到负数"！

"弟子不必不如师"啊！当学生们说"老师真傻"时，我这个数学老师的教学，就进入了一个新的境界了。

37 尽量不"拖堂"

郑金洲教授说过这样一件事：他去听一节高二年级的语文课，在下课铃响过之后，上课教师又拖了七八分钟才宣布下课。郑教授问他为什么要拖堂这么久？他回答："郑教授来听一次课不容易，我想让你完整地感受一下我教学的各个环节。"郑教授听到这个说法，不禁哑然失笑。他觉得，这位老师的做法在我们有些老师中具有一定的代表性，其中反映的问题值得我们关注。

是不是一堂课只有完成了预期的教学设计，完整地呈现了课堂教学的各个环节，才算是一堂好课？郑教授的回答是：不见得。

教学有预先的设计，课前有相关的筹划，都是正常的，这是保证教学能够达到教学目标的前提。但这种设计和筹划，并不是约束教师实际课堂教学行为的"规定"。

计划赶不上变化。学生在课堂上参与了，活动了，一系列意想不到的场景也就出现了，教师也就应该顺应这种变化，生成新的课堂教学行为。

教师拖堂几分钟，也许完成了教学任务，但这种"多余的精彩"恐怕很难引起学生的共鸣，学生真正能听进去的东西也非常有限。

有调查表明，询问学生你最不喜欢什么样的老师，相当大比例的学生回答不喜欢拖堂的老师。

拖堂了，老师付出的努力多了，却"费力不讨好"。老师上课，还是不拖堂为好。

有人研究了拖堂的危害性，有以下几点。

学习方面。下课铃响后，教室外面有走动声、喧哗声，教室里面有松散情绪和整理学习用具的声音。在这种情况下，想听的学生不容易集中精力听清楚，不想听的学生心飞窗外，无心听讲，讲课效果差。老师不辞辛苦地拖堂，想要解决自己认为很重要的问题，以为自己讲清了，但学生却没听明白，容易造成

"夹生饭"，得不偿失。拖堂了，直接影响学生课间休息时间，有时还会影响到下一节课的教学时间，这就更不好了。

心理方面。学生在上经常拖堂的老师的课时，心里会有一种负担，甚至会因为拖堂而厌恶这门学科。身为老师在听课改专家讲座时，如果专家滔滔不绝地拖延时间讲，你的感觉如何？即便这位专家讲得很好，你的心里也会有一丝不快之感。教师拖堂是对学生的不尊重，学生会感到无可奈何。教师经常拖堂，学生也会感到教师的无能。我曾经读过一篇来自学生周记的短文《"能"师不拖堂》。

生理方面。学生在长期的课堂学习中，已经形成了对"每节课45分钟"的一种心理定势和生理上的条件反射。上课时集中精力听课，下课铃声一响，就有一种自然的放松感，听课的注意力很难再集中。坐的时间长了，就有点按捺不住想出去走动的意识。有时"内急"，因老师拖堂而非常难受，一些学生甚至会因为老师偶一拖堂让他"差点失控"而对老师"厌恨在心"。

其实，拖堂还会让值日生紧张不已，快速檫黑板容易造成粉笔灰飞扬，污染教室空气，影响师生健康。拖堂也会影响下一节课教师的上课情绪，甚至影响同一班级任课教师之间的关系。甚至有学生认为，教师可以拖堂，为什么学生不可以拖作业？

有人从减负的角度分析，提出上课不拖堂也应属于减轻学生负担之列；也有人认为，教师拖堂，就是时间观念不强，就是某种程度上的不负责任；还有人说，拖堂是一种体罚，而"体罚是教育的无能"。这些话，不知说重了没有？

如此看来，对于教师而言，不管你有多少理由，有多么善意的想法，都不要抢占学生课间的时间。当下课铃声响起时，教师把该说的一两句话说完，然后说"下课"，那才是真正的潇洒！

38 让学生上课

让学生当一回教师未尝不可，可以是整节课由学生来上，老师适当点评；可以由几个学生一起上课，老师点评；也可以是学生和老师共同上课，老师讲一段，学生讲一段。通常的情况是，讲评问题时，若学生有好的解法和好的想法，我就顺势说："请某某同学上来讲一讲他的解法（想法）。"

学生听课与学生上课，所带来的影响和效应大不一样。学生当了一回"小老师"，往往终生难忘。学生为了上好课，为"传播"而进行的学习更使之印象深刻。走上讲台本身就是一种来自教师或学生的赞赏，当过"小老师"的学生日后听起课来"别有一番感受"。底下听课的学生，平时听惯了老师的课，偶尔听同学的课，既感新鲜又很敬佩，听起课来自然兴趣盎然。听课的学生，往往会有"人家都能当'小老师'，我们没理由学不好"的想法，学习的效率也明显提高。

• 哪些课宜让学生上

一是内容相对容易的课，可以考虑让学生上；二是开放性的课，没有绝对标准的答案，可以考虑让多个学生一起上；三是带有操作性的课，因为探索真理有个逐步完善的过程，可以考虑让多个学生一起上；四是作业或试卷讲评课，由于学生的解答"异彩纷呈"，更可以考虑让学生上；五是一些具有独特性的内容或专题选修内容，可以考虑让对这块内容有研究的学生来上。

• 应注意的问题

一是宜鼓励学生当一回"小老师"，营造"当一回老师，对学习的体会不一样"的氛围；二是宜让学习成绩中上且表达清晰的学生先当"小老师"；三是可以有意识地让部分学生利用暑期进行自学，就某一内容先行研究、先做准备；

四是可以适当组织学生采用"小组攻关、集体备课、组内竞争"的形式产生"优者",走上讲台;五是教师可以介入学生的备课过程,并给予一定的指导;六是学生的教案教师要过目,在谨防科学性错误的前提下优化教案;七是让学生单独授课不宜过频,教师一定要把握好"度";八是以师生互动的形式让学生上台讲解,是可以经常进行的教学活动;九是教师要善于抓住"中下学生"的某些特长或某次"闪光",及时"推"他们上讲台;十是对学生授课中的错误,教师宜启发或引导"小老师"自己发现问题,自我纠错,即使最后由教师纠错,教师的语言也应当"平和而友善"。

• 我让学生当老师的几个案例

案例1:刘星上"勾股定理"。

刘星同学是班上数学学习的"男一号",让他来上课是"理所当然"的事,我让他上"勾股定理"。

没想到刘星说勾股定理的简单证法书上有,给大家看两分钟后,大家合上书自己证明一遍,"刘老师"没讲什么,学生竟然都会证了。

"刘老师"话锋一转,说:"其实,'勾股定理'还有很多种证法。"

"刘老师"讲完一些证法后,让同学做一些练习,巩固效果。

课快结束时,"刘老师"说,"勾股定理"告诉我们,以直角三角形两条边为边所作的两个正方形的面积之和,等于以斜边为边所作正方形的面积。因此很容易提出这样一个"猜想":以直角三角形的三边为对应边,所作出的其他各种相似图形,是不是也具有这种关系呢?

事实上,同学们课后容易画出图形验证"猜想"的正确性,但严格的证明,要等到同学们学完"相似形"之后。

案例2:两生合说"组合恒等式"。

由两位学生合作上课,讲一道组合恒等式的证明,题目为:

$$C_n^1 + 2C_n^2 + 3C_n^3 + \cdots + nC_n^n = n \cdot 2^{n-1}$$

学生"双簧"表演,给出六种证法。

教师点评:上述证法,法1法2比较自然,法3法4颇具巧思,法5较为机械。同学们学了微积分之后,还可以用微分法进行证明。

案例3:苏承讲"扑克牌算24点游戏"。

苏承同学是班上的"算24点"高手,我专门请他讲"扑克牌算24点"。

苏承讲了一些基本算法后，让同学们做一些训练，先做一些简单题，之后有意给出一些有难度的题让同学们做，许多同学算不出来。这时苏承说，这些"难题"是我编的，大家看看我是如何编题的。

前面的游戏是给出牌组，我们设法给出算式，这种游戏是随机的。我们能否编一些有一定难度的牌组，"为难"大家，如果能让老师也算不出来，那就太妙了！

要编有一定难度的牌组，大致可从以下几个方面入手：第一，从"大数"入手考虑；第二，从"分数"入手考虑；第三，从"凑数"入手考虑；第四，从"公因数"入手考虑。

苏承的课，不仅同学爱听，也给了我很大的启发。我们老师上课，很少有把自己编题的过程告诉学生的，甚至觉得这是秘密，但苏承就敢。其实把编题的过程告诉学生，其教学价值是可以深入探索和研究的。

- 由"让生上课"想开去

由"让生上课"这一思路"想开去"，竟让我产生以下一些想法。

能否让家长来上课？有些家长本身就是某一方面的专家，或是高校的教师，完全可以挑选一些内容请家长来上，沟通得好，绝大多数家长是非常乐意来上课的。

能否让本校其他教师来上课？有些教师在某些方面有所钻研、造诣颇深，讲到这些方面的内容时，完全可以"放下面子"请他们"现身说法"，只要以诚相待，相信他们也是非常乐意来上课的。

能否让校外教师来上课？校外一些优秀教师，或是特级教师，或是在某一方面有专攻、在某个内容的教学上有特色的教师，我们可以事先相约，届时请这位教师来为我们的学生授课。

能否让其他专家来上课？有些专家在生产实践或工作研究中，会或多或少地运用专业知识分析问题、解决问题，我们可以请他们走进校园，将学生所学知识和自身运用的心得结合起来进行讲课。

39 指导学生"会学"

"学会"和"会学",看起来只是两个字的颠倒,但意义却大不相同。"学会",只是说在学习过程中掌握了某种知识和技能;"会学",则是指在学习的过程中掌握了学习方法,形成了学习能力。

怎样指导学生"会学"呢?

• 会制定目标

目标是学习活动所追求的结果。目标正确能激励学生努力学习,为实现目标而奋斗。目标模糊则会产生很大的盲目性,因为连自己都不知道学习是为了什么,随波逐流,自然很难取得好的学习效果。"我今方少年,志当存高远。"要鼓励学生尽早立志定目标,让目标成为他们进取的精神力量。

• 会主动求知

主动做好课前预习,甚至学期学年的预习。"凡事预则立,不预则废"。主动求知包括:主动搞清疑难问题,不懂的可向书本请教、向同学请教、向老师请教;主动弥补某些知识和能力上的缺漏,做到"有错必纠";主动围绕学习中心选做有关练习。被动学习的特点之一就是"要我学",感到学习很苦;而主动学习就是"我要学",感到学习是一种享受、一种需要。

• 会记好笔记

记课堂笔记,目的在于课后复习时便于回忆、理解,便于进一步消化、巩固和钻研。"会学"的学生是会科学记笔记的学生。会记笔记对人一生的学习和工作大有好处。笔记应当一记知识的结构;二记老师讲的重要内容和典型事例,以及分析问题的思想方法和独特见解;三记课本上没有的内容;四记自己听不懂的问题和学习最困难的地方；五记听课的心得体会。

- **会发现问题**

法国著名文学家巴尔扎克认为，"打开一切科学的钥匙毫无疑义的是问号，我们大部分伟大的发现都应该归功于'如何'，而生活的智慧大概就在于逢事都问个为什么。""会学"者头脑中问号最多，敢于大胆质疑，善于发现新问题。比如，我们证完"两条高线相等的三角形是等腰三角形"后，就可提问"两条中线相等的三角形是等腰三角形吗"，不难做到吧！

- **会触类旁通**

触类旁通是一种知识技能的掌握促进了另一种知识技能的掌握，也就是某一种学习的进步促进了另一种学习。这种能力运用得愈广泛愈好。"会学"者，举一能反三，"做一题，解一类"。比如，学习了"等边三角形"知识促进学习"相似三角形"知识；学完一元二次方程的根与系数的关系后，可研究"一元三次方程是否有类似的情况"。

- **会多方求解**

"会学"者，在解决问题时常常能从多角度去考虑，广泛地综合运用基础知识和基本技能，找到最简捷的解题途径。

- **会找出规律**

"会学"者能自觉及时地总结归纳自己的学习心得，找出规律。如学习数学，能对大量的练习题进行归类，找出同类题的解题规律和方法，使自己不断取得更好的学习效果。比如，用十字相乘法解因式分解题，就可找出其规律"看两头，凑中间"；解不等式组，就可找出规律"两大服从大，两小服从小，大小小大中间找，大大小小找不到"。

- **会用学习资源**

学习资源包括工具书、网络资源等。工具书是"会学"者的好伙伴，也是"会学"者获取知识的重要材料。以字典来说，"会学"者不仅用其识别不认识的字，而且会把字典用作理解课文的钥匙；数学解题题典，不仅提供许多解题思路，还往往有数学思想方法的具体体现。网络资源就更丰富了，但网络是把"双刃剑"，要学会在"网海"里冲浪，而不能陷入"网瘾"。

- 会运筹时间

一个人的时间是常数，时间就是生命。虚度光阴，将来后悔莫及；埋头苦干，也不一定最有成效。"会学"者必定会科学地支配时间，提高时间的利用率。但不论如何，努力请从今日始。

- 会广泛涉猎

"会学"者都有旺盛的求知欲，常常涉猎人类文化的广阔领域，常常参加各类课外小组活动，不断丰富自己的知识，培养自己的能力。值得一提的是，就课外阅读而言，目前青少年读国学的多，读科技读物的少，读世界史的少；就各类兴趣小组活动而言，参加艺术的略多，参加智力训练和体育活动的相对少些，对此要加以注意。

40 作业谈心

班主任和学生谈心有许多方法。譬如，在课间或放学之后和学生谈心，在家访或学生来访时和学生谈心，在师生文体、郊游等活动中和学生谈心等。虽然这些方法都可取得一定的效果，但也各有各的不足之处。

我是数学教师，学生每天交作业就和我进行一次"信息交流"，我便利用这个机会，在学生作业的空白处和学生"谈心"，并把这个方法称为"作业谈心法"。起初采用这种谈心方法是"单向的"，就是我根据某些学生学习、表现的情况，或表扬肯定，或批评告诫。学生习惯后，也会在做完作业后顺便和我谈上几句，使谈心成为"双向的"。采用这种方法取得了显著的效果：学生的点滴闪光之处得到及时的表扬、鼓励，增强了他们改正缺点、提高学习成绩的信心；学生的一些不好的苗头，在及时批评、告诫下，很快纠正过来了。有位学生有些小聪明，但学习成绩一直不好。在一次"作业谈心"中，我这样写道："尽管前面几题做得不太好，但这道难题你却给出了巧妙的解法，你挺聪明，学习成绩却不理想，这是为什么呢？……振作起来认真学习吧，理想的成绩在等待着你！"此后，这位学生逐步改掉坏习惯，开始认真学习了。

"作业谈心法"可以克服其他谈心法的一些不足，如教师因忙于教学、教研活动，或因学生参加某些活动而找不到合适的时间进行谈心等。因此，不妨试试"作业谈心法"。

前不久，我参加我所带的1982届学生初中毕业30周年聚会，那年他们15岁，现在45岁。他们至今还记得当年的"作业谈心"，有的说，就是那次谈心，激发了他对数学的兴趣；有的说，那次谈心后，他曾对老师抱有的偏见改变了。张海浪同学说，"我刚从外地转来，任老师曾在我的作业上让我猜谜，谜面是'隔岸观涛'，猜一同学名，我猜了很久才猜出是自己。后来老师故意拿这条谜在班上让大家猜。还事先告诉我要抢猜，我猜中后，老师当着全班的面表扬了我,说我'极聪明'。我这个准差生第一次受到老师的表扬,受到鼓舞,从那以后,我的学习劲头极大。"

大家说着说着,竟有同学说,我们大家都回忆一下,干脆编一本《任老师语录》。实话实说,当年我真的写了很多"语录"。

41 让学生考教师

初为人师的我，先教了三年初中。三年的暑假作业，年级有统一要求，我只有服从。教第二轮初中时，我感到暑假作业几乎是平时作业的翻版，就自作主张"另搞一套"。我对学生说，年级布置的暑假作业，大家"挑着做"，选有挑战性的题做，做多少算多少，没关系。但每人必须出一份试卷在半个月内给我，你们来考老师，想办法把老师考倒。全班学生都露出神秘的表情，他们从来都是"被考试"，哪有可能出题考老师？我具体布置一番后，有学生举手问："可以略超纲吗？"我佯装水平有限，笑着说："可以可以，可别超太多啊。"

暑假里，我陆续收到来自学生的试卷，我逐一解答，并在好题旁圈上标记，在有特色的题旁写上批语。我将做完的试卷逐一交还或寄回给学生，让他们批改。开学了，我们班可热闹啦，大家在议论卷子，哪道题被老师评为"好题"，哪份卷被老师评为"好卷"，哪道题是特色题，哪道题老师"解答不完整"上当啦，哪道题老师给出了好多种解法。我让数学科代表拿着登分表，在学生姓名后登上我的得分，好统计我的平均分。可以想象第一节数学课的情景。我简单综述后，请出好题者说明出题经过，请出好卷者说明出卷过程，请出特色题者解密拟题过程，课堂气氛活跃、趣味盎然，师生互动融洽、高潮迭起。下课了，学生仍意犹未尽，一些学生问我："老师，什么时候还可以再考你？"我笑着说："同学们平时先互出互考，再拼装'难卷'考老师，好吗？"

"生考教师"，是我在教学中的一个创意，也是我的数学教学主张。凡事倒过来想一想，也许眼界大开。

下面就"生考教师"要注意的问题展开论述。

• **适当教给学生数学命题的原则和方法**

学生给老师出题，对学生命卷不能要求太高，但可以适当教给学生一些基本的原则和方法。比如,总的题量要求,选择题几题、填空题几题、解答题几题,各类题的分值多少。又如,出题不能出现错误,要分出层次、难易适度,要考察全面、兼顾重点,要注意规范、适度创新,也可以出些开放题等。再如,编选试卷时,应先从书籍、杂志、网络上选题,可适当改题,有能力的同学也可以适当编题,最后进行调整、平衡,合成一份试卷。

•鼓励学生适当改编原始问题

"生考教师"可以让学生体验教师的命题工作,可以破除考试的神秘感,让学生逐步领悟到"所谓考试,其实就是限定时间做作业"。教师可以鼓励学生适当改编原始问题,告诉学生:"同学们改编原始问题,就是'为难老师',就是有意考倒老师,谁能够考倒老师,那才高明呢!"以此来激励学生改题、编题。但教师心中要有数,这种激励带来的是学生自主地进行变式训练和创新训练,是一种值得倡导的数学学习方法。

•允许几位学生联合命题

考虑到学生间在知识和能力上的差异,开始让学生命卷时,也可以由几个学生组成一个编拟试卷小组,选出一个组长,大家明确任务、分别出题,由组长合成初稿,大家再进行审议,最后定稿。这种编拟试卷的过程,有点像研究性学习的过程,小组成员在编拟试卷中共同研究、相互学习,共同提高。

值得一提的是,小组命卷可以联合编拟出一份试卷,若大家有积极性,也可以多编拟几份试卷,甚至"人人拟一份",分别送交上来考老师。

•支持学生"私下交流"

学生编拟一份试卷不容易,仅用来考一位老师,"使用率太低"。教师可以适当引导学生,或四人一组交换试卷互考,或自愿结合交换试卷互考,或挂在班级网页上让"愿考者"自行下载。老师们可以想象一下,这是一种怎样的学习啊!我们的考试,原来是"师考生",后来变成了"生考师",现在又有可能变成了"生考生"了,这种"生生互动"所带来的一定是教师意想不到却十分有效的学习效果。

•教师应给学生编拟的试卷以积极的评价

开学后，教师一定要拿出一定的时间，对学生编拟的试卷给予积极的评价，充分肯定学生编拟的好卷、好题，并指出创新点和绝妙之处。

教师还可以请学生走上讲台，或说明编拟意图，或讲解命题，或点评教师的解答——哪些题老师给出了简洁巧妙之解，哪些题老师考虑不全面被扣分了，哪些题老师"思维定势"上当了。

全班学生编拟的试卷，可以找个地方进行展览，让全班学生欣赏不同风格的试卷，让学生充分了解他们的数学老师是如何答题的。

•学生试卷——师生珍贵的教与学的资源

学生编拟的试卷，是珍贵的教学资源，理应保存好、利用好。教师可以将这些试卷编上号码保存起来，以便日后使用，有可能的话，将这些试卷变成电子版加以保存，或将试卷中的较有价值的试题变成电子版加以保存。还可以把电子版的试题、试卷挂在班级网上，让学生分享这些来自同学的学习资源。学生自愿地做同学出的试卷，肯定会有"别样的心情"。

42 让学生出试卷

传统的考试方法，一般是教师根据教材和学生的知识水平，出几道题，然后根据学生书面答案的质量，评出一个分数。这种闭卷笔试的考试形式，容易使学生对考试产生焦虑和神秘感，甚至产生反感心理。作为考试改革的一种方法，我在所教的班级中进行了让学生参与编拟数学试题的尝试。这种命题方式，破除了考试的神秘感及其引起的焦虑，体现了尊重、相信学生的原则，学生命题的过程，也是一次学习、实践和进一步明确、掌握难点、重点，发展思维能力的过程，这就大大地调动了学生学习数学的积极性。

这里所说的"学生命题"是指学生考学生。

●试卷的编拟

将全班52名学生分成13个小组（前后座位），每组4人（注意学习成绩上、中、下的学生的搭配）。每次编试卷要求每组提供选择题4道，填空题4道，小综合题（包括作图、改错、简答题等）4道，大综合题1道。其中选择、填空、小综合题有2道是指定内容的，另2道不限；大综合题内容不限。各类试题应有基础题、中等题和提高题。学生所出考题均应给出正确解答（如有多种解法，也尽量写出），并给出评分标准。最后，全班共收选择、填空、小综合题各52道。大综合题13道。教师在综合各组试题编试卷时，学生编题占70%，教师编题占30%。教师可以对学生所编的题作一定的改变（如数字改变、图形改变、维数变换等）。整张试卷50%基础题，35%中等题，15%提高题。成卷时，在每题题后标明供题组。提醒学生在未考之前应暂时保密。

例如，初一学完一元一次方程的应用题之后，有一次单元考试，我对13个小组指定的内容是：和倍差倍问题、等积变形问题、比例分配问题、劳动调配问题各1组，工程问题、浓度问题、数字问题各2组，行程问题3组。其余供题应属于能用一元一次方程知识解答的应用题。

• 评分

"学生命题"的评分与一般闭卷考试的评分基本相同,只有下面两点不同。

第一,对入选题的供题组的每个学生酌情奖励2～3分,以鼓励学生编选好试题。

第二,学生的供题或解答,如有错误,应酌情扣2～3分。在考试时,供题组的学生若答错其所供的试题,则除扣除本题分之外,还须再扣所奖分的两倍,以防止学生乱供题,并考查学生对供题及其变式的适应能力。

例如,在某次考试中,某组学生供题:如图(图10),△ABC的两边AB、AC分别向外作正方形BAFG、ACDE。求证:FC=BE。

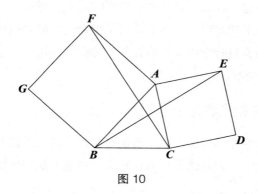

图10

经综合分析后,决定选择该题,但将该题的"正方形"改为"正五边形"作为试题。变式题与原供题解法的实质是一样的,都是利用全等三角形及多边形的内角和知识来证明,这就要求供题组的学生有一定的应变能力。

该组学生供题入选,每个学生奖2分。若该组某学生答错,除扣除该题分数外,还应再扣所奖分数的两倍,即4分。

• 试卷讲评

师生共同讲评。教师先讲一下考试的总体情况,具体讲解某题时,可请供题组学生代表上台讲评。教师自己的供题一般由教师讲评,学生可以给予评价。这种师生共同讲评的方法,学生很感兴趣,课堂气氛活跃,效果很好。

●效果与体会

让学生参与命题，提高了学生学习数学的积极性。他们上课比以前更认真了，并能在学好课本知识的基础上，积极阅读相关的课外读物，拓宽知识视野，提高供题水平。

由于教师可适当改变学生的供题，这样就促使学生在解题时，注意一题多变、一题多思、一题多用，提高分析问题、解决问题的能力。

让学生参与命题，把原来枯燥、单调、乏味的活动，变成了有趣的、自觉的、创造性的、竞赛性的活动。学生乐此不疲，自然就会有效果。

让学生参与命题打破了考试的神秘感，在一定程度上消除了学生对考试的焦虑、反感心理，是考试改革的一个方向。

让学生参与命题仅在我所教的两个班平时的单元考试中进行。年级统一的半期考、期考，由于涉及面广，还不能由学生命题。但我想在这种考试中这样做也是可以的。因为只有学生参与命题与教师命题相结合，才能较全面地考查学生对知识的掌握情况。

●学生命题应把握的几个原则

科学性与人文性相结合的原则。所谓科学性，就是试题不出错，试题内容不超纲；所谓人文性，就是试题内容体现人文思想、贴近生活。两者结合，相辅相成，相得益彰。

稳定性与创新性相结合的原则。试题要"稳"，就是说要有许多"常规题"，要根据学生的实际情况，在难度、方向、结构等方面应保持相对稳定；试题要"新"，就是说要有一些"新题型"，在题型的变化、联系、形式等方面体现新颖性。两者结合，力求做到稳中求变，变中求新，新中求好。

全面性与开放性相结合的原则。全面性，就是试题的覆盖面要宽、要全面，在保证全面的同时，要注意考察重点内容；开放性，就是试题要给学生留下探索的空间。开放性试题内涵丰富，涉及科学知识面较广泛，可以多角度、多侧面、多层次地提出问题，考查学生思维的灵活度和创新能力。

规范性和灵活性相结合的原则。规范性，就是指试卷应符合规范，在题目的表述上应符合知识的规范与语言文字的规范，叙述简洁流畅易懂；灵活性，就是在试题的题序上可以灵活，在解答的形式上可以灵活，在评分的标准上可以灵活，等等。

- 学生编拟数学试题的方法

选题。就是选用现成的题目作为试题，在选题时应注意试题的代表性，试题内容贴合同学的实际，而且是同学平时没有做过的；必要时选题可适当改动，如改变题目的描述方式，改变题中的数字、个别文字等，但必须保持原题的基本风格、基本解法和难度。

改题。改题是指以一个现成的题目为基础，经过修改成为一个适用的试题。可以改变题中条件的文字参数，可以用同类型概念或可比性的性质替代原题的条件，可以用等价命题、逆命题、否命题取代原题，可以对原题作一般化或特殊化处理，可以改变题目中的条件或结论，可以变更题型或改变提问方式或变化为探索性、开放性的题目等。

编题。编题是指根据命题要求编制新颖的试题，是命题的重要手段。但对学生命题来说，要求是比较高的，可尝试进行。

成卷。将所选、所改、所编的试题，按题型、数量、分值、难度，安排前后顺序，合成一份试卷。

解答。解答所有试题，检查试题之间的相对独立性，检查试卷的文字阅读量和运算量，根据检查情况，适当调整试题或更换试题。

制定评分标准。规范给出参考答案、给分尺度和评分标准。

43

统计到位

适当的统计,对学科教学是很有意义的,教师要舍得在这方面花时间,同时要科学分析统计数据,采取相应的积极而有效的教学手段,促进教学质量的提高。

我们先具体看一份《数学试卷失分统计表》(见表1)。

表1:数学试卷失分统计表

题型\姓名	选择题				填空题				解答题						总分	名次
	1	2	……	12	13	14	15	16	17	18	19	20	21	22		
张三																
李四																
……																
总失分																

这是一份统计全班学生数学考试情况的总表,在此基础上,教师可以指导每位学生填写一份《数学试卷分析表》(见表2),针对自己的问题,提出自己努力的方向和对教师教学的建议。

表2:数学试卷分析表　　姓名　　座号

	题型	选择题				填空题				解答题				总分	名次
失分统计	题号	1	2	……	12	13	14	15	16	17	18	……	22		
	失分														

续表

答题分析	思想态度方面	
	学习方法方面	
	完成作业方面	
	有错必纠方面	
	考试心理方面	
	其他有关方面	
今后对策		
教学建议		

- 表1的分析

每次单元小测或考试，对学生的错题进行统计，设计表1。横向为题序，纵向为学生姓名。填完表后，横向一看，每个学生的丢分情况一目了然，张三基础题丢分多，李四中档题丢分多；纵向一看，每种题型的丢分情况一清二楚，选择题的第9题全班错了28人，最后一题12分平均丢了9分！有了这些统计数据，教育个别学生和面向全班讲评试卷就更有针对性。

先说个别教育。我们可以找来张三，帮助张三分析试卷，选择题失分太多，这是基础知识掌握不好所致，但解答题有一两题做得还不错，至少说明智商没有问题，宜克服不求甚解、粗心大意、好高骛远等毛病，争取下次考试"基础分尽量少丢"。

我们可以找来李四，帮助李四分析试卷，中档题失分不少，中档分是绝大多数学生"可得之分"，说明基础虽好，但知识小有综合就不能很好地适应，宜在打好基础的同时，适当训练中档题，逐步拓宽视野，纵横联系，期待下次考试"中档分分分必争"。

我们可以找来王五，帮助王五分析试卷，压轴题没能拿下，为什么呢？一是等前面做完，所剩时间已经不多了，在短时间内"攻关"，难以"过关"；二是面对有一定难度的问题，思路常常受阻。怎么办？宜在保持基础分和中档分的同时，适度加强对有一定难度问题的训练，有一种"激活思维"的优化训练，可以借鉴。

"激活思维"训练法：可以找一些题，只想思路，第一步做什么，第二步做什么……不必具体详解，再对照解答，检验自己的思路。这样做，有利于在短时间里找到更多的具有策略意义的解题方向，训练思维品质。

再说全班评卷。我们可以隐去姓名，就表1和同学们一起分析全班数学考试情况。比如，哪些题我们班做得比较好，哪些题做得不理想，哪些题做得很不好，让同学们对全班的这次数学考试有一个大致的了解。

我们可以隐去某些具有典型意义的学生的姓名，让全班同学帮助他们分析得分情况，给出今后具体努力的方向。这种分析，虽然表面上只分析了几位学生，但对具有同类情况的学生的教育意义是相同的，这样也就指出了一类同学的努力方向。

我们还可以事先与某些同学商量，征得他们的同意后，请他们上台自评试卷，或谈考试心得，或谈失分教训，或谈考试心理，或谈平时学习与考试的关系，或谈今后努力的方向等，只要设计得好，这样的试卷讲评课，学生是很欢迎的。

- 表2 的利用

表2是让学生自己填写的，目的是让学生对自己的考试情况有所了解，在此基础上，分析这次考试中自己在思想态度、学习方法、完成作业、有错必纠、考试心理等方面的问题，提出今后在数学学习上的对策以及对数学老师教学的建议。

教师可以请几个有代表性的同学，在班级里谈谈自己的分析，若课堂上的时间有限，也可以将表2复印一份张贴在班级的学习园地里，或挂在班级的网页上，既可给同学们一些启发，也有利于接受班级同学的监督。

征得学生同意，也可以将表2交一份给学生家长，请家长给予配合、给予帮助、给予监督，让学生有意识地、有针对性地克服一些缺点，增强平时的学习效率，争取在今后考试时能正常发挥，客观反映出其数学学习的水平。

- 统计表的另一作用——评卷"不为原序"

所谓"不为原序"，就是在讲评作业、练习、试卷时，不是按原序进行，而是根据统计情况重新排序进行讲评。对于极少数学生做错的题，就不讲评了；

对于绝大多数学生做错的题，为了增强印象，可以最先讲评；有些题要画图形，为了节约课堂宝贵的时间，老师课前先在黑板上画好图或事先做个PPT课件，这样这道题就可以先讲；也可以将同类问题（如最值问题）一起讲。

我们具体看一份某班数学考试失分统计表（见表3）。

表3：某班学生失分统计表

题型	选择题（失分人数）												填空题（失分人数）				解答题（失分均分）						均分
题号	1	2	3	4	5	6	7	8	9	10	11	12	13	14	15	16	17	18	19	20	21	22	105.4
失分情况	0	3	6	5	4	7	3	5	6	6	7	7	4	2	6	9	3.3	5.2	6.1	6.3	7.2	8.5	44.6

关于这份试卷的讲评，我们有以下设计：

（1）选择题、填空题失分在5人以下的题不讲评，即第1、2、5、7、13、14题不讲评，讲评课前教师让失分学生自纠，教师了解学生自纠情况即可，个别仍有问题的学生，教师可个别帮助。

（2）选择题、填空题中有图的题目，如第6、8、10、11、15、16题，可以课前先在黑板上分别画出图形，上课时依"板书量少者优先讲"的原则，讲完一题擦去一题，留下黑板空间讲下一题。

（3）第16题9人失分，宜重点讲；下届学生宜多练习此类题型。

（4）第19题和第21题的图，可以课前先在黑板上画出，有移动黑板的班级则更方便实施。

（5）讲完第18题后可以考虑讲第22题，因为都涉及概率。

（6）有多种解法的题目，部分解答可用PPT投影显示，教师给予讲评。

（7）个别学生给出的独特解法，可请这些同学上来利用投影进行讲评。

（8）在不影响体现"解题过程"的教学设计的前提下，能用投影的可以考虑尽量利用投影进行讲评。

有了这样的设计，在课堂上就能从容、客观地讲评试卷，有效地指出学生存在的问题，科学地指导下一阶段的数学学习，使数学的教与学处于良性、高效、和谐的发展状态。

44 适度"小恩小惠"

任何人都需要认可、赞许和激励。激励是人们前进的推进器，是调动人的积极性和挖掘人的潜能的重要方式。

对学生的激励方式是多样的：可以是一个信任的目光；可以是同学和老师情不自禁的掌声；可以是一次鼓励式的交谈；可以是家长拍着学生肩膀说"孩子，好样的"；可以是红榜表扬；可以是"作业批语"中的赞许，等等。当然，如果学生能自我激励，那就更好了。因为，靠别人的激励总是不长久的，而从心底迸发出的自我激励之情，才是走向成功的持久动力。

激励，可不可以用"实物刺激"，给学生一点"小恩小惠"呢？我们先看一个案例，再具体分析一下。

郑州市纬一路小学葛美尔老师，通过物质奖励来激发学生的学习兴趣，其方法是：作业全对或者上课发言积极者，就能得到一朵小红花，10多个小红花就能换一面小红旗，五面小红旗可以换一样奖品，奖品每半个月发一次，红旗最多的学生可以优先选择。这些奖品无非是铅笔、橡皮、毽子、零食等。

这种层层递进的方法可以激发学生主动思考，积极发言，并让学生懂得只有努力付出才会得到回报。这些奖品虽小，但意义却大。因为二年级学生还没有形成价值意识。葛老师用物质奖励的目的是培养一种荣誉感。让他们感到只要你真心付出了，就一定有回报；只要你坚持努力就一定会成功；要相信"我行，我能行"；要培养他们的自信心。奖品对他们来说，是他们努力成功的见证。

奖要有"度"，葛老师在这里把"度"操作得很恰当。她用日常学习用品作为奖品，这些奖品正好符合学生的需求，学生的进步是家长和老师有目共睹的。但怎样才能把握住"度"？这就要因人而奖，适度奖励。物质奖励不能让学生变得急功近利，否则容易使学生养成追求物质的不良心理。

我当老师时，也用过"小恩小惠"之招。学生学习成绩优异，我会利用出差的机会买些好书奖给学生，20世纪八九十年代，要买到好书不是件容易的事，学生拿到好书异常喜悦，这些书一时间在学生中广泛传阅。我是数学教师，我会给数学成绩优异或经常提供征解题的学生发些小奖品，这些奖品都是与数学有关的玩具，比如魔方、七巧板、华容道、"立刻疯"等，学生常常在课间摆弄这些玩具。我几乎把班级学生的名字都编成了灯谜，让学生猜，凡猜到自己姓名的学生，会得到我用毛笔精心书写在谜笺上的描述这位学生的谜条。不少学生至今仍保留着我当年给他们的谜条。

我给学生的小奖品，有用钱购买的，也有不少是自制的。我发现学生更喜欢自制的，因为自制的更多的是独有的，是用钱买不来的，是寄托了教师感情因素的具有精神价值的东西。

教师要巧设物质奖励，适度"小恩小惠"，购买的宜"小"，自制的宜"巧"。"奖"是为了"励"，"奖"得恰到好处，其"励"方可成"志"。

45 古为今用

中华民族文化源远流长，博大精深。在中华民族文化的宝库中，蕴藏着丰富的教育思想。这些教育思想，是人类的精神财富，至今仍有一定的现实意义。

"观今宜鉴古，无古不成今。"古为今之始，今鉴古以用。

优秀教师，善于挖掘整理古代教育思想中有价值的要素，善于从古代教育思想中汲取养料与现代教育思想结合，从而形成新的整体的教育效应。

不说别的，就说学习孔子的教育思想和教育方法，周勇老师就写过《跟孔子学当老师》一书，我以为实则是"跟孔子学当优秀老师"。

该书内容简介如下：

> 因材施教，有教无类，教学相长，循循善诱，诲人不倦，温故知新，学而时习之……跟孔子学当老师的温暖旅程，时而捧腹大笑，时而黯然神伤，时而如沐春风，但终会归于孔子式的教学之恋本有的恬静、感动与美好。似乎此前的捧腹大笑、黯然神伤与如沐春风，都是通往恬静、感动与美好的必经之路。就像一个人无论爱什么，亦只有在尝尽了酸甜苦辣、悲欢离合之后，才可以说自己真的爱过。
>
> 这些中国教育大地上的美妙风景，这些深深卷入了我们的教育生活的美好语词，蕴涵着一份宗教般虔诚、炽烈、隽永的"教学之恋"。

该书推荐词是这样写的：

> 师者，永怀"教学之恋"，永怀生命的恬静、感动与美好……
>
> 回到中国传统教育的源头，追寻令人迷醉的"教学之恋"，跟孔子学当老师，每一位教师都有这样的自我期许。丁钢、王金战、王泽钊、王崧舟、刘良华、刘铁芳、张文质、李希贵、吴非、李瑾瑜、郑金洲、郑杰、钟启

泉、郭元祥、钱理群、崔其升、程红兵、郭敦杰、窦桂梅、朱永新、李镇西、卢志文、张思明、肖川 24 位专家联袂推荐——《跟孔子学当老师》。

主编和这么多的专家、大师、名师推荐的书，一定是值得一读的书，书中的内容相信一定是可以"古为今用"的。

类比开来，中国古代教育家还有老子、墨子、孟子、荀子、董仲舒、王充、韩愈、柳宗元、王安石、朱熹、王守仁、李贽、徐光启、王夫之……一一去解读他们的教育思想，并跟着他们学当老师。这样当老师，能不优秀吗？

老师们可以在百度上搜一下《中国古代教育家思想解读》（杨昌洪著），仅读一下目录，你就会发现中国古代教育思想的丰富！

当然，我们在跟古人学当老师时，在运用古人的教育思想对学生进行教育时，应批判地继承和吸收，取其精华，去其糟粕，只有这样，才能真正做到"古为今用"，才能成为更优秀的穿越历史的现代教师。

46 洋为中用

说到"古为今用",自然会想到"洋为中用"。洋为中用,就是批判地吸收外国文化中一切有益的东西,为我所用。

联系教育,教师教育教学要不要"洋为中用"——批判地吸收外国教育中一切有益的东西,为我所用?回答是肯定的。

我们的教育首先要立足于本民族,因为"越是民族的,越是世界的",纵观世界各国的教育,都是建立在本民族教育思想基础上的。但仅有民族的,是很不够的,也是狭隘的。教育不能局限在本民族这个范围内,要把视野放得更开阔一些。

"教育要面向世界"也包含了"洋"教育思想为"中"教育之用的含义。我认为,教育要在充分保护本民族教育思想的同时,广泛地吸收世界各民族一切优秀的教育思想,开阔教育视野,丰富教育内涵。

事实上,新中国建立以来基础教育就导入了凯洛夫教育学,改革开放后,巴班斯基、苏霍姆林斯基、马卡连柯、赞可夫等一大批苏联教育家的教育教学思想不断被译介过来,欧美教育家的思想也得到广泛关注。

我们这代教师,前些年就是在一批批专家的指导下,读了不少外国教育名著。数学类的有弗赖登塔尔的《作为教育任务的数学》《数学结构的教学现象学》,波利亚的《怎样解题》《数学与猜想》《数学的发现》,克鲁捷茨基的《中小学生数学能力心理学》,克莱因的《高观点下的初等数学》等;教育类的有夸美纽斯的《大教学论》,洛克的《教学漫话》,杜威的《民主主义与教育》,蒙台梭利的《童年的秘密》,马卡连柯的《教育诗》,布鲁纳的《教育过程》,苏霍姆林斯基的《给教师的一百条建议》《怎样培养真正的人》,布鲁姆的《教育评价》,小原国芳的《全人教育论》等。近年来,又有了帕尔默的《教学勇气》、加德纳的《智能的结构》、雷夫的《第56号教室的奇迹》、佐藤学的《学校的挑战:创建学习共同体》《静悄悄的革命》《学习的快乐：走向对话》等书。我们今天所形成的教育思想和教育理念，都受到了上述书籍观点的浸润。

我们在网络上搜索一下上述任何一本书的读后感，都能找到许多文章，每读进去，都会有新的感悟、新的收获。读者不妨搜索一下"《静悄悄的革命》读后感"，体会一下。

其实，外面的世界很精彩。中外教育各有其优劣，我们需要做的是将国外教育的长处学到手，"为我所用"，同时弥补自身的教育缺陷，这样我们就能像教育家一样思考，就能让我们的教育找到"回家的路"。

记得有一位专家这样说："不读论语，不读杜威，不读苏霍姆林斯基，是成不了名师的。"学习是为了借鉴，读书吧，这样我们就可以站在巨人的肩上，且行且思，成为走向未来的名师。

47　课外导学

课外学习对开发智力有巨大的作用。国内外大量资料表明，人才成长的主要途径有三个：一是课堂教学的引导，二是课外科普、传记、文学读物的启迪，三是课外科技、文体、社会活动的锻炼。后两种途径属于课外学习的范围。

苏霍姆林斯基说："课外阅读，用形象的话来说，既是思考的大船借以航行的帆，也是鼓励前进的风。没有阅读，就既没有帆，也没有风。阅读就是独立地在知识的海洋里航行。"

鲁迅先生总结的"十字法"高度概括了课外学习的精华。这"十字法"是：多翻——多翻各类书籍以开阔视野，启迪思路，增长知识。跳读——不懂可以跳过去往后看，根据前后意思可以明白不懂处。设问——带着问题读书。四到——心到、口到、眼到、手到。立体——既要有一般的泛读，又要有重点的精读；既有横断面，又有纵剖面；既有对原著的钻研，又有对有关资料的涉猎。

优秀教师不仅重视对学生课内的学习进行指导，还非常重视对学生课外的学习进行指导。

课外学习的作用主要有：一是有利于学生充分发挥自己的特长。在课堂上，教师的教学要求面向全体同学，学生的特长不可能在课内得到充分的发挥，而课外学习正是学生发挥特长的天地。二是有利于巩固所学知识。课外学习建立在课内学习的基础上，没有课内学习的基础，课外学习就是无源之水、无本之木。因此，课外学习能配合课内学习，巩固所学知识，发挥课内学习所不能起到的作用。三是有利于扩大知识眼界，发展学习能力。课内学习由于受到课本和教学时间的限制，某些知识的加深和某些能力的培养也受到一定的限制。课外学习可以弥补课内学习之不足。四是有利于培养学习兴趣。由于课外学习形式多样，内容丰富多彩，能把学习变成生动有趣的活动，因此能吸引学生参加，培养学生的学习兴趣。五是有利于丰富课余生活，促进德、智、体、美、劳全面发展。一般学校把课外活动安排在每天的课后，学生通过参加课外活动，可以调节一天紧张的学习生活，得到休息，在活动中充分发挥特长和爱好，促进全面发展。

指导学生参加课外学习，应提出以下要求。

要明确学习的目的，注意选择活动的主题和内容。我们的学习目的是把自己培养成适应未来的人才。为了这个目的，在课外学习中，应注意选择具有思想性和科学性的主题和内容，自觉抵制各种庸俗的、低级的、腐朽的思想对我们的侵蚀。

要积极参加课外学习，注意培养创造能力。课外学习是培养创造能力的好天地，青少年学生应努力在这个天地里大显身手。

要认真搞好课内学习和课外学习。课外学习和课内学习是密切相关的，为了顺利地开展课外学习活动，就必须提高课内学习的效率，及时完成课堂作业，这样才能有时间参加课外学习活动。另外，搞好课内学习又为课外学习打下了知识基础。

要注意克服各种困难，坚持参加课外学习活动。课外学习活动中会遇到一些困难，如课内与课外的矛盾，家长、亲友的反对，实验、制作的失败，仪器、工具的不足以及某些活动的辛劳等。这时，可以和老师共同商量，分析产生困难的原因，提出解决困难的措施，增强克服困难的信心。要知道，只有长期坚持参加课外学习活动，才能收到良好的效果；反之，"三天打鱼，两天晒网"，难以有好的收效。

要根据自己的爱好和特长，合理选择课外学习活动的种类。人的精力是有限的，不可能什么课外活动都参加，要选择那些自己感兴趣和有利于充分发挥自己特长的活动，以免负担过重。

要充分利用电视、广播、报刊、图书、网络。它们传播新知识、新信息较快，有利于我们及早地接触科学技术的最新信息和知识。例如，电视里的"新闻联播""祖国各地""世界各地""动物世界""传奇""科学与技术"等节目思想性和知识性都很强，值得一看。

课外阅读是课外学习最常见、最基本的形式，教师有必要专门进行指导，努力注意做到以下"四要"和"四不要"。

一是要"正"不要"歪"。读书要"正"，就是要有正确的读书目的，选择内容健康、富有教育意义的书籍来阅读；所谓"歪"，就是读书时不顾内容，读一些格调低下、不健康甚至有害的书刊。

二是要"专"不要"乱"。读书要"专",就是要围绕所学的知识,有目的、有计划、有重点地读。不加选择、碰到什么读什么或从兴趣出发,有趣就读、没趣就扔的乱读习惯,既违背循序渐进的原则,又不符合我们认识发展的规律,其结果是低效劳动,学不到真正有用的知识。

三是要"深"不要"浮"。读书要"深",就是要深思熟虑求其解,开动脑筋深入思索。对所读的书必须深入钻研,知疑善问,不要自作聪明,浮光掠影,一目十行,不求甚解。"浮"必浅,浮读只能形成浅薄的初步观念,稍过一段时间,就会遗忘。浮读虽快,但收效甚微,这是有些学生读书的一大弊病,要注意克服。

四是要"恒"不要"躁"。所谓"恒",就是要有恒心、有毅力,持之以恒,坚持不懈;不读则罢,读则读懂、读完、读通。做到读有所得,而不要贪多求快。

教师一定要有这样的意识:一个优秀的学生不但要学好课内的知识,而且要结合自己的爱好和特长学好课外的知识;不但要善于在课内学习中培养自己的能力,而且要善于在课外学习中培养自己的能力。

课内与课外,是学生成长的两个天地,缺一不可。

48 步入学科竞赛

我很欣赏这样一段话:"如果说,一名中学生,他有可能选择是否接受竞赛数学的培训,那么,一位中学数学教师没有理由对中学数学中的这一'高档菜'毫无所知。"

一位教师,如果有可能,最好能步入你那个学科的竞赛活动。我们这里所说的"竞赛活动",是一种"大竞赛观",它不仅是奥林匹克学科竞赛的那些竞赛,更多的是学生参与的各种赛事,比如语文的作文比赛、汉字听写大赛、演讲朗诵比赛,英语的口语比赛、英语风采大赛,科学普及竞赛,文艺体育比赛,科技发明竞赛等。

指导学生参与这些竞赛,对教师自身来说,也是一次学习、一次锻炼、一次提升。

我从当老师的那天起,就走上了指导数学奥林匹克竞赛之路。指导学生参加奥数,对我的数学"学识能力"的提升起到了"决定性"的作用。

我的数学奥赛情愫被记者知道后,对我进行了采访,下面是采访的一些片段。

中学生奥林匹克竞赛,许多人感到有些神秘,奥赛怎么进行,奥赛之路怎么走,怎样才能取得奥赛的优异成绩,记者带着这些疑问,近期走访了任勇老师。

记者:任老师,您的书房里的书架中竟有五层书都是数学竞赛方面的,看来您在这方面颇有研究?

任勇:怎么说呢,我对中学生数学奥林匹克竞赛特别感兴趣,进而也就有些研究。可以这么说,我从当老师的那天起,就开始研究数学竞赛了,当时我就带了一个奥赛班,一直到现在,我还在上些奥数课,还在指导几位数学奥赛尖子。

记者：中学生参加奥赛究竟有什么好处呢？

任勇：一是可以拓展中学生的知识面；二是加强学生思维能力的训练；三是培养学生的实验能力和探索精神；四是可以培养学生的意志力，这点是十分重要的。当然，如果竞赛获奖了，有的可以保送，有的可以加分，这算不算好处？今年高考数学、理综比较难，参加过奥赛班的学生就颇有获益。

记者：目前奥赛种类繁多，哪几类是大家比较认同的？

任勇：我觉得，教育部规定的高考具有保送资格竞赛类的六个项目是大家认同的，即：数学、物理、化学、生物、信息学奥赛和英特尔国际科学和工程大赛，前五项是单项的，第六项是综合的，俗称"高中生科学奥林匹克"。

记者：竞赛之路应该如何走？

任勇：要走进国际奥林匹克竞赛，是很不容易的，是要以顽强的意志来支撑的。以数学为例（其他学科类似，进入国家队的只有四五人），首先要参加全国高中数学联赛，争取进入福建省前三名（至少要第四名），这样才有资格进入全国数学奥赛"冬令营"，在"冬令营"的150名左右"高手"中，战胜125名进入前25名，前25名组成国家集训队，经过1个月的集训，主要是十几次考试，在国家集训队25名"特高手"中，战胜19名进入前6名，一般说来由前6名组成国家队，参加国际数学奥林匹克竞赛（IMO）。我国参赛选手，一般都具有获金牌的实力。进冬令营的学生，在冬令营结束前，大多都被保送到一流高校了。

记者：教师应该如何辅导学生？

任勇：集我多年的经验，可归纳为十二个结合，即：课内深化与课外指导相结合；立足平时与赛前指导相结合；打好基础与能力训练相结合；小组活动与个别辅导相结合；教师辅导与学生自学相结合；教师精讲与学生勤练相结合；通法指导与特法渗透相结合；激发兴趣与严谨论证相结合；规范训练与创造训练相结合；理论学习与实际应用相结合；学校辅导与社会参与相结合；智力因素与非智力因素相结合。把这十二条落实到位，抓好奥赛就没问题。这些话，虽然是对老师说的，其实对学生也是适用的。

记者：从管理的角度，应如何做好这项工作？

任勇：一要选好苗子，超前培养；二要选好一科，全力强攻；三要全面规划，分段实施；四要一步到位（定位在国际水平），多管齐下；五要内建队伍，外请专家；六要筹措经费，舍得投入。

记者：你能不能给正在或即将参赛的学生说几句话？

任勇：是不是可以这样说"经历过奥林匹克竞赛的人是不一样的，我愿意和更多的人一同经历。"

记者：谢谢任老师。

任勇：不用谢。

吃竞赛这道"高档菜"吧，那么你的"营养"就更全面了，你的学识魅力必然提升，再注意修炼人格魅力，成为优秀教师就指日可待了。

49 适度张扬个性

先看一段课堂实录。

师：同学们好！今天我们说——《猴王出世》！在家读熟了吗？你们不读出味道，我是没兴趣讲的！

生：读熟了！

师：问！本文四个自然段，讲了关于猴王的哪四件事？张旭升你来说。

张旭升：第一件事是花果山上有一块石头，那块石头……

师：拜托，我们说的是猴儿，不是蜗牛。你能不能用一句话给我说明白了？

张旭升：第一件事是花果山上石猴出世。

师：石猴出世！就行了！第二件？

严丹妮：石猴跳进瀑布，找水的源头，发现了水帘洞。

师：石猴探洞！第三件——江嘉辉。

……

性格爽，语速快，在这样的课堂中多日，估计她的学生也就不会拖泥带水了。这就是有个性的教师！

好教师往往是有个性的。有个性的教师，才会培养出有个性的学生，才会孕育出有个性的教育。

为人师者，不但要尊重学生的个性成长，还要让自身的个性得到适度的张扬。

在个性张扬的年代，我们呼唤"个性化的教育"。个性化教育将成为21世纪教育的必然选择，也是教育改革的核心。尊重学生、适度张扬学生的个性已成教育界的共识，形成了一种现代化的教育理念。实施个性化教育，对学生而言，就必须差异推进、整体提升。对教师而言，就是要努力培养一批人格健全、个性鲜明的教师。

教师个性对学生的成长和发展具有重要的影响。乌申斯基说："只有个性才能作用于个性的发展和形成。"具有良好个性品质的教师是学生效法的楷模，而学生的个性品质又是影响学生学习的重要变量。

教师的个性品质还影响着学生智力的发展和学习成效。在教学过程中，教师良好的个性品质，有利于创设和谐、灵性的课堂氛围，这种愉悦的气氛能充分调动学生学习的兴趣，激发学生强烈的求知欲，发挥学生学习的潜能。

教师的个性应该是符合教育规律，有利于学生发展，建立在教师良好的品德和人文素养基础上的。我们可以想象，一个没有个性的教师，怎能培养出个性鲜明、具有创造性才能的人才？

个性张扬的教师更具有丰富的创造潜能。一个个性张扬的教师，他一定拥有一种积极的态度，一种活跃的思维，一种昂扬奋发的精神，一种不怕挫折的意志。这样的教师一定是独立的，而不是顺从的；一定是协作的，而不是孤僻的；一定是锐意进取的，而不是自甘落后的。

最近有一本书很畅销，书名叫"'不乖'教师的正能量"。这本书邀30位海峡两岸的优秀教师参与，以叙事的方式展现个人成长中的"不乖"经历和体验。这本书在有情节、有细节、有心跳、有激情的叙事中，旨在告诉一线教师："不乖"是专业成长的另一种模式，它意味着创造，意味着有益人生的工作方式。

读完此书，我忽然觉得这"不乖"教师，正是有个性的教师。

书的编辑有这样的推荐语：

"乖"总是伴随着被束缚和限制，被捆绑和桎梏；"不乖"只是为了有所创造。这是一本集合海峡两岸"不乖"教师、不羁灵魂的书。这里的30位"不乖"教师，其实是一群富有思想、勇于实践、敢于进取、乐于奉献的人，比起一般的"乖"老师，他们更有识见、更有个性、更有胸怀，也更有激情。相信在分享他们"不乖"的成长经历和体验过程中，你会从他们身上获得正能量，对您的成长有所助益。

主编谢云老师说：

我更愿意认为，"不乖"这一看似不恭敬之词、不和谐之音，其实质，指向鲜明的个性、独立的人格，指向不断的挑战、持续的反叛，指向勇敢的创造、不息的创新——所谓的"不乖",并非真的不乖,也不是想要撒娇,而只是为了有所创造。

主编陈香吟老师说:

"不乖"的老师,不臣服于任何人,也不凌驾于任何人之上。他们相信,唯有能够主宰自己人生的人,才会拥有真正的意志力,跳脱恐惧与埋怨的轮回,随身携带一把叫作"改变"的感应钥匙,自由进入心灵乐园,让"不乖"灵魂引领自己,找回真正的教育,让更多人记起他自身的独特性、创意和"梦想"。

说得真好!个性,教师的魅力之源!师者,适度张扬你的个性吧!

50　激情工作

我们先读一下朱永新老师的《教育是一首诗》：

教育是一首诗／诗的名字叫青春／在躁动不安的灵魂里／有一个年轻的梦
教育是一首诗／诗的名字叫激情／在春风化雨的课堂里／有一脸永恒的笑
教育是一首诗／诗的名字叫热爱／在每个孩子的瞳孔里／有一颗母亲的心
教育是一首诗／诗的名字叫创造／在探索求知的丛林里／有一面个性的旗
教育是一首诗／诗的名字叫智慧／在写满问题的试卷里／有一双发现的眼
教育是一首诗／诗的名字叫未来／在承传文明的长河里／有一条破浪的船

是啊，教育是一首美丽的诗，教师就是诗人，诗人是充满激情的人，没有激情就没有诗人。

对一个成长中的教师来说，理性的思考是需要的，但富有激情可能更重要。激情是教师积极向上的精神状态，激情是教师满腔热情的工作态度，激情是教师忘我投入的人生境界。一个敬业的人应该是一个充满激情的人，一个优秀的人应该是一个激情四射的人。

曾有一位特级教师这样说："古人云'山不在高，有仙则灵；水不在深，有龙则灵。'把教师上课的激情比作龙，比作仙不为过。如此推理，没有了激情的课堂如同池中抽干了水；没有了激情的课堂，任由内容多么精彩与生动，依然不会打开学生心灵的镣铐；没有了激情的课堂，任凭多么现代的教学媒体，也只能是工具或摆设；没有了激情的课堂，教师不再年轻，学生不再快乐，课堂变成了一潭死水。"

的确，激情使如春水般平静的课堂多了几道涟漪，也使教师平凡的人生增添了几抹光彩。要成为一名优秀教师，就要对教育充满激情。有道是：教育因激情而美丽，课堂因激情而精彩！

教师怎样做才能让自己充满激情呢?

一是要热爱教育工作。热爱教育工作是产生教育激情的源泉和动力,教师对职业的态度决定了教师的行为和结果,有职业理想和热爱教育事业的教师,才会激情奔放地站在讲堂上。

二是要提升学识水平。学识水平是教师已有知识及技能和再学习能力的总和,也是教师产生激情的前提和条件。有了博识之基础,才能有专业自信,才能激情满怀、洒脱自如地进行教学。

三是要培养工作热情。热情是激情教师身上最为显著的特征,热情会促使教师情知交融精心施教。一个对工作充满热情的教师,当他走进课堂时激情便"呼之欲出"。

四是要课前充分预设。只有课前充分的准备,才能保证教师在课堂上张弛有度,才能让课堂激情飞扬。教师还要精思巧问,问出意境,问出新奇,问出妙趣,激情在"问"中生成。

五是要调整心理状态。教师工作很繁杂,总会有影响情绪的事发生,如人际关系处理不当、身体状况不太好、遇到麻烦的生活琐事、某些事被领导误解等,这时教师就要注意调节心态,至少让自己走进教室时能保持快乐的心境,渐入"激情时刻"。

六是要学会创造激情。创造激情就是要学会不断出点子,不断寻找激情方式,比如幽默风趣的语言、逼真的有意差错、适度的才艺表演、惊奇地欣赏学生等。

当然,激情工作要注意几个误区:激情就是搞笑;激情就是全班哄堂大笑;激情就是高声呐喊;激情就是抢占时间;激情就是故弄玄虚。

"道始于情",做个富有激情的教师吧,让你的激情给你的学生留下"烙印"。

51 跨学科学研

我国中小学教师，绝大多数有一门自己所教的学科，这种分学科教学相沿成习，已经成为一种思维和行动定势。师范教育，按学科分出"某某学院"或"某某系"；教师培训，按学科分类进行；省市级教研室，多数也是按学科分出"某某学科教研员"；在学校里，也是按学科分出"某某教研组"；高考中考，也基本上是按学科进行的，虽说有文综理综大类，也多为"拼盘"，真正学科间的综合，微乎其微。

按学科分类进行教育教学，肯定有它的好处，但"固守"学科也肯定有它的不足。"外面的世界很精彩"，何不出去看一回？

绝大多数教师和学生都很少考虑学科之间的联系，其结果必然是禁锢和封闭了思维的发展。学科教学的"深挖洞"，已经挖的很深了，而学科教学的"广积粮"，却无"广"可言。

你问问自己或问问同事，你们能胜任两门学科的教学吗？

我们很可能胜任不了两门学科的教学，补救的方法之一，就是我们可以跨学科学研。

跨学科学研，就是教师有意识地跳出自己所教学科，去学习、研究其他学科的知识、教师教学情况和学生学习情况，类比迁移到自己所教的学科中去，以及在自己的学科教学中进行学科间的"横向联系"。

跨学科学研，至少可以先从跨学科听课、跨学科教研和跨学科阅读做起。

跨学科听课，有助于教师了解学生的整体学习情况；有助于各科教师相互学习、交流，提高自身综合素养；有助于了解"科际联系"，以便在自己所教学科中注意这种"联系"。

音乐老师，也许可以从语文老师那里感悟到音乐教育的文化担当；语文老师，也许可以从数学老师那里感悟到思维的严密性；数学老师，也许可以从体育老师那里感悟到运动场上也有不少数学问题……

通过跨学科听课，教师学到的不仅是某一学科的教学内容，还学到了其他教师，尤其是名师，在课堂教学中所表现出来的个人素养，如渊博的学科知识、精湛的教学技艺、深刻的教育思想、优秀的道德品质、感人的人格魅力等，而这种学习是没有学科界限的。

是啊，跳出学科看教育，眼前一片新天地。跨学科教研，就是教师有意识地参与其它学科的教研活动。当然，如果学校能组织几个教研组一起开展教研活动，那就更好了！

记得有一位教师说过，他若参加多学科的学术会议，就会根据多学科会议的安排，找机会佯装成某学科教师，混进去听讲座或听交流，获取他科的教育思想、教学经验和教学艺术，并在自己所教的学科中"软着陆"。这位教师在教学中常常出新，教学水平提升很快，令人称奇。他在自己的博文中感叹道：听"他"一席话，胜教十年书！

跨学科阅读，就是教师有意识地找些其他学科的教育教学书籍或其他学科的专业杂志进行阅读，还可阅读综合类教育杂志中的其他学科的文章，这样不仅能扩大知识面，更能获取他科研究成果，取他科之"石"，攻本科之"玉"。

类似地，中学教师阅读一些小学教育教学杂志，小学教师阅读一些中学教育教学杂志，也绝对会"获益多多"。

一直以来，作为数学教师的我，到图书馆翻看杂志时基本上不看数学教学类的杂志，而是翻看其他学科的杂志。我发现，把其他学科中的"某某学科"用"数学学科"替换，就是一个崭新的课题，就有一个崭新的研究前景。比如，《语文教学情趣论》这部著作，换成"数学教学情趣论"，何尝不是一个崭新的课题？又如，根据论文《英语多维教育的理论与实践》考虑《数学多维教育的理论与实践》，就产生了一个很值得研究的问题。再如，把"音乐教育：现实挑战与未来发展"这个论坛的主题，替换成"数学教育：现实挑战与未来发展"，想必也是一个不错的主题。当然，这些课题不可随意替换，否则会弄出令人啼笑皆非的课题来。

我从教到了第十个年头时，已有不少教育教学研究成果，选题也很新颖，许多老师向我请教。当时我说了我的一些做法，但不知何故，我借他科之"石"攻数学之"玉"的做法，始终没向他人说。不仅如此，我翻看他科教育教学杂志时，往往在阅览室择一角落阅读，生怕被他人发现。

今天"解密"了！跨学科学研，是教师不可缺少的一种学研方式，大家何乐而不为？

52 注重积累

积累，是做学问的方法。为师不可不积累，成功教师的成长往往是一个不断积累的过程。"不积跬步，无以至千里；不积小流，无以成江海"说的就是这个道理。

叶永广，上海市十大教育人物。何以成为"十大教育人物"？这位中学历史教师，为了提高教学水平，将影视教学用于历史课堂教学改革的尝试。为此，他像一位背负使命的使者，以积累和整理大量的影视素材为起点，在影视教育的道路上艰苦跋涉了20余年。

成功，没有捷径可走，靠的是勤奋的点滴积累，在积累与善于挖掘中坚守使命，在积累与合理运用中步入新境。

"读书破万卷，下笔如有神"说明了"积累"在写作中的重要性。没有积累，何来倾吐？注重积累，才能文思泉涌。

优秀教师是用心积累教育知识、技能和经验的楷模。

苏霍姆林斯基在长期的教师生涯中，长时间观察并做过详细记录的学生有3700多名，他对这些对象进行分析，研究他们身心上存在的问题。他说"3700页笔记记载了我的全部教师生活，每一页我都献给一个人——我的一个学生。"苏霍姆林斯基写成的《帕夫雷什中学》，被人们奉为教育学的经典之作，而他称该书是"根据笔者个人经验写成，在某种程度上是笔者在帕夫雷什中学任教33年、其中包括26年任校长工作的总结"。事实上，这是苏霍姆林斯基每天早上花三个小时，记录平时点点滴滴体会的结果。因此教科研与教师的日常教育工作一样，是非常平凡的工作，也是一项见效慢的长期劳动，不可能立竿见影，有时甚至到最后也看不出大成果。但是重视教育实践的每天积累，这本身就是搞教科研的过程。

说到"教学技能"，百度上是这样说的："教学技能是指教师运用已有的教学理论知识，通过练习而形成的稳固、复杂的教学行为系统。它既包括在教学理论基础上，按照一定方式进行反复练习或由于模仿而形成的初级教学技能，也包括在教学理论基础上因多次练习而形成的，达到自动化水平的高级教学技能，即教学技巧。教学技能是教师必备的教育教学技巧，它对取得良好的教学效果，实现教学的创新，具有积极的作用。"可见，教学技能是在"反复练习""模仿"和"多次练习"中形成的，这本身就是一次次积累的过程。"十年磨一剑"，练就扎实的基本功，才能使积累实现从量变到质变的飞跃。

每位教师都有自己的教学经验，学习、借鉴、融合和创生这些经验，是很重要的。

一是自我积累，就是在自我教学实践中，通过对教学的自我认识、对比、评价，不断对教学情况进行反思，及时调整教学，寻求最佳教学方案的过程。

二是学习积累，就是教师通过学习刊物资料、听报告、听课、观摩录像课、利用网络等形式，不断从中积累教学经验的过程。

三是交流积累，就是通过听课评课、集体备课、经验交流会等形式，相互交流，不断积累经验。也就是现在大力提倡的"脑力资源共享"，这种积累往往更加全面。

注重积累，才能厚积薄发。

积累，需要耐心，需要毅力，需要持之以恒。

53 寻找导师

十年前,我接到浙江苍南的一位教师的电话,说是要拜我为师,自费到厦门来跟我学习一个月。那时我是厦门双十中学的数学教师,市里刚定下我作为"数学教育基地"的主持人,厦门的教师还没进入"基地",没想到第一个想进"基地"的是一位来自省外的教师。

他叫章显联,28岁,在中学执教七年之后,向校长请了私假想跟我学,我被他的热忱所打动,接受了这样一位"我要学"的弟子。

瘦弱但十分精神的章老师来了,我为他在学校附近租了一个月的房,在学校食堂办了饭卡。没有拜师仪式,没有更多的人知道此事,第二天我们就进入"工作状态"了。

我的课,他每节必听,同时也听了学校其他老师的很多课;我发表的文章,他几乎篇篇都看,悉心领悟,多有研讨;市里的学术会议,他也尽量争取参加;临走前还在我们班上了几节课,受到大家的好评。

章老师回苍南后,我们仍然保持联系,仍然"教研互动"。我们探讨诸如"数学交流""数学气质"这样的话题;我们关注"奥数热"引发的争议,反思我们的对策;我们追踪中学数学高级研修活动的选题,从中大致明晰我国数学教育的走势。在我们的互动中,开始时我的观点多些,后来章老师也多有见解,继而是相互研讨,我从年轻人敏锐的视角中,获取了更多的学术思想和研究的激情。

两年后,绍兴鲁迅中学招聘优秀教师,章老师被招聘去了。此后,每年春节我都能收到章老师寄来的绍兴花雕酒。

一天,章老师来电,说《数学通报》刊登了一篇他的文章,请我注意。天啊,数学教师终其一生能在《数学通报》上发表一篇文章,已属不易,何况章老师那时才30岁!

打开杂志一看,更令我惊讶,文章题为"一堂习题课的启示",竟然是记录听了我的一节数学课所受到的"启示",以下摘抄片段:

> 他高超的教学艺术,他的敬业精神,他的全新的育人观、课程观、教学观、学习观给我留下了深刻的印象。本文就我听了任老师的一节习题课,谈谈对我的启示。
> ……
> 启示一:习题课的教学目的是让学生独立地、创造性地掌握教学内容(包括数学思想方法、技能、技巧等),发展数学思维能力,提高数学素养。……启示二:习题课教学要注意"成片开发"。……启示三:习题课教学要交代解题的思维过程。……启示四:习题课教学还要注意趣味生动。……
> 以上是本人听了任老师一堂习题课后的几点想法,也是我今后教学追求的目标,也只有这样,才能将学生从苦学的深渊带到乐学的天堂。

他真的这样去追求了,他要追求数学教育的真谛。

后来我陆陆续续在华东师范大学《数学教学》刊物上读到他发表的五篇文章。真是后生可畏啊!

翻阅《数学通报》,我"一不小心"发现了章老师的新论——他又在《数学通报》发表了四篇文章。他成熟了,也初步形成了自己的品牌和特色。

他工作十年后评上高级教师,后又被评为绍兴市教坛新秀,还参加人教社数学科章建跃老师主持的国家级课题。

多年后,我又见了章老师一次,模样没什么改变,但眼神充满自信。他说:"研究,让教育更精彩!成绩只能代表过去,今后更要做研究型的教育行动者。"

以名师为师,你很可能就是下一个名师!

54 师友资益

"师友者,学问之资也。"(李惺《西沤外集》)求师与学友,是学者的两只"风火轮",踩住了它,前进就有了加速度。为师为学,必须借重师友的指导和帮助,这是教学相长规律的客观反映,是历代学者治学经验的结晶。

"师者,人之模范也。"师长在智能、德行诸方面都是一般人学习、仿效的楷模,人们应该向师长学习,效法他的言行,即"师师"。

我的成长,从某种意义上说,是由多位师长引领的。如果没有连城山边小桥与陈清森老师的一夜长谈,我不可能那么早就步入教育科研的轨道;如果没有某次地区级学术会议上林铭荪老师的鼓励,我也不会那么早就走进全国学术会议,那么早就结识了更多的数学教育大师;如果没有马长冰主任的时时关注,激励我脱颖而出,我也不会进步得那么快;如果没有池伯鼎老师的推荐,我难以成为厦门市数学奥林匹克学校校长,在一个特殊的平台上发展着奥赛事业。我给师长们写的贺卡上,用得最多的语言是"师指一条路,烛照万里程"。

我在北师大和华东师大学习期间,又诚拜了许多师长,他们都是我尊重和敬佩的前辈。顾明远教授多年来一直关注关心我的成长,并为我写的书作序;赵中建教授主编丛书约我写几章;丁尔陞教授为我的《中学数学学习法》题写书名;钱珮玲教授亲自指导我做课题;中央教科所戴汝潜研究员主编全国著名特级教师教学艺术与研究丛书,约我写《任勇中学数学教学艺术与研究》,中央教科所张芃老师为这本书写"研究篇";顾泠沅老师为我的新书写书评,还刊登在《人民教育》上;谢维和教授和李双利院长特地安排我在北师大骨干教师培训结业典礼上代表学员发言,等等。回想这一幕幕师长的关爱,我倍觉温暖,倍感亲切。每次与师长见面或通讯,都能聆听师长的教诲,既有新的启悟,又进一步增进了师生情谊。

"听师一席话,胜读十年书""有师有法者,人之大宝也",我的发展,得益于名师的教诲和帮助。

有了良师，还要有益友。学友间相互资益的作用是多方面的。人有诚挚好友，不但对做学问有切磋促进之功，而且对道德品质修养与行为表现也有相互砥砺的良好作用。

多年的教学研究、参观考察、学术活动和学校管理，让我结交了不少朋友，与新朋老友见面，成了我生活的重要部分。大家一起探讨教育问题，分析教育发展，交流科研心得，研究学术动态，拟定合作课题，互赠近期著作，彼此相互勉励。在科研的道路上，好友就像一盏明灯，照亮着我前进的路。

在数学教育界，孙维刚老师、张思明老师与我有多年的交情，大家都获得过"苏步青数学教育奖"一等奖，在上海见面，其乐融融。北京四中的刘坤老师、北大附中的周沛耕老师、北师大实验中学的储瑞年老师、北京名师明知白等，我们经常在北京和厦门两地交流数学教育问题。张乃达老师是江苏名师，我们把他请到福建来，传播数学思维教育学；王永老师是福建省数学教育专家，杨学枝老师是初等数学专家，我们多次请他们来厦门讲学；章建跃老师是人民教育出版社的数学室主任，也经常到福建指导数学课程改革。

每个教师朋友都是一本书，我抓住各种时机与他们零距离接触、沟通、对话和设问，学习他们的教育教学智慧，吸纳他们的文化气息，品味他们的学识魅力和人格魅力，尽可能从他们身上"挖出真经"。

《礼记·学记》总结的为学交友经验是"独学而无友，则孤陋而寡闻"；《论语·学而》开宗明义地提出"学而时习之，不亦说乎？有朋自远方来，不亦乐乎"。古代学者既深知独学无友的危害，也体会到学友间相互切磋的甘甜。

古人云："君子隆师而亲友。"今人何不为？

55 乘"机"学习

一次，我出差到海口，返回时到机场过了安检，被告知飞机至少要七个小时之后才有可能到达，然后决定是否起飞。

我决定在机场干活。于是找了一个僻静处，坐在地上，把电脑搁椅子上，开始处理近期的一些"杂务"。一是写"校长论坛"稿，虽平时有些积累，但一直苦于没时间下手，现在时间送上门来，就一口气写成了《校长课程领导之"走向"》一文。二是整理了校长课程班的讲座稿《文化力、领导力和执行力之修炼》，并制成PPT。三是草拟了某刊物的约稿《多媒体网络教学十问》。累了，就把机场送来的晚餐给消灭了，算是休息。期间，还读了半本书。

我惊奇地发现，在机场学习或写作，效率还真高。

上了飞机，我又突然发现，坐飞机时完全可以乘"机"学习，这样做至少有五大优势。

一是不受干扰。坐在电脑前，总想上网看看，心想只看一会儿，结果一看就花掉几个小时。手机虽好用，但现在很难有几个小时内没有电话或短信进来。在飞机上，就完全不会受这些干扰了。

二是有人服务。平时学习，你总得自己弄杯水或泡杯茶喝，有时还要做点吃的，既影响学习又耗去一些时间。现在好了，就在飞机上，一伸手就有空姐给你递水，还有小点心。有人服务的学习，效率能不高吗？

三是被迫"自觉"。平时学习，你是自由的。累了，就到按摩椅上"享受"一刻钟；困了，就到沙发上靠一会儿。家里的电视播放动听的乐曲或是NBA球赛，也会不由自主地跑去看一会儿，说是看一会儿，往往一看一小时。学习多半是"自然"的，而在飞机上的学习，只能是被迫"自觉"了。

四是偷时之乐。乘飞机会耗去时间，很无奈，没办法。有了乘"机"学习的意识，就能化无奈为有利，就能变"没办法"为"好办法"。我办登机牌时，尽可能要"靠窗的",登机落座后,一种莫名的兴奋立刻产生,这种兴奋就是"偷时"的兴奋。

五是"放飞"思绪。乘"机"而学,凭窗望去,或晴空万里,或云海连绵,或群山起伏,或灯火璀璨。在万米高空上,思绪自然"放飞"。许多创意、点子常常就这样产生。回到家里,时常百思不得其解:这些"妙想"在家时为什么就没想到?

不过绝大多数老师没有机会经常乘坐飞机,因此也就无法乘"机"学习。其实,处处留心处处学,不坐飞机也可以"乘机学习"。

有人做过统计,把每天的零碎时间集中起来,足有三个小时之多,一年加起来就是1095个小时,你若每晚"干活"四小时,就相当于一年内多干了273天的活。

"乘机学习"的诀窍,一是重视,二是坚持,三是有方。具体的方法可以摸索。宋代文学家欧阳修,做文章打腹稿多在"三上",即"马上、枕上、厕上"。我们应该学习他的这种精神,见缝插针,充分利用时间。

我家到单位仅15分钟的车程,我在车上放了几本"大部头"的书,上下班就在车上看,一般一个月啃下一本"大部头"。随身的小包里,放上书、笔、笔记本和小纸片,有条件时可以带上手写笔记本电脑,遇有零碎时间和适当场合,就可以做点事——或读书或查点资料或写点东西。比如开会前、演出前、宴席前的一段时间,飞机延误的时间,等人(尤其是到机场接人)的时间,等等。只要处处留心,就"时时"可用。

稍微留意一下,养成发现在未来几天里"可用之时"的习惯,并考虑如何充分利用好这些时间,会有意想不到的成效。比如,旅途中,坐动车、坐飞机、坐汽车等,皆有大段的"可用之时";到福州开两天会,住三个晚上,这三个晚上就是很好的"可用之时"。又如,陪客人去鼓浪屿,为了省门票,客人去日光岩,你在下面等,这又有一个多小时的"可用之时"。只要用心,就连生病挂点滴,也是"可用之时"啊!

56 适时反思

叶澜教授说：一个教师写一辈子教案不一定成为名师，如果一个教师写三年的反思，有可能成为名师。

美国学者波斯纳在总结人的发展时曾得出这样的公式：经验＋反思＝成长。教师工作最显著的特征就是实践性，在这一实践过程中，教师不断积累起丰富的教学经验。也就是说，实践情境和经验背景构成了教师建构知识的专业生活场景。但在教学实践中，繁忙的日常工作和各自的狭隘经验，极大地限制着广大教师的专业和理论视野，教学成为一种开始时承袭他人，到后来重复自己的机械运动。如何走出这一怪圈，促进教师的专业化发展和个人教学风格的形成？教学反思犹如一位向导，带领我们从经验迷宫走向智慧殿堂。

教师的反思，是教师自我觉悟的过程，是教师自我提升的过程。

新课程理念认为：教师个人的自我反思，教师集体的同伴互助，教育专家的专业引领，是教师专业成长的三条有效途径。

教师反思，是教师以自己的教学活动过程为思考对象，对自己所做出的行为、决策以及由此所产生的结果进行审视和分析的过程，是一种通过提高参与者的自我觉察水平来促进能力发展的途径。课程改革背景下的教师反思，更多的是教师运用新的教育理论来反思和检验已有的教育理论的合理性和局限性，以自己已有的教育理论来反思检验新的教育理论的真理性和合理性。

教师反思的主要内容有：教师教育教学观念的反思，教师角色定位的反思，教师教育教学知识内容方面的反思，教师教育教学活动组织与开展过程的反思，等等。

有人依据教学进程，将教师的教学反思分为在教学前反思、在教学中反思和在教学后反思。

在教学前进行反思。这种反思具有前瞻性，能使教学成为一种自觉的实践，并有效地提高教师的教学预测和分析能力。

在教学中进行反思。这种反思具有监控性，能使教学高质高效地进行，并有助于提高教师的教学调控和应变能力。

在教学后进行反思。这种反思具有批判性，能使教学经验理论化，并有助于提高教师的教学总结能力和评价能力。

这三个阶段构成了教师教学反思研究的基本过程，对改造和提升教师的教学经验具有重要的意义。

教师反思也可以从教学实践、理论学习和相互借鉴三个层面展开。

一是在教学实践中反思。

特级教师孙双金曾经指出一种现象："喧嚣与繁华的社会让我们心浮气躁，现代快节奏的生活让我们慢不下来。我们就像一台永不停止的机器，转、转、转，忙、忙、忙，眼花缭乱，应接不暇。知识的洪水淹没了我们的大脑，也淹没了我们的智慧，我们的大脑几乎成为了别人思想的跑马场。"

这种现象在现在的中小学里是常见的，在很大程度上反映了多数教师的教育实践是一种"操作性实践"。专家研究认为，这种实践是一种"有病"的实践，是需要提升的实践。提升这种实践的实践，至少是具有反思性的实践，即在教学实践中反思。这种反思性实践，是一种需要实践智慧的实践，是一种需要创新的实践。

教育的本质是实践性活动，但几乎相同的教育实践活动对不同教师的专业发展的提高程度，取决于教师实践反思的深刻程度。

二是在理论学习中反思。

教师应不断学习和研究教育理论，特别是学习和研究基于课程改革背景下的先进的教育教学理论。学习和研究理论，不能仅仅停留在"吸收"和"巩固"上，而应在理解消化的基础上进行深刻反思，并付诸新的实践。

我们知道，"没有理论的实践是盲目的实践"。为了不盲目，我们不仅要进行理论学习，还要在学习的基础上进行反思。

我们在学习了"学习科学"理论后，反思悟出"教师不仅要'教'，还要教'学'，教学生'学'"的道理。我们学习了"多元智能理论"后，反思悟出"每个学生都能找到属于他的第一"。我们学习了"新课程教学理论"后，反思悟出"教学不只是课程传递和执行的过程，更是课程创生与开发的过程；教学不只是传授知识的过程，更是师生交往、积极互动、共同发展的过程；要改变重结论轻过程的教学倾向,注重学生探索新知的经历和获得新知识的体验;学科教学要以学生的发展为本,服从、服务于学生的健康全面发展。"

三是在相互借鉴中反思。

陈玉琨教授在谈到教师专业发展时,有一句常被人引用的话:"尊重同行教师,在借鉴他人中完善自己。"的确,教师的专业发展需要不断吸取别人的经验,需要借鉴和学习别人的成果。

教学反思虽然是以教师个人为主,但并不排斥教师间的交流、合作与研讨。教师之间的合作学习、同伴互助是校本教研的一项重要策略。教师在知识结构、思维方式等方面存在很大差异,而这种差异是一种宝贵的教学资源。多少回"同上一节课"的"百花齐放",让我们充分感受到这种差异的价值,感受分享创造的快乐!

欲"常教常新",不思何来?

57 阅读·悦读·深读

优秀教师应是个阅读者。

苏霍姆林斯基在谈到读书时这样说："读书不是为应付明天的课，而是出自内心的需要和对知识的渴求。如果你想有更多的空闲时间，不至于把备课变成单调乏味地死抠教科书，那就要读学术著作。应当在你所教的那门科学领域里，使学生教科书里包含的那点科学基础知识，对你来说只不过是入门的常识。在你的科学知识的大海里，你所教给学生的教科书里的那点基础知识，应当只是沧海一粟。"

教师的职业特点决定了教师应是个阅读者，教师只有通过读书，不断地进行"充电"，才能使自己的职业生涯有源源不断的"活水"，使知识渊博深广。"生命不息，读书不止"，阅读是一种生活习惯，也是优秀教师成长的基本经验。

优秀教师应是个悦读者。

悦读就是用快乐的心去阅读，从阅读中品味生活的情趣，让生命有更多的喜悦。悦读的目标定位是培养兴趣，悦读的内容强调趣味，悦读的过程重视快乐体验。阅读与悦读，一字之差，却体现了不同的读书理念。阅读的过程应该是使人愉悦地享受和创造的过程，教师阅读宜保持愉快的心境，变阅读为悦读。

犹太人将阅读置于很高的地位，他们会在书上涂一层蜂蜜，让孩子生下来就知道书是甜的；他们还喜欢把书放在枕边和过道上，以便随时翻阅。

中华民族也是一个酷爱读书的民族，流传千古的"凿壁偷光""囊萤映雪""头悬梁、锥刺股"等典故，家喻户晓。

将中外读书情形做一番比较，不免让人心生遗憾：有时我们过于强调"苦学"而忽略了"乐学"，过于强调"正襟危坐"而忽略了"随性阅读"，过于强调读书的"功利性"而忽略了它的"功能性"。

被动阅读，是阅读；主动阅读，也是阅读。让我们主动阅读吧，主动阅读者会觉得阅读是一件很开心的事。心花开了，阅读就会变成悦读。"学而时习之，不亦说乎？"读书可以是很快乐很幸福的一件事，希望越来越多的教师成为一名"悦读者"。

优秀教师应是个深读者。

无论什么时代，阅读都影响着一个民族思想的深度和高度。但如果过分热衷于"浅阅读"，潜藏的危害将是巨大的。在阅读已呈大众化、通俗化甚至娱乐化的今天，很有必要重新呼吁教师的深度阅读。

教师的深度阅读，似可从学、思、研、行、写入手，让深度阅读成就我们的精神高度。

要成为优秀教师，就必须探索。要探索，就必须学习。探索不断深入，学习就要不断拓展；学习不断拓展，探索的视野就会更广。

"学而不思则罔，思而不学则殆"告诉我们：只学习而不动脑筋思考，就会茫然不解；只凭空思考而不学习，就会疑惑不解。

我思故我在。人是靠思想直立的，没有"思"是不行的，但仅有"思"是不够的，还必须在"思"的基础上进行"研"，我"研"故我智。

"学与思""思与研"也不够，还要践行，走向"且思且研且行"的境界，成为不断追求教育工作的新境界，做"有思想有智慧的行动者"。

教师发展，"学"是"思"与"研"的前提和基础，"思"与"研"是"学"的总结和提高，"行"是"思"与"研"的实践，而"写"则是"学、思、研、行"的概括和升华。

从阅读到悦读，我们快乐成长；从悦读到深读，我们智慧成长。阅读、悦读、深读，让我们成为一名快乐而智慧的教师。

58 博约兼顾

所谓"博",即广博,就是全面地、广泛地学习,建立宽广的知识面;所谓"约",就是专精、简要,就是掌握知识的要领,问题的关键,事物的精华。

苏联著名教育家加里宁指出:"教师应该首先精通他所教的学科,不懂得这一门学科或对这一门学科知道得不是很好,那么他在教学上就不会有成绩。"因此,为师者在自己所教的专业领域的某个层次里应"懂一切"。懂本专业的历史、现状和发展趋势,懂本专业的特点、方法的应用,等等。"资之深则左右逢其源",教师的专业造诣愈深,他们在教学中的回旋余地也越广。

德国化学家利希滕贝格曾说过:"一个只知道化学的化学家,他未必真懂化学。"化学家如此,教师亦然。教师应广泛涉猎人类文化的众多领域,逐步积累广博的知识与技能,加强对相关学科知识的学习,以触类旁通,做到"一切东西懂一点"。

一个教师应该"一点上知道一切,一切上知道一点",这前半句说的是"专",后半句说的就是"博"。优秀教师的智能结构必须是专与博的有效结合。专,专在其专业知识和理论水准方面;博,博在其人文知识和科学知识的通识面上。

就知识而言,我认为教师的知识结构应是"士"字型的,像一棵树。从下往上分别是扎实的基础知识和深厚的教育科学知识(树根),精深的学科专业知识(树干),广博的相关学科知识(树权),不断获取的新知识(树梢)。

扎实的基础知识。基础知识包括哲学、语文、外语、数学、物理、化学、生物、历史、地理、音乐、美术和计算机等基础知识,优秀教师对这些知识往往能准确掌握、深刻理解、牢固记忆、灵活运用。

深厚的教育科学知识。优秀教师对教育学、心理学等知识有较深刻的领会,能深刻理解和熟练运用教育科学理论,根据教育规律和受教育者的身心特征进行教育、教改和教育实验。

精深的专业知识。优秀教师对本专业知识了如指掌,并能熟练地运用本专业知识去分析问题和解决问题。名师还往往通晓本学科的发展史,了解本学科发展现状,预测本学科的发展趋势和作用,在教学中渗透学科的最新成果。

广博的文化知识。未来科技发展的特点是高度分化和高度综合,其结果是新兴学科、交叉学科、边缘学科、中间学科等大量涌现。优秀教师深知,一个对新兴学科知识一无所知或知之甚少的教师,是很难适应时代对他的要求的。

不断获取的新知识。如今,"一杯水""一桶水"已远远满足不了时代的要求,优秀教师深知,我们需要的是滔滔不绝的"长流水"。为师唯有筛滤旧有,活化新知,积淀学识,才能培养出善于终身学习的新一代。

"专"的知识,是教师从事教育工作的前提和基础,但并不是全部。教师"专"的知识一定要有,而且要达到"精"的水准。"博"的知识是教师从事教育工作的辅助,优秀教师不仅是"专家"而且还要成为"杂家"。

处理好"专"与"博"的关系十分重要,"专"与"博"是学习纵向深入和横向伸展的两个方面。既要有其针对性,又要有其广泛性;既有所专长,又不失广博。一般说来,专门的知识要精专,边缘的知识要广博;应用性知识要精专,品性修养知识要广博;从事的事业要精专,个人的爱好要广博。

"吾生也有涯,而知也无涯",以有涯之生命追逐无涯之学识,必须有所侧重、有所取舍,博约兼顾,理智地构建一个适合自己的科学平衡的知识框架,以有限的时间获取最大的学习价值。

59 巧用网络

当前，"网络化"已经成为人们进行各项社会活动的主要特征之一，网络正在改变着人们的行为方式、思维方式和学习方式，它在信息资源的充分共享和快速传递方面发挥着巨大作用，并且蕴藏着无尽的潜能。

利用网络进行学习是现代社会每个人必备的基本能力之一，对于教师来说，学会使用网络学习，具有非常重要的意义。网络学习为我们走出教室、走出课本、走向更广阔的学习领域创造了一个崭新的平台。

网络，提供海量信息，查询快速便捷。网络中有着海量的信息，可以说是一个巨大的资源库，走进网络世界，就如同走进了知识的海洋。学习者在其中搜索查询快速便捷，许多资料的搜索在几分钟甚至几秒钟之内就可以完成。

网络，创设空中课堂，自主选择学习。网络，不仅具有海量的信息可供我们查询，还为我们架起了"空中课堂"。许多网站都设有专门的网上学校，这些网上学校课程多样、内容丰富，可供学习者自主选择学习。有的网站，有课程资源、专家讲座、相关链接等；有的网站，将教师教学、学生学习、自学资源分类组织在一起，供学习者挑选使用。

网络，时有互动交流，在线学习生动。随着网络的发展，它又为我们提供了学习互动的平台。在线学习、学习论坛、聊天室等，都可以进行人际互动和信息交流。这种交流，不仅可以使教师的学习得到指导，而且由于带有一定的匿名性，教师可以大胆地在网上说出自己的心里话，与大家进行更深入的交流。

网络学习已成趋势，教师要学会巧用网络。

一是学会使用常用工具。如收发电子邮件，在BBS上发帖子，使用搜索引擎搜索自己所需的资料，利用QQ参加网络互动活动。电子邮件、BBS、论坛、QQ聊天室、微信等，是在网上与人进行交流的必备工具。而Google、百度、网易、Yahoo、搜狐、新浪等搜索引擎，则是在网上搜索信息的必备工具，教师应及时学会运用。

  二是逐步熟练上网技巧。学会了使用网络常用工具，并不等于我们可以畅游"网海"，我们还要逐步熟练上网技巧。比如，我们如果对网址不太熟悉，可以从"上网导航"或"网络频道"等站点的导航栏目中链接到热线站点，或者在地址栏直接输入你所希望查询的网络实名（即网站中文名称）。又如，Web 搜索引擎的搜索技巧：使用逻辑词（和、或、否等）辅助查找，使用双引号进行精确查找，使用加（+）减（-）号限定查找，使用范围限制进行区域查找等。再如，软件下载的技巧，有用浏览器直接下载和使用断点续传工具下载等。

  三是在线学习注意交流。一般的网校都设有学习论坛，要学会在学习的同时，及时利用学习论坛与他人进行网上交流。网上学习或交流时，对于自己不明白的知识点和教学问题，要先有自己深入的思考，自己确实无法解决再提出来，不要自己不动脑筋就"及时"提问。在提问时，由于网上交流一般要用键盘敲入个人电脑再通过网络使对方看到，因此，这就需要教师对问题的表述做到清晰而具体。

  网络已成为教师迅速成长的一个极好的平台，教师理应激情遨游"网海"中，同时注意安全"冲浪"，做个智慧的"网人"。

60 常怀创新之心

名师之名，贵在创新。

孔子的"有教无类""因材施教""不愤不启，不悱不发"，是创新；朱熹的"教必有法"、提倡"商讨式"教学，是创新；陶行知的"手脑并用""生活即教育""教学做合一"，是创新；斯霞的民主教学观、独特的语文教学观，是创新；魏书生与众不同的教育理念、别开生面的思想品德教育、独具一格的班级管理、独树一帜的语文教学，是创新；任小艾的"以爱动其心，以严导其行"，是创新；马芯兰的"为迁移而教"，是创新。

名师一般都有很强的创新能力。创新，就是不因循守旧，不走老路，敢于言人所未言，见人所未见，其思维是发散性思维、求异性思维、逆向性思维和多角度思维。

中国教育缺什么？专家研究得出七个缺乏，其中之一就是缺乏创新。教育创新的关键之一就是要培养一大批创新型教师。

名师的创新，是建立在继承基础上的创新，是基于实践基础上的创新。名师的成长过程就是伴随着创新的过程。唯有这样，名师才能不断适应时代发展的新要求，才能不甘平庸追求卓越，才能在平凡的岗位上干出不平凡的业绩。

名师在不断创新中成长。

一是在观念上创新。名师往往从被动服从型向创新型发展，从礼让型向合作型发展，从唯书唯上型向教学反思型发展，从独自教学型向对话教学型发展，从单纯教学型向教研结合型发展。

二是在教学策略上创新。名师由重知识的传授向重学生发展转变，由重结果向重过程转变。他们往往能设计独树一帜的个性化教学思路，寻求与众不同的个性化教学艺术，塑造别具一格的个性化教学风格，展现略高一筹的个性化教学品位。

三是在教学方式上的创新。传统教学是以教定学，让学生配合教师的教，我讲你听，先教后学，我问你答，我写你抄，教多少，学多少，怎么教，怎么学，不教不学，这种单纯的灌输与接受的方式，完全扼杀了学生的个性和创造性。名师往往考虑的是学生怎样"学"，"教"为"学"服务。

四是在师生关系上创新。名师的课堂是学生自主学习、合作学习的地方，课堂是师生情感交流、信息交流的地方，课堂是师生共同质疑释疑生疑的地方，课堂是学生个体表现、体验成功的地方，课堂是师生共同感悟做人道理的地方。

五是在自身能力上创新。名师往往强调课程的整合和开放性的教学。名师能说会画，能唱会跳，能书会演。对教材不仅会用，还要会编，要具有研究能力，会操作多媒体制作课件，使用电脑，利用网络查阅有关资料，并有处理信息的能力。

"教育恒久远，创新每一天。"教师只有常怀一颗创新的心，才能在教育教学过程中，时时创新，事事创新。

61 积累实践智慧

教师的实践智慧是十分丰富的，优秀教师在注重积累的基础上，往往还特别注重积累自己和他人的教育实践智慧。同时，对这些实践智慧灵活地加以激活、整合和运用，从而生成新的实践智慧。

有学者认为，教师的实践智慧包括下面三个方面的含义。

一是教师对教育合理性的追求。从教育主导看，它要求教师在经验和公共教育理论之间有意识地建构合理的个人教育理论；从教育过程看，它要求教师把课程文本当作师生进行"理解"的引子，在师生已有理解的基础上建构共有知识；从教育评价看，它要求教师对学生进行基于形成性评价的终结性评价。

二是教师对当下教育情境的感知、辨别与顿悟。教师打破对教育常规的过分依赖，在教育教学中有了"自己的视角"；教师树立了在教育情境中的反思意识，"想清楚了再做"；教师确立更具弹性的新教育常规，"心有常规，不唯常规"。

三是教师对教育道德品性的彰显。在目的维度方面，教师要消解认知主义，注重学生在德、智、体和知、情、行方面的共生共长；在关系维度方面，教师要在课堂教学和主题活动中发展互动意义的师生关系。

《做有思想的行动者》一书，是上海一批教育科研专家对20位研究型教师成长的案例研究成果集。书中总论给出的"研究型教师成长的七大要素"中的第三条是"经验积累"，具体分四步进行。

第一步，积极实践。要积累实践智慧，首先要有经验之源，而积极实践能增加教师的经验积累，丰富其个人的体验。其中，多看、多想、多做，是研究型教师积极实践的集中表现。多看，就是博采众长，利用一切机会学习同行的实践经验；多想，就是在自己实践和"看"同行实践经验之后，不断比较、鉴别，统整先进，形成自身的个性化经验；多做，就是不满足于清谈，不满足于接受，而是在了解和沉思的同时，付诸行动，在实践中真正把握所"听懂""理解"的东西。这种"看""听""做",是主动的、积极的,是出自专业发展的一种自觉要求。

第二步,勤于记录。实践经验要显性化、文本化,记录是必不可少的。这些记录的内容,可以是报刊上读到的,可以是平时教育教学中发现的,可以是参加各种研讨、观摩活动时见到的,这些材料是利于保存、便于提取的,也是值得回味和有待加工的。随着现代信息技术的普及,许多教师在网上开设了个人教育博客,把记录的内容和大家分享,从而使记录的意义进一步拓展。

第三步,善于整理。整理,就是对实践经验的条理化和系统化。整理,其实是在筛选的基础上进行归类和储存,这样可以"去粗取精、去伪存真",便于随时提取,这是知识管理的初步过程。一个好的知识管理体系,往往能体现思维加工的水平,体现条理化、系统化的水平,甚至还能体现教师对经验的理解、认同和理性思考的水平。

第四步,回归实践。在原有经验的基础上,通过不断的再实践,给经验赋予新的意义,并不断创造出新的经验,使经验得以提升和增值。再实践,是教师个人经验在加工整理后,再回到实践中接受检验和持续完善,不断建构不断提升;再实践,还意味着经验的有意识传播与推广,在更大的范围内接受实践的检验,扩大实践经验的效益。再实践,不是简单的重复,而是基于"原实践"的理性介入的再探索。

优秀教师在成长中积累实践智慧比一般教师更为主动,他们非常关注实践经验的加工和积累效应的发挥,他们往往能从当下的经验中捕捉更深层的意义和其中蕴含的未来意义。

老师们,积累实践智慧吧,它是"新智慧"之母。

62 写些文章

初为人师时,我并没有想要写点什么。一篇论文的成功发表和前辈的鼓励,竟使我一发不可收拾地"写"了起来,这辈子便与"写"结下了不解之缘。

• 为何要写?

孔子云:"言而无文,行之不远。"把我们的思考和探索写下来,把我们的教育发现和教育经验写下来,这些有价值的成果就能产生广泛而深远的影响力和辐射力。

著名特级教师李吉林说:"有收获,就写下来。"李老师的"笔底春秋",使她成为教育大家,使"情境教育的诗篇"唱响大地。写下来,是反思和总结的真实体现。

为了写,你阅读的"用心度"就不一样了,你会边读边思考:这个问题让我写,我会怎么写?作者为什么这样写?这篇文章的特点是什么?有哪些写法值得我学习?有哪些问题可以商榷?这种"用心度"往往能达到"学思结合"之效。

为了写,不仅阅读的"用心度"提高了,而且还会逼你去读更多的书。要写点东西,才发现自己才疏学浅,才晓得什么叫"厚积薄发",有书就得赶快读。

"写"能锻炼人的思维品质,提高人的表达能力。要写成一篇文章,就要谋篇构思,就要积淀思想,就要丰富词汇,把所思所想用精炼的文字表达出来。

"写"可以培养人精益求精的精神。培根说:"阅读使人充实,谈话使人机智,写作使人精确。"袁枚的"一诗千改始心安",就是求精的过程;贾岛的"两句三年得,一吟双泪流",也是求精的过程。

"写"能提升个人的学识魅力和人格魅力。在写作中,有文思泉涌、有智慧碰撞、有创新手法、有个性张扬,个人的"魅力"尽在"文字"中。

"写"能提高生活品位和精神境界。坚持写，可以修炼操守、提升境界，在"激扬文字"里体验精神之慰藉、享受创造之喜悦。

"写"，需要沉下心来，需要平淡从容。静心地"写"，往往能"守住心灵的宁静"，能在"纷扰中沉淀书生本色"，让我们直面各种挑战，在坚持中完善自我。

写作时的深思熟虑，投稿后的耐心等待，发表后的欣喜之情，都给人一种积极进取追求完美的动力。写作的背后，是积极、坚持、勤奋、努力、奋斗，写作不止，动力永存。

- 写些什么？

从广义的角度来说，什么都可以写。作为"教育人"来说，我觉得还是写些与教育、文化有关的内容为宜，这既可以和工作有些联系，对促进专业成长也有所帮助。

可以写学科小品文。我是数学教师，我就写了不少数学学科小品文，这些小品文对激发学生的数学兴趣，让学生爱学数学、会学数学起到很好的作用。如《欣逢回文年，话说回文数》《漫话国际数学最高奖》《0.618的自述》《漫话数学猜想》《智慧的蚂蚁很会爬》等。

可以写班级活动。如果你是班主任，对于每天的班级活动，你细心观察思考，必然会有感悟和心得体会，就可以把它写下来。我曾担任班主任六年，写有《我班的体育生活》《课间应该干什么？》《召开家长会的几种形式》等。

可以写教育随笔。我们活跃在校园里，我们穿行于师生间，对教育问题和教育现象必然会有所思有所悟，就可以把它写出来。在这方面，我写的文章有《理性面对港校热》《让孩子敢在墙上"涂鸦"》《教师要学会沉下去》《做一个有健康感的教师》《为师四境界》等。

可以写事件回忆。有些事回忆起来，有感恩、有感触、有留念、有记录。如我写的《函授学习促我成长》《"刊"指一条路》《卢老为我题写书名》《刘彭芝校长之印象》《童年时代的缺憾》《农村小学》《知青生活给我一种精神》《育人平台上的人生书写》等。

可以写励志短文。写励志短文，与教师、学生共勉。如我写的《足与不足》《理想使人生辉煌》《天生我才必有用》《"不要吃老本，要立新功"》《有梦的教育更精彩》《说我不行我就行》《照亮别人，完善自我》等。

可以写学习指导短文。写学习指导短文，教给学生一些具体的实用的学习方法或学习策略，学生学得来，见效快。如我写的《学习，从整理书包开始》《色彩在学习上的功能》《学习中的退、绕、停、避》《会学面面观》《学习中的几个不等式》《跟着老师的思路走》《卡片·口袋·记忆》《调好心态迎高考》等。

可以写文化体育趣事。如我写的《打篮球的那些"文"事儿》《游泳之趣》《误入"谜"途》《佳谜润心细无声》《笑的辩证法》《猜谜益智》《80分大战》《一路上有雨》等。

可以写与书有关的事。如我写的《京城淘书乐》《与书结缘》《且读且思又一年》《在万卷书香中给学生授课》《坐拥书屋》《在阅读与写作间返回精神的界面》《书是我的"源头活水"》等。

● **怎样写好？**

写这类文章，一般不宜长，但贵在及时，贵在坚持。所谓及时，就是及时记下所思所得，一时不能成文的，就记在一个本子上，或记录在电脑里，偶有心得，再充实，日积月累，必有"水到渠成"之时。所谓坚持，就是要养成经常记录、思考、写作的习惯，先选一些简单的、选题较小的问题写，逐步拓展写作内容，增加写作难度，把写作当成生命历程的一部分，在写作中不断完善自我。

对于这类文章的写作，我有以下几点体会。

一要有可读性。你写的文章内容，一定要吸引人，让多数人觉得有必要读。你的文章要尽量写得生动有趣，有欣赏价值，让读者"乐读"。文章的可读性，是读者的第一需要。

二要有通俗性。你去看朱光潜、季羡林、胡适等一代名师的文章，你一定看得懂，但有时你去读某些专家的文章反倒看不懂了，这就是写文章的通俗性问题。说到写文章，有句顺口溜一定要记牢："深入浅出是功夫，浅入浅出是庸俗。深入深出尤可为，浅入深出最可恶！"

三要有流畅性。文章是写给人看的，写得流畅就容易看，就想往下看。文章写起来起码要通顺，再注意层层推进，略加润色，就可以达到起码的流畅了。

四要有教育性。我们写的文章，多数是写给老师或学生看的，在写作时，就要注意文章的教育性问题。好的文章，能给人激励，给人启悟，给人警醒，给人忠告。"文以载道""以文育人""以文化人"等，说的就是"文"具有的教育性。

63 做些研究

如果有人问我："你是怎样由一名普通的师专生成为一名特级教师的？"

我可能会这样回答："原因很多，但很重要的一条是进行了教育研究。"

假如我没有进行教育研究，就难以成为走向未来的名师。这些年，我在研究状态下工作，取得了不少成果。因为研究，班级管理上了台阶，数学教学成绩显著，数学竞赛获奖颇多，我得到了许多奖励。我以为，教育研究是教师走向优秀的必由之路。

用什么力量来推动事业的发展？各人有各人的"推力"。有人用权利之力来推，有人用行政之力来推，有人用人格魅力来推，有人用制度之力来推，有人用文化之力来推。我因为已经养成了在研究状态下工作的习惯，所以是以研究之力来推动事业发展的。

研究，提升精神的高度。我一直想做一个实验：研究200名教师，他们入职时，100名为"自然研究型"的，另100名是"自觉研究型"的，20年后，看这200名教师的发展情况。我没做成这个实验，但我想象结果很可能是这样的：多数"自然研究型"的教师，可能成为"经师"——经验之师，教学娴熟但缺乏新意，职业倦怠感渐生，甚至步入平庸；而多数"自觉研究型"的教师，常教常研，常研常新，以一种良好的精神状态迎接每天的工作。

研究，保持思维的深度。研究与思维密不可分，"研"之久则思必深。坚持研究，思维往往处在活跃状态。研究与学习是不尽相同的，学习更多的是获取知识，而研究则是建立在学习基础上的思考，是理论学习与实践经验的有机结合，也是研究者专业自信的基础。研究型教育工作者，不仅是有行动的人，更是有想法、有思维深度的人。

研究，拓展知识的广度。研究者时常会有这样的感觉，随着研究的深入，越来越发现自己"知不足"，于是又继续学习，学习之后继续研究，研究之后又发现新的不足。就这样，从低水平的"不足"走向低水平的"足"，又从低水平的"足"走向高水平的"不足"，进而走向高水平的"足"。

研究，追求探索的精度。精业就是以一种精益求精的态度对待自己的工作，认真负责，高效能而且出色地做好自己的工作。作为一名教育工作者，仅有敬业精神是不够的。敬业，更要精业，要以精业的态度对待工作，要做就做到最好。研究，是一条通往精业的道路。教师在教育教学研究中，力求保持研究成果的"精深化"；在班级管理的研究中，力求使管理从粗放型走向"精致化"。

研究，改变眼界的角度。研究，让我们以全新的眼光审视教育问题，以独特的视角透视教育现象，以理性的探索践行教育工作。想一想，我们对素质教育的思想观念究竟理解了多少？究竟做到了多少？在教育模式、学习方式正在发生根本变化的今天，我们在转变教育思想、更新教育观念方面应当如何去做？新的教育思想，必然在教育教学改革的实践中产生；新的教育观念，应当在教育教学实验的探索之中，逐步升华与完善。

研究，超越自我的气度。教育名家的成长，是一个追求最优发展、精益求精、好上加好的发展过程。正如一句广告词所说，没有最好，只有更好。最好是一时的标志，更好是永恒的目标。只有不断地反思自己，充实自己，超越自己，追求卓越，追求更好的境界，才可能攀登一个又一个新的高峰，实现一个又一个新的发展目标。

64 在工作中研究

眼前有一本高万祥校长的著作——《优秀教师的九堂必修课》，心想，高校长心目中的优秀教师的九堂必修课会是哪九堂呢？

翻开一看，这九堂课是：读书修身，自我反思，教育科研，大爱厚生，积极写作，锻炼口才，注重细节，家校合作，追寻快乐。

认真一对照，与"研究"有关的至少有第1、第2、第3、第5堂课，高校长甚至认为，"一个优秀的教师和普通教师最大的区别应该是有没有科研的追求和能力。"

无独有偶，我翻看李明高老师的著作《教师最关键的18项修炼》，发现其中第八项修炼是"教师如何写好教研论文"，第九项修炼是"教师如何开展课题研究"。

第八项修炼的主标题是"笔尖，应该流淌着思想的声音"。李老师认为，教而不研则浅，研而不教则空。在新课程背景下，"教师即研究者"已成为时代对教师的起码要求。一个教师不仅要能把书教好，把人育好，而且还要有一种研究的素养。其实，我们有着得天独厚的研究优势，我们自始至终都生活在教育教学的现实场景之中，我们的所思、所想、所感、所悟就是教育教学科研活动的最直接的体现方式。所以，只要坚持教学研究的主体意识，秉承积极应对独特问题的勇气和智慧，去观察、去研究、去探索、去尝试、去反思，那么，在教育教学实践中闪耀出来的思想火花、真知灼见，必将成为教研论文取之不尽的源头活水。

第九项修炼的主标题是"享受课题研究的乐趣"。李老师认为，课题研究是教师专业发展的基点，也是教师踏上"幸福的研究路"的必经之路。教师要关注自身实践中有意义的事件和日常工作中有价值的困惑，在看似无问题的"教学惯性"中发现问题，在问题成堆时聚焦某一个问题，并在教育教学过程中激发学生的热情，挖掘学生的潜能，塑造学生的人格，进而丰富自己的情感，满足自己的精神追求，提升自身的生命价值，实现自己的幸福理想。这是教育科研的真正境界！

你去读任何一篇关于"教师的专业素养"或"教师的专业能力"的论文，这些文章一般都认为教师的专业素养或专业能力，包括教师的研究能力。最常见的一种划分就是教师应具有学科专业能力、教育能力、教学能力、研究能力。

就教师应具有教育研究能力来说，包括了以下几个基本要素：（1）掌握基本的教育科学研究方法；（2）对教学实践的思考与探索；（3）通过对新的教育思想方法、教育问题等方面的探索，形成解决新问题的能力。

教师要想成为研究型教师，还必须拥有"四个做到"和"三个合一"。

"四个做到"，即做到爱学、多想、勤写、善做。学是基础，想是关键，写是结果，做是运用，四者相辅相成，缺一不可。

"三个合一"，即学思合一、思行合一、行知合一。

学思合一，就是不仅从抽象的知识上去学习、省思，而且在实践中以行动来获得实际体验。对别人的观点，要勤于思考，多做分析，去粗取精，拿来我用，以完善自我；对自己的经验，也要勤于思考，善于发问，去伪存真，使之逐步完善成熟。

思行合一，就是不仅针对自己的行动体验去积极建构有意义的个人知识，更重视让自己的思考成果回归到自己的教育实践中，使之产生提高教育实效的结果。所谓做有思想的行动者，就是教师要达到且思且行、行中有思、思中有行、行而后思、思而后行的教育境界。

行知合一，就是经常自觉地回眸自身实践，关注别人的实践，追问实践，进行实践反思。教学理论来自教学实践，反过来又指导教学实践，离开教学实践去谈理论是毫无意义的。不论是借鉴他人的经验，还是自己的教学实际经验，或是将他人经验结合自己的经验，都应放到教学实际中去检验、去修正、去完善。

65 在研究中工作

一名优秀教师，必须时刻提醒自己，做个有思想的教师，在理念明确的基础上开展教育教学活动。

"理念明确"，除了认真学习先进的教育教学理念之外，很重要的一点，就是学会在研究状态下工作。

那么，怎样才能学会在研究状态下工作？

一要打破神秘感，保持自信心。研究并不是高不可攀的，研究需要第一手活生生的教育资料，这是中小学教师的优势。魏书生老师是一位仅有初中文凭的普通中学教师，通过和学生"商量商量再商量"，自己"研究研究再研究"，成为当今著名的教育改革家和著名的特级教师。

二要有强烈的"研究意识"，把教育教学工作自觉地纳入研究的轨道。你是学校的管理者，整个学校或你管的那个部门都是你的"研究基地"，你就要研究成功的教育管理理论以及方法和操作层面的问题；你是班主任，班级就是你的"试验田"，每个学生就是你研究的对象；你是任课教师，你所教的学科以及相关学科，就是你研究的领域，你就要研究素质教育观下该学科的教育教学问题。只要树立"研究意识"，并亲自"下水"实践，就一定会取得教育研究的成果。

三要重视教育理论的学习。教育教学研究离不开理论的指导，而这正是中小学教师的不足之处。教师若没有行之有效的教育理论作指导，是很难进行研究的。因此，教师应自觉学习心理学、教育学等知识，提高自身的研究素质。教师基于课程改革背景所进行的校本学习，就是一条提高研究素质的有效途径。

四是要掌握教育科研的方法。不懂教育科研方法，是造成中小学教师研究难以深入的原因之一。一些基本的教育科研方法是从事研究的基本条件，教师应很好地掌握。如确立研究的课题，制定研究的计划，实施研究的课题，整理研究资料，撰写研究报告等。

五要及时了解教育动态。创新是科学研究的基本特征。要创新，就要了解、掌握教育教学的新信息、新动态、新趋势，选择具有独创性和新颖性的课题进行实验和研究。

六要具有顽强的探索精神。教育现象是一种复杂的社会现象，涉及面广，因此教育教学研究往往是综合的和整体的。而教育过程又是一个长期的发展过程，所以研究教育规律也必然是一个长期的过程。没有顽强的探索精神，是很难坚持教育研究的。

为了能保持这种"研究状态"，我摸索了一些"土经验"。

经验之一：一个选题本，两张办公桌，三类杂志订。

所谓一个选题本，其实就是一个笔记本，在笔记本上记录头脑中闪现或思考的选题，若在以后的思考中对这个课题又有新的发现，就接着记录在该页上，积累多了，就可以进行研究和写作了。

所谓两张办公桌，就是一张办公桌用于写书，另一张办公桌用于平时的备课或备会，或写些稿件。

所谓三类杂志订，就是积极订阅数学类杂志、教育类杂志和文化类杂志。数学类杂志，我从1980年代开始到现在一直订阅，并经常思考，希望退休后有新的研究。教育类杂志，我也是从1980年代就开始订阅了，不过那时订阅的种类并不多，如今种类多了，加上单位可以订一些，因此种类就更齐全了，经常读这类杂志，对工作很有指导意义。文化类杂志，我只是象征性地订阅一些，原来是订阅给孩子看的，自己也顺便读一读，不料孩子学习忙，我倒比孩子阅读的多了，文化品位也似乎提高了许多。

经验之二：瞄准一个目标，长期积累、探索、思考。

当数学教师时，我瞄准的目标多为数学教育或数学解题方面。比如，研究数学中的周期现象，我就系统学习有关数学周期方面的理论，尽可能多地阅读有关数学周期方面的文章，研究数学周期题型，不断探索新的周期问题，思考数学周期问题的教学。几年之后，一篇关于数学周期问题的论文就很自然地写出来了。

当中学校长时，我研究的目标多为学校管理或课程改革方面。比如，研究学校文化管理问题，我就研读有关文化管理方面的书籍和文章，并进行对比思考，结合所在学校实际，在学校管理中进行实践，或在某些方面进行新的尝试。这样，有理论，有实践，有"他山之石"，有"校本探新"，几年之后，一项关于"学校文化管理"的课题就应运而生。

现在当教育局副局长，我的研究目标多为教育的宏观决策和某个领域的教育发展问题。比如，学校安全管理问题是我正在研究并希望能见成效的问题，我几乎读遍了这方面的书籍和文章，结果发现学校安全管理可以也必须走向学校安全文化，于是纵深的研究就围绕"学校安全文化"展开，实效研究就围绕"学校安全的有效预防"展开，取得了双丰收。

经验之三：把"教育"或"教学"改为"学习"。

关于教育科学和学习科学的研究，一直备受专家的争论：一部分专家认为学习科学与教育科学应当是并行的两个不同学科，这样有利于学习科学的发展；另一部分专家认为学习科学是教育科学的一部分，没有必要把它分离出来。专家的争论还在继续，我虽然没有能力参与，但我发现，关于学习科学的研究的确相对较少。我还发现，如果把现有教育科学的许多问题中的"教育"或"教学"二字用"学习"二字替换，就是一个崭新的课题，就有一个崭新的研究前景。比如，《创新教育论》是一部著作，考虑《创新学习论》，又何尝不是一个崭新的课题？又如，《谈数学习题教学的原则和方法》，考虑《谈数学习题学习的原则和方法》，就是一个很值得研究的问题。当然，有些也不可随意替换，否则会弄出啼笑皆非的课题来。

经验之四：目录联想法。

看一本杂志的目录，或看一本书的目录，我常常不急于看具体内容，而是自己先联想一番：如果我自己写这篇文章或做这个课题研究，我会怎样写或怎样进行研究？如果有条件，可以把自己的想法提纲挈领地写下来。然后对照作者所写所研，看看是作者写得好还是自己的见解好。如果是作者写得好研得好，对自己来说是一次学习；如果自己的见解更好，那就是一次提高了。

经验之五：思想氧吧。

所谓思想氧吧，就是有一批相对固定的人，有每周或每两周约好一个相对固定的地方（比如某个茶馆），有一个提前告知的话题，每期有一个主讲人先主讲，然后大家对这个话题"七嘴八舌"。这种类似于"头脑风暴"的思维碰撞，能激活参与者的思维，能点燃参与者创新的火花，能引发参与者的激情，能引导参与者保持一个活跃的大脑，逐步引领大家走向理性的教育、走向科学的教育，进一步引领大家走向卓越、走向成功！

66 学做学者

初为人师时，没想到自己会走向"学者"。今天想来，"学者"也非难事。师者，教为道；学者，善研究。

教师要学者化，就是必须对自己所从事的教育专业中的某一学科领域有精深的研究，形成优化而独特的知识结构和能力结构，有较高的学识水平、较强的研究能力、坚实的理论功底、丰富的教育经验、创造性的研究成果，并且在教育理论与教育实践方面有创造性的建树，最终成为一个教育家。

学者化是由"教书匠"走向名师、走向教育家的必由之路。学者化是时代发展的需要，学者化是教学提升的需要，学者化是自我成才的需要。

我很赞成董菊初先生在《名师成功论》中提出"学者化——名师的成功之路"的观点，我认为，追求"学者化"，是教师持续发展的一种更高层次的追求。

教师在其发展的过程中，可能先是书教得比较好，或是班主任当得比较好，这是教师事业发展的基础。但要持续发展，就还要进行教育教学研究，探索教育规律，提升教育实效，进而把研究的东西整理出来，写成文字，形成自己的理论。这其实也就是学者化的进程。

一位杰出教师这样说：要做一名"学者型"教师，既要"教"，又要"研"，还要"写"。教是研的前提和基础，研是教的总结和提高，而写则是教和研的概括和升华。

我的成长之路，就是一条逐步走向"学者化"的道路。1986年，我评上福建省优秀青年教师时，代表获奖者发言的题目是"做全面发展的学者型的人民教师"；2000年，我参加骨干教师国家级培训，代表优秀学员发言的题目是"做高素质的新世纪育才者"；2006年，"教育家成长丛书"出版，其中包括《任勇与数学学习指导》一书，我在首发式上发言的题目是"成为走向未来的名师"。

从发言的题目上就能初步领略一个教师的成长历程及其"学者化"的进程。

我一直鼓励教师们，尤其是青年教师，超越我，更好更快地走向"学者化"。当然，我的这个观点也并不是所有的老师都能接受的。有一种观点认为"教师的主要任务是教学，教师只要教好书就行。"对前半句我是非常赞同的，但对后半句，我有不同的看法。我并不急于去争论，而是把我的讲话作了些调整，叙述为："我并不苛求每个教师都要学者化，但一个优秀教师、一个名师应该是一个学者。一个名师的学者化，不是一般的学者化，而应是教育专业化与教育学者化的有机结合。"

名师的成长过程是一个学者化的过程。成为学者型的教师，为教师的持续发展指明了方向。名师的学者化不是一步到位的，学者化的实现有一个从低层到中层再到高层的过程，而这"高层"是无止境的。学无止境、教无止境、研无止境，这是名师学者化的基本原则和目标。

学者化有什么特征？

一是不凡的学术勇气。要成为学科教育专家，就要有学术勇气，敢于探索和创新，敢于怀疑和否定，为人所不敢为，言人所不敢言，不断提高自己研究的学术层次，并逐步形成自己的学术特色。

二是强烈的课题意识。在教育教学实践中，要善于发现问题，不轻易放过遇到的问题和困难，积极思考并筛选后将其中有价值的部分定为自己研究的课题。当然，课题的获得还可以有其他途径，但前提是要有课题意识，否则即使有再适合你的课题，也可能失之交臂。

三是执著的探究精神。研究也好，实验也好，著书立说也好，都必须有一个艰苦的探索过程，探索教育规律也必然是一个长期而艰苦的过程。"不经一番寒彻骨，哪得梅花扑鼻香。"只有这样，才能出成果出经验。

四是全面的信息素养。信息素养是建立在信息意识基础上的，并在此基础上加强收集、积累、整理、运用和创造能力的训练。信息素养是以"勤"为前提的，唯有脑勤、眼勤、耳勤、手勤、腿勤，信息才能为你所用。

五是较强的创新能力。人云亦云，不能成为学者。没有自己，怎能有个性？没有个性，怎能有创新？名师之路，其实也是一条属于自己的创新之路。人无我有，人有我新，人新我精。敢言他人所未语，发他人所未见，示他人所未知。

六是丰硕的研究成果。成果是学者化的标志，是名师成长的轨迹和阶梯。教育研究必求其有成果。只求耕耘，不求收获，是空忙；不愿耕耘，只想收获，是空想。研究者一定要有成果意识，要善于把研究成果"物化"，同时还要推广，使其日臻完善。

远观全国数学名师张思明、刘可钦，近观福建数学名师池伯鼎、张远南，哪一个不是著作等身？哪一个走的不是学者化之路？

学做"学者"，如何？

67

参与课题研究

在我开始教书的1980年就有这样一个话题——中小学教师要不要进行教育科研？

在学校里，当时很强势的一个观点是："中小学教师只要教好书就行了，没有必要（至少不要刻意）进行教育科研。"一位很有威望的老教师说："赵丹一辈子没写一篇文章，照样成为最优秀的演员。"我当时已经发表了几篇文章，觉得用心对教育教学进行适当总结并进行探讨，对我的帮助很大，可是在学校里我就是辩不过他们。但在我们一些年轻教师的谈论中，对教育科研的观点悄悄地发生了变化。有人说："在不影响教学的前提下，搞些研究有什么错？"有人说："上海的老师多数在研究，向上海学习不会错！"有人说："走自己的路，让别人去说吧！"

我当时心里是这样想的，当大多数人不重视教育科研时，我先起步，领先一步，大有好处。于是，我就有了1988年出版的第一本书，就有了1992年的百篇论文，就有了现在的教育教学教研成果。

研究有很多方式，但我认为课题研究是教育研究的重要且规范的方式。

从事一项课题的研究，要从课题的选题、论证入手，阅读一些文章著作，进行文献综述，制定课题计划并予以实施，其间还涉及数据的收集、资料的整理、课题结题等环节。在完成课题的过程中，教师能够学习到许多知识，培养科研能力。学会了做课题，就能自觉地将实践纳入科研的轨道，学会在研究状态下进行工作，成为一名扎根于中学"土壤"的教育科研专家。

中小学教师的教育研究，主要是通过对自身的教育教学行为的自我观察、内省、反思与探究来完成的，是以改进自己的教育教学实践为目的的研究。可以说，反思是教师成为研究者的起点，问题求证是教师成为研究者的本质。

当教师以思考的目光审视校园，以探究的姿态从事教育，以反思的襟怀走进课堂时，无疑就具有了研究者的特质。反思与问题同在，反思是否有意义、是否有成效，关键在于对问题的求证。问题求证成了教师成为研究者的本质规定。课题研究，往往是求证的"利器"。

著名特级教师孙双金说："教师拥有课题研究机会，如果他们能够抓住这个机会，不仅能有力地和迅速地推进教学的技术，而且将使教师工作获得生命力与尊严。"

就大多数中小学教师来说，我们建议先从"小课题"研究做起。"小课题"人人可为，我们目前所提倡的校本教研，就是引导广大教师直接参与校本层面的课题研究。也就是说，课题研究并不仅仅是那些经过立项，然后大规模进行的宏大工程，还包括每个教师都可以进行的小课题。没有机会参加大的教育科研项目，没关系，可以自己做小课题研究；没有能力研究大的课题，没关系，可以研究小的课题；没有时间进行专项研究，没关系，可以根据自己的特长，另辟蹊径进行研究。常规的教育教学的过程可以转化为教育科研的过程，换句话说，我们完全可以在研究状态下工作，时时为研究之机。

南京市近年来教育科研"突飞猛进"，就是源于他们重视和鼓励"个人课题"的研究，并持之以恒地加以推进。

南京市是这样总结的：所谓"个人课题"，是指教师个人独立承担并得到学校教育科研部门认可的课题。从研究的目的看，"个人课题"主要解决教师个人教育教学中出现的问题，提高教师教育教学水平。从承担者的角度看，"个人课题"由教师个人确立并独立承担，不受他人的牵制和教育行政的限制，可以接受教育科研部门的指导。从课题的内容看，"个人课题"由教师个人选择，课题内容切合教师自己教育教学实际。一般来说，个人课题研究的切入口比较小，研究的内容比较单一。从研究方法看，"个人课题"主要采用适合教师个人的叙事研究、个案研究和行动研究等方法。从研究的成果看，"个人课题"的研究成果往往是微观的、具体的和适用于个人的。他们认为，"个人课题"是个人的，具有"独特性""自由性""灵活性""实践性""实用性"。

我们可以观察几个"个人课题"的研究案例——《课堂教学批评策略的研究》《"数学日记"的实践研究》《课堂提问艺术的研究》《提高语文早读效益的研究》《学生迷恋网络的个案研究》《课堂沉默的原因和对策研究》。从中我们不难发现，"个人课题"往往是"小课题"。教师们从"小课题"研究入手，一步步实现着自己的教育理想，今天的"小课题"就是明天"大课题"的序言。

68 著书立说

著书编书对绝大多数教师来说是一件很难的事，虽说中小学教师著书编书的逐渐多了起来，但与教师队伍的总人数相比，还是"凤毛麟角"。我曾经在学校大会上说过这样的话："咱们的教师到退休了，还没有一本自己写的著作，是一大遗憾。"有同事批评我，说我要求太高，后来我就引用他人的话："人生的最大遗憾，莫过于始终没能利用自身潜能和特长去创造本可以出现的奇迹。"我所说的"奇迹"中，包含了写一本属于自己的著作。

怎样着手写一本书？简单地说，就是把握"七性"。

• **框架性——构思一个框架**

准备写一本书，就要先构思一个框架。

如果是偏于学术的或关于某个专题的，可以按层次理出章节；如果是教师培训用书，可以按培训要求理出章节；如果是学生用书，可以按给学生讲座的思路理出章节。

• **计划性——列一个计划**

构思完框架，你就要列出一个写作计划。先把可用于写作的时间理出来，比如晚上备完课后的富余时间、双休日、小长假、长假、寒暑假，当然还要扣除必要的家务时间、教师培训时间、家访时间、学校活动时间、走亲访友应酬等时间。之后对照自己的写作框架，充分考虑资料收集、数据整理、成果分析、问题探究等耗时，列出一个写作时间表。

列出的时间表要适当"宽松"，因为总有一些事会影响写作，比如公务出差、家庭琐事、病痛困扰、朋友来访、"稿约插队"等。当然，在具体写作时，应"紧锣密鼓"地往前赶，能够提前完成计划自然是十分高兴的事。

如果与出版社签了合同，就要按合同上的交稿日期列一个计划，按"倒计时"进行写作，一般要留下一个月的提前期，万一"写作受阻"，也好有"补救之时"。

别忘了，书稿交给出版社时，还经常要有前言（或序言）、后记（或跋）、书稿内容简介、作者简介、照片等，提交这些材料也并非轻松之事。

• 理论性——理论上的分析

写一本书是需要一定的理论支撑的，而理论性往往是中小学教师的"短板"，怎样补上这个"短板"呢？

一是学习。可以以你的书稿内容为中心展开学习和研究，时间较多就研究得深一点，时间太紧就采取"拿来主义"获取"学术快餐"。

二是文献综述。就是去查阅与你书稿有关的报刊书籍，从某种角度看，文献综述要占去写作过程三分之一的时间，你如果平时已进行了这方面的工作，则另当别论了。

三是请教专家。你可以带着所遇到的理论难题去请教有关专家。教育专家大多是乐于助人的，你可以当面请教，这样可以互动，也可以发邮件请教，这样便于专家有更多的时间思考你所提的问题，也解"约见不易"之难。请教专家，宜多请教几位，再把各位专家的意见进行综合分析，合理吸收，最后用合适的语言表达出来。

• 实验（实践）性——实验（实践）的进行

教育教学问题的研究，往往要进行实验和实践，实验必定是在实践中进行的，而实践未必都有实验。就一本书而言，有的书整本都是写实验成果的，有的书是某几章节写实验成果的。如《走向未来的学校——中小学校教育模式探讨》（恽昭世主编，人民教育出版社出版）就是整本研究他们所进行的"中小学九年学制教育实验"的。又如我写的《中学数学学习指导的研究与实践》一书，只是在第一章的第 8 节 "中学数学学习指导的实验" 中写了我进行的一项实验。

对中小学教师来说，更多的是实践，在实践中研究，在研究中实践，这就是"行动研究"。写书，就要把我们是如何针对研究的问题进行实践的，按类型展开论述，或按层次推进描写，或以理论篇、实践篇、案例篇的模式来撰写。

• 层次性——按层次逐步展开

每一本书的写作都要按一定的层次展开来写，一般说来是按序号从高层往低层写，也有按章序或从高往低写或从低往高写。

- 统一性——以统一格式成书

一本书的写作，是很讲究统一性的。

大而言之，全书的写作风格宜统一，或偏于理性分析，或偏于诗性书写。一般来说，偏于理论或实验的，宜理性分析；偏于实践或案例的，宜诗性书写。

中而言之，全书的章节、体例宜统一，每章节的跨度不宜太大，最好有些关联，每章的各节也不宜差太多，每章是否要有导语等都要统一。

小而言之，就连章的字体字号、节的字体字号、正文的字体字号等都要统一，全书图形的编号、空格问题、行间距问题、引文问题等也要统一。一般说来，出版社会给出具体的规定，我们就要严格按出版社的规定去做，不明之处，及时与出版社沟通，或先写一样章让编辑把关，待编辑修改退回后，再"依瓢画葫芦"统一有关格式。你交上一份"齐、清、定"的稿件，对书的出版是有益处的。

- 艺术性——写出你的文采

书是写给读者看的，最低要求就是要有"可读性"，让大家读得懂。稍高一点的要求，就是要有文采。

要想写出文采，就要在平时下些功夫，练就写作技能。杜甫的"语不惊人死不休"，范文澜的"板凳要坐十年冷，文章不写一句空"，说的都是写作上的"勤学苦练"。

贾岛说："一日不做诗，心源如废井。"经常写作或者经常写反思，必能练出笔头功夫。只有勤于笔耕，善于积累，才能厚积薄发，左右逢源，写出文采。

作为教师，除了精通本学科知识外，还应多读书多吸取。在一次教研活动上，学校挂出一副对联："骨干在磨炼反思中成长，名师从课堂教学中走来。"华东师范大学张奠宙教授认为还应加个横批："还要读书。"在张教授看来，中小学教师书还读得不够，骨干教师、名师更要读书。教学如此，写作亦然。

著名特级教师于永正曾语重心长地说："如果说我的语文教学有了一个新的飞跃，那就是我认识上有了一个质的飞跃，这应归功于爬格子。"老师们，向于老师学习，做个规划，拿起笔来，著书立说，成一家之言吧！

69 架设心桥

德智体美劳，五育并举，无可厚非。但绝不可忽视心理教育，心理教育与五育密切相关。

良好的心理素质是一个人适应现代社会，走上成功和幸福之路的条件。"心态决定一切"，优秀教师要当好学生的"心理医生"，为学生的健康成长"架设心桥"。

俄罗斯优秀教师的评选标准中，就有这么一条："教师要当好'心理医生'。优秀教师不应只停留在知识教学的层面，更应该对学生施以心灵的教育。帮助学生解决心理问题，营造积极的心态，是教育对教师的新要求。"

这是因为，青少年时期是人的一生中最关键且最富有特色的时期，是人的一生中的黄金时代的开始，也是身心急剧发展、变化的时期。如何度过人生路途上的"黄金时期"，是摆在每个青少年面前的人生课题，也是每位教育工作者义不容辞的职责。

然而，在青少年学生的成长过程中，还常常遭遇各种各样的烦恼。有的学生，学习不好又苦于没有良策；有的学生，与父母争吵几句，就愤然出走；有的学生，由于与同学相处不好而长期郁郁寡欢；有的学生，无端地自我否定而产生自卑情绪；有的学生，对别人的优势心里不满而产生嫉妒、怨恨、恼怒等心理；有的学生，因意志不坚强而造成学习失败，等等。学生的上述心理问题日益突出，且有随年龄增长而呈增加的趋势。这些心理问题严重影响着学生德、智、体、美、劳的全面发展。

大量的学生心理问题唤起了教育工作者的责任感，使他们认识到开展心理教育已到了刻不容缓的地步，应积极开展心理教育，并把心理教育作为一项重要课题来研究。

心理教育究竟要做什么？

肖汉仕先生在《学校心理教育理论与方法》一书中提了十条：

一是开展心理健康知识普及教育。使学生掌握心理卫生常识，增强自我心理保健能力，从而防治心理疾病、促进心理健康。

二是进行人格塑造教育。使学生学会修身养性，增强自我教育能力，从而矫正不良心理品质，促进个性完美、人格健全。

三是进行智能开发教育。使学生乐学、会学，增强自学能力，从而纠正不良学习心理习惯，促进智能提高。

四是进行人际交往教育。使学生学会交往、合作，增强人际协调能力，从而减少人际冲突，促进人际和谐。

五是进行积极适应教育。使学生学会主动适应各种变化，增强适应能力，从而避免适应不良，促进顺利适应。

六是进行正当竞争教育。使学生勇于且善于竞争，增强竞争能力，避免错误竞争，促进正当竞赛。

七是进行承受挫折教育。使学生学会应付刺激，增强心理承受力，从而避免行为失常，具备坚强的意志。

八是进行情感调适教育。使学生学会科学的心理调适，增强心理调适能力，从而避免心理失衡，培养积极情感。

九是进行自律自理教育。使学生学会自我约束、独立处事，增强自制自主能力，从而避免放任依赖，促进主动发展。

十是进行科学认知教育。使学生学会思考辨别，提高认识鉴别能力，从而避免错误认识，促进理智增强。

心理教育的根本任务是提高学生的心理素质，开发学生的心理潜能，促进他们的全面素质和个性素质的和谐发展，进而提高整个中华民族的心理素质。

具体又可划分为三项任务：

一是发展性任务，即促进学生良好心理素质的健康发展。

二是适应性任务，即培养学生对社会环境、人际环境、生活环境、学习环境的适应能力，尤其是对现代化社会的适应能力。

三是防治性任务，即预防和矫治学生的各种异常心理和行为，及时进行心理咨询，消除各种心理障碍。

这三项任务之间是相互联系的。心理教育应把发展性任务作为重点；"适应"不能只理解为消极的适应，更重要的是积极适应，积极适应也是一种发展。心理教育应坚持预防和矫治并举的方针，以防为主，防治结合。

70

关注细节

走进书店,关于"细节"的书越来越多。最引人注目的是新华出版社出版的,汪中求著的《细节决定成败》一书。在这本书的封面上,醒目地印着海尔集团总裁张瑞敏的一句话:"把每一件简单的事做好就是不简单,把每一件平凡的事做好就是不平凡。"

"泰山不拒细壤,故能成其高;江海不择细流,故能就其深。""天下难事必作于易,天下大事必作于细。"在中国,想做大事的人很多,但愿意把小事做细的人很少。我们不缺少雄韬伟略的战略家,缺少的是精益求精的执行者;不缺少各类规章制度,缺少的是对规章条款不折不扣的执行。我们必须改变心浮气躁,浅尝辄止的毛病,注重细节,把小事做细。

国际名牌POLO皮包凭着"一英寸之间一定缝满八针"的细致规格,20多年立于不败之地;宁波市一位副市长在飞机上因帮助一位香港客商捡眼镜而引进巨商投资高尔夫球场。这些都是以细节取胜的生动事例。"细节决定成败",不仅商界如此,教育也不例外。从某个角度说,教育更要关注细节,研究细节,开拓细节。

教育是一个非常复杂的过程,影响教育的因素也是多方面的。一个有益的细节,可能促进学生进步,甚至激励学生一生奋进;一个无益的细节,则可能使教育效果大打折扣。

我们的教育直接面对生命,面对学生生理的、心理的、社会的、物质的、精神的、行为的、认知的、价值的、信仰的各个方面。因此,在教育过程中,就要充分利用细节,挖掘学生的情感潜能,提升教育效果。

学生的一句话,一个表情,一个手势,一次低头,甚至是一件饰品,都可能成为让教师充分利用的教育细节;教师在作业上的一次批语、在课堂上的一次表扬、在球场上的一个赞美、在电话里的一次关心,都可能成为导致教育成功的细节。

　　细节虽小，却具有穿透灵魂的作用，一个看似微小的细节却有可能给学生留下深刻的印象，甚至影响其一生。

　　耐心地询问，静静地倾听，是细节；该表扬时的表扬，该批评时的批评，是细节；脸上的微笑，身上的装束，是细节；霍懋征老师的"懂了举左手，不懂举右手"，是细节。细节，是一种习惯，是一种积累，也是一种眼光。细节，体现了教师的教育智慧。

　　我很高兴地看到，厦门一中的班主任们，是一个有教育智慧的群体，因为他们充分关注教育细节。《班级管理中的100个细节》一书，就是厦门一中班主任教育智慧的体现。

　　我们是否可以这样说，观察不到细节的教育是目中无人的教育，不善于捕捉细节的教育是缺乏技巧的教育。

　　我们是否还可以这样说，细节是教育的生命。

　　但是，我们不能仅仅停留在细节上，还要"身在细节中，心在细节外"，还要提炼教育细节，升华教育细节，还要大处着眼，小处着手。

　　若是，学生幸甚，教育幸甚。

71 爱有其道

教育就是爱,爱就是教育。没有爱,教育将变得枯燥乏味;没有爱,就没有真正的教育。

爱是教育的桥梁,爱是教育的钥匙,爱是教育成功的种子。爱学生,是教师的天职与美德,是师德师风的核心所在。师爱,具有激励作用,具有感染作用,具有调节作用,具有引导作用。

世界上,优秀的教师各有各的优秀,但是有一点一定是共同的,那就是拥有爱心。

说到爱,有这样一段诗一般的语言:

爱即播种。播种思想,收获行为;播种行为,收获习惯;播种习惯,收获人格;播种人格,收获命运。

爱即沟通。沟通是心灵的交融,情感的伴舞,爱的共振。沟通来自平等,平等来自尊重,尊重来自信赖,信赖来自知心。

爱即给予。给予温馨,给予支撑,给予放飞。给予是多维的,立体的,无孔不入的。给予是至诚的,纯粹的,没有条件的。给予是无私的,圣洁的,不讲回报的。

多么美好而伟大的爱!

且慢说"爱是教育的一切",而应说"真正的爱、智慧的爱、艺术的爱,才是教育的一切。"

读一读《父母祸害论:父母要懂的爱的心理学》的简介吧:

祸害让心分裂,真爱使人完整!每个人的心中都有一幅心灵地图,这幅地图由童年的经历、感受和记忆绘制而成,绘制地图的过程就像给电脑编程一样，心灵的程式一旦形成，人们就会用一种固定的模式去感受、去思考、去行动……所以，拥有完整而准确的心灵地图，我们就能找到光明的人生道路；拿着残缺而错误的心灵地图，我们的人生之路注定黯淡无光，浑浑噩噩！

父母之所以重要，是因为他们就是我们心灵地图的绘制人。父母有爱，孩子的心灵地图上就有爱的路线；父母有恨，孩子的心灵地图上就会有恨的坐标。但遗憾的是，很多父母并不知道什么是爱，他们把亲情当成了爱，把恋爱当成了爱，把依赖当成了爱，把控制当成了爱，把溺爱当成了爱……从而使孩子的心灵地图残缺不全、错误百出。

这就是父母祸害的根源！

"祸害论"着实让我吃了一惊，虽然我们的孩子不能像西方的孩子那样视父母为英雄，但也不至于视父母为"祸害"吧？我们的父母，总体来说，是爱孩子的。因为他们深知，纵有100宗幸福也难以掩盖育子不力的痛苦，纵有100件成功都弥补不了教子失败的遗憾。但我们要切记，成亦在爱，败亦在爱。

糊涂的爱逼死了孩子，过分的爱宠坏了孩子，甜蜜的爱陷害了孩子，冰冷的爱扭曲了孩子，智慧的爱唤醒了孩子，苦心的爱成就了孩子，真诚的爱呵护了孩子，深沉的爱矫正了孩子，和谐的爱优化了孩子……

爱不是盲动，不是冲动，不是迟钝，不是愚昧。爱是智慧，爱有其道。

家长之爱如此，师者之爱亦然！

师爱要面向全体学生。俗话说："漂亮的孩子人人都爱，而能爱难看的孩子才是真正的爱。"师者只爱"金凤凰"不爱"丑小鸭"，不是真正的爱学生。教师要把自己的爱心倾注到每一个学生的心田，才能发现每一个学生身上的"闪光点"，才能引导所有学生积极发展，才能赢得学生的信赖和尊重。

师爱还要讲究方法。我们看一段新东方董事长俞敏洪育儿的故事，就知道为什么"爱还是要讲究方法的"。

俞敏洪发现，很多中国家长最大的问题是分不清真正的爱和溺爱。正因为如此，他们往往把消灭孩子的独立性、思考能力、天真的溺爱当作对孩子真正的爱。

"比如家长喜欢帮孩子做事情，从小到大都不培养孩子清理自己房间，也不教孩子做饭洗衣服。"俞敏洪举例说，表面上好像家长帮孩子做了很多，让孩子可以一心一意学习，但实际上是剥夺了孩子的快乐，因为孩子自己做饭，他是快乐的，而且有的时候是很大的快乐，很有成就感。

这一点俞敏洪在养育儿子的过程中深有体会。"我儿子喜欢吃一种鸡蛋和面粉放在一起的饼，我做出来的肯定比他做的好吃，但是我做出来的他从来没有吃完过。他自己做的，虽然难吃得不得了，但他一边拼命地吃，一边说好吃。"

牵手是爱，放手也是爱！

师爱还是一种艺术。巴尔扎克说："爱不只是一种感情，还是一种艺术。"日本教育家三浦修吾也说："老师要当个艺术家。"可以肯定，大多数老师是爱学生的，但是光有爱是明显不够的，我们还要能够让这种爱多些智慧多些艺术，使其在教育工作中发挥巨大的作用。

爱有其道，师者谨记。

72

私下批评

我是在农村上的小学。

有一次上学,作为四年级一班班长的我,早早就出门了,要去开门和准备读毛主席语录的事宜。路过一农家庄园时,看见一株桃树"红杏出墙",树上的桃子青里透红实在诱人。我前观后看、左顾右盼,不见有人,便纵身一跃,把那桃子摘下来,往书包里一放。第一节下课后,班主任把我叫了去,说:"你书包里有个桃子。"我一下傻眼了,头脑一片空白。心想,这下完了。我是老师眼中的好学生,是父母眼中还算好的孩子,是同学眼中的好班长,这下完了。正当我不知所措时,班主任说:"你写份检讨放在我这边,就我一个人知道,你好好表现,好好学习,我永远不告诉任何人。"两行热泪从我眼中夺眶而出。如果没有班主任当年的宽容和善待,就可能没有今天的"任勇"了。

到底是谁发现了我偷摘桃子呢?至今仍是个谜。

对于学生犯的错误,许多老师往往很敏感,为了"防患于未然",老师们会及时处理学生的错误,或通知家长共同教育,或在班级里进行批评,或反映到年级主任、学校德育处甚至校长那里,或在教师休息室里"传播事件"。一时间,犯错的学生被学校领导、年级主任、班主任、学科教师、家长"严肃批评",甚至要在班级或年级作检讨,学生的成长之路走向"低谷",心理素质不太好的学生很有可能产生"破罐子破摔"的心态。所有的批评都很及时,都很善意,反正"该说的都说了,该讲的都讲了",但学生的心理感受如何?我们的教育效果如何?恐怕没有多少人去思考这些问题。

我觉得,广大教师还是要以"成全之道",以钝感之行,在深刻领悟"教育是慢的艺术"这句话的真谛的基础上,去处理这类问题。能包容的包容,能善待的善待,能"冷处理"的"冷处理",能不张扬的尽量不张扬,能不向上反映的尽量不向上反映,给学生一段认识错误的时间,给学生一个改正错误的机会,

"静待花开"。相信大多数学生的错误只是"成长中的问题"或是"发展中的偏差"。教师的适度钝感，也许就是"大爱无疆"，也许就是"育人无痕"。

管理学中有"公开表扬，私下批评"一说。学生在成长的过程中，思想认识和自律意识尚未成熟，出现错误行为在所难免，需要教师做好正确的教育引导工作，但在教育引导中，如果教师忽视学生的心理因素和发展规律，不懂得批评的艺术，很可能达不到应有的教育效果，甚至会走向反面。

不分场合地批评学生，会伤害学生的自尊心。尤其是当众批评学生，很可能会给这个学生的自尊心造成毁灭性的打击。作为教师，要给学生留下成长的空间，不要让学生"颜面扫地"，这样才能保护学生的成长动力。

优秀教师是懂得批评的艺术的，他们在批评学生时往往会注意保护学生的自尊心，注意场合，多"私下批评"，照顾学生颜面，尊重学生人格。犯错的学生，也往往会接受老师的批评，铭记老师的教诲，从而改正错误，鞭策自己，不断进步。

73 为学生服务

《中国教师缺什么》一书中有这么一节,标题为"缺乏为学生服务的意识"。在这节中,一位老师写下一个与学生邂逅的片段:

有一次,我带着儿子在广场闲逛,碰见了一个毕业多年的学生,面目依稀可辨。看着这位学生一副热情的样子,我却想不起他的名字,着实很尴尬。虽然我自认为从没在心底歧视过学生,但我却真的忘记了这个被老师和同学称为"差生"的学生的名字。

这位学生毫不介意我的忘性之大,热情地抱起我的儿子,非要从路边的小摊上给他买玩具,无论怎样劝阻,都丝毫阻挡不住学生的热情。

当天晚上,这位学生就来了电话。寒暄过后,学生说:"老师,知道我为什么对您这么有感情吗?有一次语文课上做练习题,发到我那里时正好没了练习卷,您很认真地到办公室给我找,也没有了,您又到别的班,叫出人家的语文老师,跟人家借了一张给了我。当时我在后门旁看得一清二楚。老师,其实像我这样的学生,做与不做没什么区别,别的老师甚至连试卷都不发给我,我都习惯了,无所谓的。可是只有您把我当人看,虽然以后语文课上我特别用心,可也没学好……"

放下电话,这位老师感慨万分,这是多么普通的一件小事,他只是做了一个老师应该做的事,却赢得了学生如此的尊重。

其实,教师为学生服务,并不一定要做什么惊天动地的大事,而是体现在日常的点滴琐事中,表现在教师的一举一动上。

爱因斯坦说:"教师要把为社会服务看作是自己人生的最高目标。"的确,教育是一种服务,教育需要服务理念,教师更要有服务理念。

优秀教师,是善于为学生服务的教师。

第一，教师要有服务意识，教师增强服务意识是时代发展的需要。新时代的新型师生关系将取代传统的师生关系，这种新型关系即教师为学生服务，教师是服务者。这种服务，是优质服务，是高效奉献，是有效指导，是人文关怀，是做人民满意的教师。

第二，教师要有服务艺术。服务，并不是说什么都要教师做。比如，学生打扫教室时，老师和学生一起打扫几次，会产生一种什么样的教育效果呢？服务的细节，也有讲究。细到批改作业的措辞，细到接听电话的态度，细到与学生说话的语气，等等。

第三，教师要有服务技能。教育服务不同于商业服务和企业服务，教育服务是一种复杂的服务活动，对服务者的专业要求很高。教师提供的教育服务，既要全面，又要因材施教；既要不吝赞美，又要适度批评；既要减轻负担，又要提高质量。这就要求教师不断提高自己的服务技能，只有具备了良好的服务技能，才能赢得学生的信任，取得良好的教育效果。

74 为家长服务

为学生服务,我相信绝大多数教师都能理解并能努力去做好这项工作。而为家长服务,可能还不能被广大教师所接受。

常有这样的现象发生:学生不听话,在学校里表现不好,或犯了什么错误,我们的老师,尤其是班主任,动不动就让家长来学校,家长连同孩子一起受责骂、挨批评。

也常有教师这样威胁他的学生:"你再不听话,我就告诉你爸爸妈妈!""你,我是教不了了,叫你爸妈来吧!""叫你父母来,带你回去!"……

听说学校要开家长会,许多家长战战兢兢,如履薄冰,唯恐受批评。孩子成绩好表现好的家长,还不那么惧怕开家长会,但孩子成绩差表现不好的家长每次开家长会时,听到的就是老师一一列举孩子的缺点和错误。有些老师甚至言辞激烈,家长还经常要代孩子之过。可以想象,家长回家后,又会有怎样的家庭教育?

一些老师说,他们从来没有想过教师要为家长服务,教师叫家长来,打个电话他就到。至于学校里要求的教师每学期要进行几次家访,他们只是将其当作一项任务去完成,真正发自内心地与家长沟通的并不多。

一些优秀教师具有为家长服务的意识,他们认为服务是教育行业的基本要求。教育本身就是一种服务,这种服务,不仅包括"为学生服务",也包括"为家长服务"。教师为家长服务,会对教师的教育教学工作产生意想不到的效果。

教师要善于和家长沟通、为家长服务,让家长成为助手而不是对手。家长来自各行各业,因为子女教育走到一起,只要沟通得好、服务到位,家长就会迸发出无限的潜能和力量,与教师一起共育新人。

教师为家长服务,可以是教育理念的引领。比如,让家长认识到:家庭是子女的第一所"学校";父母是孩子的第一任"老师"。又如,让家长意识到,纵有100宗幸福也难以掩盖育子不力的痛苦，纵有100件成功都弥补不了教子失败的遗憾。

教师为家长服务，可以是家教方法的指导。比如，通过《家教导报》、短信、家长会、电子邮件、网络平台等，介绍诸如《家庭教育的15条智慧》等文章。又如，召开小型家长会议，对不同层次及特殊家庭的家长进行指导，如优等生家长会、学困生家长会、特殊生（单亲家庭、留守儿童家庭、罪犯家庭）家长会等。

教师为家长服务，可以是对特殊家庭和特殊学生的特殊帮助。比如，对家庭经济困难的学生，通过各种渠道为这个家庭"雪中送炭"。又如，对有特殊爱好的学生，帮助家长寻找特殊培养的路径；对有特殊疾病的学生，帮助家长"求医问药"等。

其实，只要教师有为家长服务之心，"办法总比困难多"，教师为家长服务，家长一定会给教育工作带来更多的正能量。

75 大胆授权

当一个母亲放手让孩子跑步的时候,她确信孩子已经能跑了;当一个孩子被母亲放手后,他知道母亲放手的原因——他已经得到了信任。

渴望信任,渴望最大限度地释放出生存价值,这就是希望之梦。

教育也是如此,教师要努力为学生的"梦想成真"创造条件和机会。

教育中的授权激励,就是老师对学生的一种信任。被授权的学生会意识到老师对自己的信赖,从而大大激发他们对工作对学习的积极性、创造性和主动性。

奥地利教育家布贝尔在《品格教育》一书中写下这样一段话:"在品格以及整个人的教育领域内,只有一条途径可接近学生,这就是他的信任。"

信任,能使人产生强烈的责任感,充分挖掘潜力,释放能量。当受到信任时,学生会觉得他的身后有包括老师在内的许多人的支持,他有不负众望之心,就不容易被重负压倒。

一个人发现自身的价值,往往是通过别人的信任。尤其是学生,他们渴望得到老师的信任,希望被老师"委以重任"。

在班级管理中,尝试实行学生干部轮换制,让每个学生都有当干部的机会,这是教师对班级每个学生的信任,是一个全方位的授权。还可以让学生尝试主持班会、家长会,让学生管理好班级的某项工作(如班费、图书、运动器材等),让学生商讨如何解决班级疑难问题,等等。

许多人都有这样的发现,很多能干的父母,他们的孩子却不能干,原因就在于父母不放手,舍不得让孩子干。类比到教育,班主任"太能干",不敢放手,最后得到的结果是能干的班主任培养了一群无能的学生。

当一个"偷懒"的班主任,如何?要"偷懒",就是指班主任要学会做"甩手掌柜",大胆授权,凡事让学生多担当一些。

当然,老师授权让学生"多担当",并不等于老师对班级管理撒手不管。老师授权后,还要"授中有扶""有扶有放""且扶且放",直至学生干出成效为止。

在学科教学中,尝试让学生走上讲台,让学生创新解题,甚至让学生命题,做一个"悠闲"的科任教师,如何?

在我所教的班级的"学习园地"墙报上,几乎每天都会有一道"征解题"。在我任教的第一学年,这些"征解题"多半是学生先提供给我,由我挑选后登上墙报,写上供题者的姓名。供题者自豪而兴奋,解题者积极踊跃。到了第二学年,我索性让学生轮流当"主编",供题者可向"主编"供题,由"主编"挑选后刊登"征解题"。我会让每个学生都体验一下"主编"的工作。

在各种活动中,教师更应该大胆授权。一是充分信任学生,相信他们有能力组织好活动;二是学生中"藏龙卧虎",一般都能找到"活动领袖"和积极分子。老师们,大家在活动中不妨佯装自己是"弱智"者,乐颠颠地参加到活动中去吧!

有一项人格调查表明,50.7%的学生认为自己在班里不是"重要的人",而认为自己在班里是"非常重要"的人只有6.7%。

为了让更多的学生成为班里的"重要的人",教师还要有更多的授权。

金小芳老师就是一位善于授权的老师,尝到甜头的她在一篇文章里写下了这样的文字:

> 授权,是培养自尊自强、自信自立、自主自律、协作奉献和开拓创造于一身的人的最佳捷径。授权,是激励学生发挥其品质综合效能、教育熏陶和社会作用共同的结晶。授权,将促使学生在理想光环的召唤下,更努力地学习,更突出他们的特长。

学会授权吧,授权会让你"管得少"又"管得好"。

76 学习"水"的智慧

水是有智慧的。

教师要和谐发展,就要学习"水"的智慧。

孔子说:"知者乐水,仁者乐山。"说的是智者的智慧当如水之灵活,藏于地下则含而不露,喷涌而上则为清泉;少则叮咚作乐,多则奔腾豪壮;遇到不同境地,则显示出各异的风采:经沙土则渗流,碰岩石则溅花,遭断崖则下垂为瀑,遇高山则绕道而行;可以汇涓涓细流而成滔滔江河,而成茫茫海洋。

老子说:"上善若水。"天下没有比水更柔软的物体了,但是"攻强克坚"时,没有什么东西比水更厉害。最厉害的智慧当如水的那种柔中有刚、刚柔一体的境界,貌似柔,实则刚,虽属柔物,却克刚强。"上善"的智慧(最好的智慧)应当像水一样随机应变,高温则成蒸汽,低温则为霜雪,常态则为液体。

禅宗说:"善心如水。""善心"的智慧当"如水"之充满善意。"水止则能照"蓝天、草木、万物;"水静柔而动刚",水绝不怨天尤人,只怀一颗善心平常心。水滋润万物而无所求,将自己奉献给了大地生灵而与世无争。

如果我们举办一个关于"水的智慧"的论坛,我相信我们会得到更多给人启迪的"水的智慧"。

有人说,水是小的。小到最小的缝隙,水都能穿过。哪怕是密不透风的木头呢,你如果不涂油漆,用它来装水,水也会绕过木头的纤维,从这边渗透到那边。水甚至小到无形。在秋天的夜晚,你并没感觉到水的存在。但若是你在外面坐得久了,就会感觉衣服被水所濡湿了。然而水又是大的。那比大象还要大十几倍的鲸鱼,都可以在水里游来游去。连泰坦尼克那样大的超级游轮,也会淹没在水里找不到踪影。

有人说,水是静的。多数时候,它平静得如一个处子。丢个石头下去,它也最多激起一阵涟漪,最后又归于平静了。然而,它又是动的。你看它在悬崖上倾泻的样子，你看它在山间奔流的样子，你看它在飓风下翻腾的样子，你就能感觉到那种令人惊讶的动能。

有人说，水是弱的，弱到不禁风。一阵微风吹过，水面马上会起一阵波纹。弱到遇到哪怕最不起眼的阻碍，它也会绕道而行。污染再重的东西，丢到水里，水也总会接纳，从来不知道拒绝。任你取多少，水总是没有怨言。任你是大事还是小情，任你是饮用还是洗涤，只要用得着，水总不会挑三拣四。但水又是最强的。它发脾气时，可以使房倒屋塌，可以摧堤毁坝，可以翻船覆甲。

有人说，这就是水，集众多矛盾于一身，但又是这么和谐地聚为一体。这种矛盾中的和谐，没有一定的智慧，又岂能参悟得透？人生处世当如水，善待一切，灵活、善变，不妄求环境适应自己，而善使自己适应环境。人在世上不顺多，当学水之能潜、能涌、能流、能奔、能升能降，适境而生，适境而居，让心永远如"宁静的森林池水"……

水的智慧，更值得教师思考、领悟和内化。水的智慧给教师的启迪有：主动寻找前进的方向；担起带动周围人前行的重任；变化自身以适应环境；视压力为崛起的动力；善待学生，善待家长，善待同事。

教师若能保持清澈如水的心境，学习水的宽容、水的智慧、水的勤奋、水的坚韧、水的适应性、水的奉献精神等高尚品德，就能从容面对各种情况，统筹好全面发展、专业发展、特色发展、自主发展、持续发展、跨越发展的时机与力度，更加科学地走向和谐发展。

77 超越自我

名师，就是知名度高的教师，他们工作出色，教育效果好，为同仁所熟知，为学生所欢迎，为社会所认可，有相当的名气和威望。

名师是有层次的。一个"经师"是可以成为名师的，但我希望名师不仅是"经师"，更是"人师"，再成长为"大师"。

名师是有境界的。崇高的师德是名师的基本条件，德能并重是稍高的要求。此外，名师还应有教育智慧，进而走向师魂之境界。师德、师能、师智、师魂乃名师成长的四个台阶。

名师要走"学习—实践—研究"之路。不读论语，不读杜威，不读苏霍姆林斯基，是成不了名师的。名师要有终身学习的意识，不断提升自己的素养。名师还要深入实践，因为"真正的名师是在学校里、课堂里摔打出来的"。名师还要善于研究，要走进教育科研，"只有踏踏实实地沉下去，才能潇潇洒洒地浮起来"。教育科研是名师的发展之本。

最为重要的一条是：名师的成长关键在"自我"。

• 认识自我、发现自我是成为名师的基础

《道德经》曰："知人者智，自知者明。"能认识别人的叫做机智，能认识自己的叫做高明，合起来就是明智。作为一个明智的教师，就是要善于发现自己的长处与不足。

如何认识和发现自己的长处与不足呢？

你可以先列出下表：

表4

	动力特征				学识特征				人格特征			教学特征			
	人生观	教育观	成就感	进取心	基础知识	教科知识	专业知识	文化知识	新的知识	为人师表	举止优雅	追求完美	律己宽人	情知交融	心灵相悦	动态生成	真实有效
长处																
不足																
努力方向																

在相应的空格处填上内容之后你的长处与不足就明晰起来。你的明智之举就是努力让长处再凸显，努力将不足早改进。长处更长，"短板"不短，你的名师之路从此启程。

• **完善自我、战胜自我是成为名师的关键**

完善自我，就是按较高的标准、较严的要求对自己的不足加以改进，达到完善的程度。人生之中最大的敌人也许就是自己，战胜自我才是人生最大的胜利，我常对教师说："谁能战胜自我，谁就天宽地阔。"

说到战胜自我，有人这样说：战胜自我，是除去心里的卑怯；战胜自我，是抛弃心理的折磨；战胜自我，是人思想的升华；战胜自我，是心理障碍的超越；战胜自我，是潜意识的觉醒和复活；战胜自我，是一轮朝阳的图腾与喷薄；战胜自我，你便趟过了人生泥泞的沼泽，你的眼前便是坦途和开阔。

说得真好！

要完善自我、战胜自我，就要克服"比上不足，比下有余"的消极心理；克服"不求有功，但求无过"的庸人哲学；克服"知足常乐，宽恕懒惰"的处世态度。

至于如何完善自我，许多教师有自己的见解。

有人认为，教师应该储备足够的知识，不断提升工作能力，注重教育情感的培养，注重教科研的意识和能力的培养，注重反思意识和能力的培养。

有人认为，教师应在丰富的内涵中完善自我，提高素质，包括提升思想修养，拓展科学文化素质，提高业务能力；教师应在竞争与合作中完善自我，提高素质，包括在教育科研中的竞争与合作，在教学改革中的竞争与合作，在基本功训练中的竞争与合作；教师应在进取与创新中完善自我，提高素质，包括学会自我省察、培养责任感，学会自我创新、体现自身价值，学会自我管理、推进自我发展。

我从小一直到师专毕业，都是不善言辞的。到了中学教书时，才发现这是我最大的缺陷。于是，我苦练语言技巧，还订阅了《演讲与口才》，购买了《能言善辩50法》（福建少年儿童出版社，祎岸编著）加以学习，尤其注重数学教学语言的训练，上课时尽量选用趣味数学题，课堂教学尽量引趣和引深，结果我的数学课深受学生欢迎。

师专毕业几年后，同学们见到我都惊叹：几年不见，你小子还挺会说的！

- 实现自我、超越自我是成为名师的目标

实现自我和超越自我是一个动态的发展过程，它的标准是相对的。实现自我，就是基本上实现了近期的目标，超越了昨天的自我。

马斯洛的需要层次理论告诉我们：生理需求、安全需求是低层次的需求，社交需求、尊重需求是中层次的需求，而自我实现的需求是最高层次的需求。自我实现，就是自我价值的实现，就是一个高层次名师的成就感的实现。

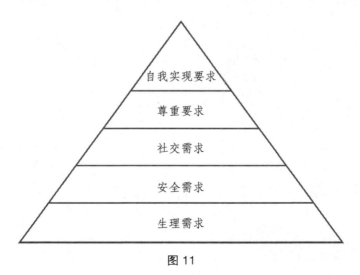

图11

一个高层次名师价值的实现，不能停留在某一阶段上、某一层次上。当今时代，"慢进则退，不进则亡。"所以，走向名师的你还应该不停地超越自我。

超越自我的要求更高。有句广告词说得好："超越梦想，不是梦想！"

超越自我不是梦！虽曰难能，心向往之。

最后，写下一段话，与老师们共勉：

> 成为名师，是梦想吗？
> 不是，有梦的教育更精彩。
> 成为名师，靠自然吗？
> 不好，自觉也许更好些！
> 追梦吧，只要我们还有梦，
> 我们就会不断地前行。
> 自觉吧，只要我们能自觉，
> 我们就会一步步走向成功！
> 愿梦想成真，愿自觉成功！
> 成为名师：为什么不？
> 成为名师：为什么不！

78 善于"归零"

在百度上搜索张远南先生,就能得到这样一段文字:

> 张远南先生是我国著名科普作家,教学经验丰富的著名中学数学特级教师,对中学数学的"难点"和"亮点"了如指掌。
>
> 他常听到一些学生抱怨数学无趣乏味,于是耗费数年心血,或史海钩沉,或点石成金,将一个个与数学有关的故事讲得栩栩如生,引人入胜,让你在不知不觉中感受到数学的神奇和魅力,并喜欢上数学。

在 20 年前,我就在学术会议上见到过张老师。那时,他是福建省南平市教师进修学校校长,中学数学特级教师,"国务院特殊津贴奖"获得者,福建省劳动模范,曾经荣获"苏步青数学教育"奖。退休后,他还被评为福建省杰出人民教师,省人民政府奖励他一部小轿车。

张老师退休几年后,时任厦门一中校长的我,特意聘他为厦门一中"名师工作室"的名师,聘期九个月,负责监控全校数学教学质量。

张老师先是在高三听数学课,除星期天外,他几乎每天都听课,每位老师的课他都听,听完后还要和任课老师交流,探讨教学艺术。高三数学课每天都会有一份自编的练习,张老师有意不要答案,自己坚持题题必做。而有些数学教师,我给他一份外地邮来的数学模拟卷,故意不给答案,他就会立即问:"有答案吗?"

大家觉得张老师的听课很起作用,许多老师经他指点,教学艺术提高了许多,专业功底也得到了加强。于是,高三其他学科的老师,纷纷请张老师去听课,求指导,张老师又几乎听了高三所有教师的课。

"消息"传到其他年段,其他年段的年段长也请张老师去听课,这一听,又听了好多老师的课,还进行了点评。一时间,张老师成了颇受欢迎的"评课师"，老师们要进行公开课或研究课教学，就会请张老师帮忙指导。

那段时间，教育部印发了《普通高中数学课程方案》，其中"选修系列3、4"共由16个专题组成，这些专题是为对数学有兴趣并希望进一步提高数学素养的学生而设置的，多数涉及高等数学知识。我到数学组参加教研活动，建议高中数学组的32位教师，每两人一组共同攻关16个专题中的一个专题，编写出该专题的讲座提纲，半年后交稿，力求成为这个专题的"小专家"。

此后，我只要到数学组参加教研活动，就会提起这件事。半年过去了，我却没有看到比较像样的讲座提纲。正当我想在数学组再次强调这项工作时却发现，作为外聘的张老师原本没有"攻关"任务，但他在"旁听"了我布置的任务之后，"悄悄"攻关，竟然在半年内"攻"下了全部16个专题，不！还多了六个专题！

张老师找到我，说很希望能将研究成果结集出版，想请我作序并帮他想个书名。写序，我是很乐意的，只是觉得自己不够格，但张老师执意要我写，我也就不推让了。至于书名，首先要有"高中数学新课程"还要有"模块"，因为多写了六个专题，所以就用了"拓展"一词，最后将书名定为《高中数学新课程拓展模块》。

张老师送来了22个模块的电子版书稿，我一看又惊呆了，书稿共有60万字，550多个图形，文字全部由张老师自己输入，图形也全部由他自己制作。要知道，能把这些图形制作成电子版，实属不易！

书稿内容丰富，案例翔实，文笔流畅，很适合中学教师和学生阅读、学习，因此我建议将这本书分上下两册出版。当数学组的老师们拿到这套书时，个个赞叹不已！

一年后，我应邀到北师大厦门教育培训中心讲学，见到了张老师和上海教育出版社的数学编辑叶中豪先生，得知叶编辑这次来厦门，除了讲学外，还有一项重要任务——为张老师的又一本数学新书《游戏：拍案称奇》而来。

第二年春节，我给张老师拜年时喜获《游戏：拍案称奇》！

我曾经问过张老师，是什么使他拥有如此旺盛的"学术青春"。

张老师用略带南平口音的话说："归您。"我开始还以为张老师是感激我，急忙说："全凭您的勤奋与功力。"

我听错了，张老师说的是"归零"。他说："只有归零，才能腾出空间接纳新的东西。归零，让我们永远年轻，永远青春！"

是啊！学会"时刻归零"，学会"主动归零"。这就是张老师的优秀之道！"只有归零，才能腾出空间接纳新的东西。"说得真好！

禅师说：装满水的杯子，是倒不进新东西的。

当我们有了一些成就时，很容易自满，止步不前，那样就永远也不会提升。只有放低自己的心态，否认自我，用腾空的心去学习，才能使自己不断地进步，才能使自己持续地发展。

否认自我，是要有很大的决心的。否认自我，就是一个不断"归零"的过程；否认自我，就是再次选择新的探索之路；否认自我，就不能封闭自我，永远以学习的心态敞开自我，接受新的思想和观点。

向张老师学习，"归零，让我们永远年轻，永远青春！"

79 纷扰中的坚守

我是在不经意中当了中学数学教师的。

虽然如此，但一旦从事了这份职业，我就开始痴迷于数学，潜心于数学研究。而对于数学教育，更是热情不减。当数学老师期间，我给过自己一个暗示：和学生"玩数学"，两周内，让全班学生迷上数学。以至于现在当教育局副局长，有机会，还常常请求学校给点时间给个班级，让我和学生再玩玩数学，再和大家过把数学瘾！

我是在不经意间走上教育研究的，研究让我能站在"巨人"的肩上搞好数学教学工作，搞好班级管理工作，搞好教育管理工作。

我发现，对自己所从事的教育工作进行研究，就会有自己的思想，就不会人云亦云。因为教育工作复杂多变，涉及因素多，没有自己的思想，是很难有所创新的。

教育研究，不能纸上谈兵，要付诸行动，且研且行。要"行思并重"，达到行中有思、思中有行、行而后思、思而后行的境界，最后悟出教育之道，引领我们走近教育的真谛。

研究让教育更精彩！而坚守，让我的研究又进入了一个新的境界。

教育研究的最高境界是什么？在我看来，是研究人员走出书斋，到教学第一线摸爬滚打；是一线教师攀登教研高峰，提升自己的研究素养。不下海何以擒龙？不登高何以望远？

教育科研对于中小学教师而言，既非高不可攀，也非轻松之事。

研究起步时，困难肯定是很多的，成果是粗浅的，你如何挺进？教育教学已耗去不少精力，研究更要"殚精竭虑"，你是否能"乐此不疲"？书要教好，班主任要当好，其他工作要做好，否则你的研究有可能被人误解。不是所有的学校领导都支持教师进行教育科研的，当你所在的学校没有良好的研究环境时，你是否依然能"走自己的路,让人去说吧"?当你的论文屡投不中时,当你的论文评不上奖时,你是反思改进还是从此放弃?

研究,没有境界和远见是不行的,但仅有境界和远见是不够的,研究还特别需要坚守。成功往往在再坚持一下的努力之后来到。方向对了,坚持下去,才能达到目标;方向对了,锲而不舍,就会离目标越来越近。

我经常听一些教师说,想研究一个课题,也研究了一大半,可是在某个环节上一时"卡"住了,没能坚持下去,结果"半途而废"。我曾和一位未曾谋面的老师"斗文"。所谓"斗文",就是我发现他在某杂志上发表文章,过段时间我也在同样的杂志上发一篇,而我在某一杂志上发表文章,过段时间之后他也会在该杂志上发一篇。我们一直"斗"了好几年,后来"对手"消失了。若干年后,我巧遇这位老师,大家说起"斗文"一事,他颇有感慨地说,他没能坚持下去以致"平庸",而夸我"你看人家都出那么多本书了!"

我们的绝大多数教师,是完全可以从一般教师走向骨干教师,从骨干教师走向优秀教师,再从优秀教师走向卓越教师的。但从现实情况看,"走向卓越"的教师数量还不是很多。对此,我很想提这样一个问题:教师啊,可以走向卓越的你,为何不呢?

走向卓越,需要坚守。"骐骥一跃,不能十步,驽马十驾,功在不舍。"说的就是坚守。

坚守,是一种耐力,能否以一种顽强不屈的精神坚持去做成一件自己想做的事,往往是卓越与平庸的分水岭,因为"在这个世界,没有什么比坚守对成功的意义更大。"

80 与"现代"同行

"与时俱进"是近年来使用频率较高的一个词语,百度对这个词的解释为:"是指准确把握时代特征,始终站在时代前列和实践前沿,始终坚持解放思想、实事求是和开拓进取,在大胆探索中继承发展。"

与"现代"同行,说的就是"与时俱进"。师者也要"与时俱进"。

北师大附中朱正威老师说:"人的一生一定要与时俱进;教师的专业化成长,就是要与时俱进,终身学习。"

他是这样说的,也是这样做的。

教师要坚持与时俱进,就要不断学习吸收新知识、新概念,分析新技术、新情况、新名词,并与学生探讨,同时要对新出现的负面的东西给予批判、尽力杜绝。

教师与"现代"同行,大而言之,就是要有现代的教育理念、管理理念、教学方法、教学手段和学生评价方法,等等。小而言之,就是要有现代的生活方式,就是要学会使用现代技术产品,就是能接受新的信息,等等。

先说大的方面。

现代教育理念。教育理念是教育思想家乃至整个民族长期积淀并形成的教育价值取向的反映、体现和追求,是关于教育发展的一种理想性、精神性、持续性和相对稳定性的范型,具有导向性、前瞻性、规范性的特征。

现代管理理念。它是指从"人治"走向"法治"再走向"文治"。"文治"是靠老师进行管理,"法治"是靠制度进行管理,而"文治"是靠文化进行管理。"文治"就是以人为出发点,并以人的价值实现为最终管理目的的尊重人性的管理。尊重人,关心人,培养人,激励人,开发人的潜力,成为教育管理的关键。"人治"是没有规矩的,是弹性的;"法治"是建立规范的,是刚性的;而"文治"则是超越规范的,是柔性的。

现代教学方法。现代教学方法是为了实现现代教学目的而采用的师生之间活动的形式,是传递现代教学内容的手段,是教师引导学生学习的途径,是现代教学工作方式的总和。其特点是:以发展学生的智能为出发点,以调动学生学习的积极性与充分发挥教师主导作用相结合为基本特征,注重对学生学习方法的研究,重视学生的情绪生活,对传统教学方法适当保留并加以改造。

现代教学手段。它是与传统教学手段相对而言的。传统教学手段主要指一部教科书、一支粉笔、一块黑板、几幅历史挂图等。现代化教学手段是指各种电化教育器材和教材,即把幻灯机、投影仪、录音机、录像机、电视机、VCD、DVD、计算机等搬入课堂,作为直观教具应用于各学科教学领域。

现代学生评价。现代学生评价是"多元评价",为了实现评价内容的多元化,要整体性评价与综合性评价相结合,让评价"全"起来;为了实现评价方式的多元化,要定量评价与定性评价相结合,让评价"活"起来;为了实现评价主体的多元化,要评价主体与评价客体相结合,让评价"实"起来;为了实现评价空间的多元化,要课内与课外、校内与校外、预设活动与非预设活动评价相结合,让评价"真"起来;为了实现评价时间的多元化,要静态与动态评价相结合、过程与结果评价相结合,让评价"广"起来;为了实现个性化评价的多元化,要统一目标评价与发展特长评价相结合,让评价"特"起来。

再说"小的方面"。

比如,教师要有现代生活方式,该看的电影,去看;想追的歌星影星,可追;该旅游的地方,去游;打个牌、喝点咖啡、饮点小酒、穿得时尚一点都是可以的。人类的精神文明和物质文明,人民教师理应享受。同时,教师也应适度接触社会,了解社会,给我们的教育思想补点"维生素"。

又如,教师要尽量学会使用现代技术产品,会用电脑,会用微信,教师就多了一些与学生交流的平台。

再如,教师要尽可能接受新的信息。目前,我国教师知识结构不合理,信息面窄,缺乏对信息的敏感性和处理能力,甚至有教师不适应现代化教学的现象发生。提高教师的信息素养,促成新形势下教师角色的转换,是一个刻不容缓的问题。新生事物很多,教师要能够接受它们,学习它们。

与时俱进,每位教师都应具有学习、研究、创新的精神,以现代的理念指导教学,以现代的步伐实践新课程,争取成为一个具有现代感的、出色的教师。

81 积极适应环境

教师的成长环境包括社会环境、家庭环境和学校环境。这些环境都是客观的，是我们无法选择的，但我们可以充分发挥自己的主观能动性，去利用环境、改造环境、适应环境，使自己成为环境的主人。有的教师过分强调环境的客观性，忽视自己的主观能动性，不去积极地利用现有环境，或改造、适应现实条件，而是消极、被动地适应环境，有的甚至埋怨环境不理想，导致自己的成长经常处于被动状态。

优秀教师往往能充分发挥自己的主观能动性，在各种有利环境中卓有成效地成长，在各种不利的条件下坚持学习、研究和创新性工作，使自己能适应各种不同的环境，逆势成长。

说到"环境"，魏书生老师有句名言："少埋怨环境，多改变自我。"如果用七分的力量埋怨环境，可能不见丝毫效果，有时甚至会适得其反，助长别人的愚昧和自己的野蛮。但只要省下七分力气中的一分用来改变自己，就能使自己发生变化。埋怨环境不好，常常是自己不好；埋怨别人太狭隘，常常是自己不豁达；埋怨天气太恶劣，常常是自己的抵抗力太弱；老师埋怨学生难教育，其实是自己的方法少。人不能要求环境适应自己，只能让自己适应环境。只有先适应环境，才能改变环境。教师要常常转换角色，时时探寻积极的角色，这样就不会满腹牢骚了。

上海市一批教育科研专家，对"研究型教师的成长要素"进行了专题研究，得出了七大要素，其中第六个要素为"回应环境：对环境变化的积极应对"。

研究认为，人与环境之间存在着非常复杂的互动关系，个体对环境的回应可以简单区分为积极回应和消极回应。一般而言，积极回应者把变化看成机会，将压力转为动力；消极回应者将挑战视为威胁，以守成对付变化。

专家们对于漪、李吉林、刘京海、刘定一等20位上海名师的研究表明，研究型教师是不断挑战自我，积极回应环境的一群人。

这种积极回应表现在：第一，"春江水暖鸭先知"，他们能够敏锐地发现环境中的变化，有时还能在"风起于青萍之末"时，预见环境中的变化，从而主动做好应对环境变化的准备。第二，当环境明显变化时，他们能仔细分析，发现问题所在，并通过加强学习、提高自身素质、积极寻求支持、展开创意思维等途径，寻求解决问题之道，用自己的积极行动来适应变化，并享受这个变化的过程。第三，当发展到一定阶段时，他们超越自我，不再满足现状，试图通过扩大自身对周边的影响力，主动改变环境，使环境朝着更加有力于教育事业发展和教师团队专业成长的方向变化。

回望我自己的成长之路，我先是在龙岩一中工作，学校教学严谨但对教研相对不重视，在这种环境下，我首先做到"把书教好，站牢课堂"，再悄悄进行"教育教学研究"。当教育科研开始引起关注时，我已有多项成果了，在教研上"领先一步"。后来，我转到厦门双十中学工作，学校常规教学抓得紧，学科竞赛少，我就在带好自己的班的同时狠抓学校竞赛活动，学校学科竞赛跃上了新的台阶，我也成了厦门市数学奥校校长。

教师要积极适应环境，在积极回应中不断丰富自我，实现精神境界的提升。

82 时间巧管理

时间管理是要"经意"的。

古往今来，有许许多多劝勉人们珍惜时间的良言佳句。《汉乐府·长歌行》中的："百川东到海，何时复西归。少壮不努力，老大徒伤悲。"宋朝民族英雄岳飞在《满江红》中激昂地写道："莫等闲，白了少年头，空悲切。"苏联作家格拉宁，在其名著《奇特的一生》中的最后一章里，深有感触地说："时间同矿藏、森林、湖泊一样，是全民的财产。人们可以合理地使用时间，也可以把它毁掉。打发时间是很容易的：聊天、睡觉、徒劳的等待，追求时髦、喝酒，诸如此类，不一而足。迟早我们的学校会给孩子们开一门'时间利用'课。"这些话，字字句句，情真意切，都是说时间管理的重要性。

的确，时间管理是门大学问，我们能不经意吗？不过，有意思的是，绝大多数人没有"时间"去研究"时间管理"这门学问。

时间管理的核心，就是既要充分合理地利用时间，又要努力提高工作效率。

具体做法如下。

第一，要有计划地使用时间。时间老人有它特殊而固执的脾气，无论是谁，它每天都只给24小时，既不愿多给一分，也不会少给一秒。有计划地使用时间的人，就会干出出色的成绩；没有计划的人，就可能浪费大好时光。

这些年，我养成了"白天走、干、讲，晚上读、写、想"的工作习惯。"走、干、讲"要有计划，白天什么时候批文件、什么时候下基层、什么时候开会发言，我都大致有个计划在脑子里，这样就提高了工作效率。"读、写、想"也要有计划，晚上读什么、写什么、想什么也大致排一下，这样就敲定了晚上的工作。类似的，可以计划一周的事，一个月的事，甚至更长时间的事。

第二，要合理地安排时间。要合理地安排时间，首先要全面认识自己的时间。我的时间大体可划分为：上班时间，文体活动时间，饮食和杂务时间，晚上和双休日空余时间，睡眠时间。上班和睡眠时间一般是不变时间，回旋余地小；其余时间，是分散交叉、有较大伸缩性的可变时间。"不变时间"要"高效率"，即提高工作效率和提高睡眠质量；"可变时间"要"巧安排"，即让可以同时进行的同时进行，可以交叉安排的交叉安排，有先后次序要求的不要颠倒。

比如我喜欢游泳，虽然会耗去一些时间，但游泳的当晚就可以不洗澡了，这样又"赚"回了一点时间；又如，我练就了"一心二用"的本领，可以隔着书房听电视，一旦电视里有我感兴趣的新闻，我就出去看一会儿，这样每天"功课"照做，新闻照"闻"。

第三，要科学地利用时间。人的脑力劳动有一定的特点：一方面，脑神经的同一部位不能长时间过度兴奋，必须加以转移和调剂；另一方面，人的注意力有一个集中的过渡阶段，也不能过于频繁地转移注意力。因此，思考、操作、整理、休闲等不同特点的活动要交叉地进行，劳逸结合，节奏适当。"大时间"做大学问，"中时间"做中学问，"小时间"做小学问。

我晚上一般七点开始"读、写、想"，每隔一小时左右会"偷看"一会儿电视，看歌手唱歌、看篮球比赛等；十点钟去洗澡，权作小休息；之后继续"读、写、想"至夜里一点。长假、寒暑假可做大学问；双休日可做中学问；平时的晚上，一般做小学问。当然，有些大学问是靠每天所做的小学问累积而成的。

第四，要建立良好的工作秩序。平时要查考的工具书、资料等，要用的电脑、优盘、笔、纸、计算器、剪刀等，应放在固定的位置，需要时随手可取，切不可不用时乱丢乱扔，要用时东找西寻，浪费宝贵时间。

我的"读、写、想"状态是要用的东西"尽在身边"：一张较大的书桌，桌上就是一排书架，边上抽屉里"各有所需"，座椅左边、右边各有一个移动小书架，我的前方、左边、右边皆被资料所"包围"，工作起来"得心应手"。

第五，要尽量把握住"今天"。李大钊先生说过："世间最可宝贵的就是'今'，最容易丧失的也是'今'。因为它最容易丧失，所以更觉得它可以宝贵。"

清代有首著名的《明日歌》：

明日复明日，明日何其多！我生待明日，万事成蹉跎。世人苦被明日累，春去秋来老将至。朝看水东流，暮看日西坠。百年明日能几何？请君听我明日歌。

这《明日歌》是很发人深省的，它的姊妹篇是《今日诗》：

今日复今日，今日何其少！今日又不为，此事何时了？人生百年几今日，今日不为真可惜！若言姑待明朝至，明朝又有明朝事。为君聊赋今日诗，努力请从今日始！

"努力请从今日始"，这句话说得多好啊！把握住"今天"，就是"今日事，今日毕"。

第六，要提高单位时间的工作效率。一个人把握住了"今天"，并不意味着就得到了 24 小时内应得到的东西；利用了"现在"也并不意味着就收到了应有的效果。每个人的生物钟不同，在不同时段的工作效率也不同。我们要逐步摸索，合理安排学习、思考、娱乐、锻炼和休息的时间。这样，既提高了工作效率，又把工作和生活搞得生动活泼。

我坚持多年周三和周六晚上打篮球，每次打两小时。周三是工作日的中间点，该锻炼；周六晚上是双休日的中间点，也该锻炼。每晚的"读、写、想"，我一般是先读一小时，写作三个半小时，最后思考一小时。刚吃饱饭，先读一小时，轻松过渡一下。写了三个半小时，耗去不少精力，也已到了晚上十二点，夜深人静，便于思考。遇到身体不适或精力不足时，就可以选一些"不太费脑"的"简单活"做。比如把所写的书稿理一理，也就是在字体上、字号上进行统一，处理好行间距，把文中的所有图形编号等。

第七，要充分利用零碎时间。第八，要预见一些"可用之时"。这两点，我在本书《乘"机"学习》一文中提到过，这里就不重复了。

时间管理又要"不经意"。

我们在时间管理上也不能太"抠"，要留有空间。事实上，生而为人，要"浪费时间"的事有很多，该浪费时且浪费。

第一，基于"服务"且浪费。我担任教育局领导后，事务比较繁杂。领导是什么？有多种说法，但最经典的当属小平同志说的："领导就是服务。"若说领导者有什么职责，那就是服务，为那些使你能够成为领导者的人服务。在服务上，就要舍得"浪费时间"，主动为基层服务，为老师服务，为家长服务，为学生服务，为社会服务。

第二，基于"娱乐"且浪费。整天"勤奋"工作，容易导致职业倦怠，容易产生抑郁，要积极争取参加"娱乐"之事。工会组织的趣味活动，要参加；党支部牵头的"红色之旅"，要成行；教育系统开展的"歌咏会"，要去唱；有好的电影,要和家人一起去欣赏;单位安排的"80分大赛",更是要去"切磋技艺";哪里有灯谜展,我更是坐不住,"飞身而去"。

第三,基于"交流"且浪费。人与人之间,是需要经常交流的。交流,有学术类、友情类、沟通类,等等。多年的教学研究、参观考察、学术活动、社交往来,我结交了不少朋友,与新朋老友见面,成了我活动的内容之一。大家一起探讨问题,交流心得,研究动态,交换信息,拟定合作事项,互赠近期著作,彼此相互勉励。成长的道路上,好友就像一盏明灯,照亮我前进的路。

第四,基于"运动"且浪费。"动则有益,贵在坚持",运动能让我们保持良好的身体素质。身体素质好,就能产生充沛的精力,可以专心地、持久地进行学习和工作,可以承受繁重的创造性劳动,有利于产生积极乐观的情绪,这些都会对教育活动起到间接的推动作用。因此,在运动方面要舍得花时间。我除了周三、周六打篮球外,其余时间,只要不冲突,我就去游泳,一般是半小时内游完一千米。

第五,基于"亲情"且浪费。亲戚在于走动,越走越亲。看父母,看长辈,尽孝心。孝不是数以万计的金钱,孝是长辈生病时的一杯开水。尽孝宜早,孝应在今天去体现。关心小孩、关心晚辈,体现爱。爱即播种,爱即沟通,爱即给予。当然,我们应当智慧地爱、艺术地爱,而不是糊涂地爱。多与兄弟姐妹沟通,和他们一起成长,今后的路还要携手前行。亲友的事,要尽可能地关心,尽可能地帮助,至亲是一方有难八方支援,亲情是一种幸福,一种快乐。亲情需要彼此精心呵护,相互宽容与理解。

第六,基于"家务"且浪费。事业,是我们不断发展的基础;家庭,是我们疲惫时休憩的港湾。只有事业,不算真正的成功,因为无人与你分享;只有家庭,不算幸福,因为缺乏个人价值。但"家务"之事多且杂,与家人宜妥处。我家的做法是"分工明确",我干重体力活,她干轻体力活;我主外,她主内。教育小孩,我重理性、方向的引领,她重德行、行为的把握。家庭议事原则,"小事多通气,大事常商议,重大问题找亲戚(即多方征求亲友意见)。"

不知说"走题"了没有。

其实"经意"与"不经意",似有"知足知不足"的哲学意蕴。

太"经意",就会让"时光凝固";太"不经意",就会任"时光飞逝"。"经意",让我们理性做事,年华不虚度;"不经意",让我们感性做人,生活不僵化。我的时间管理,在"经意"与"不经意"间走向了和谐。

因为"经意",所以收获。工作总体效率高,研究又有新进展,著述与年俱增,虽然行政公务繁杂,我仍然一直活跃在教育教学及学术领域。

因为"不经意",所以很洒脱。球照打,泳照游,牌偶玩,酒偶喝,择机游山,顺道玩水,朋友广交,亲戚常走。

"经意",是充实,是收获,是成功,是事业之应然;"不经意",是调节,是闲适,是享乐,是人生之必然。

时间管理,"经意"与"不经意",一切尽在自我认识、自我把控中。

"经意"就像江河之主流,"不经意"就像其支流。生命之舟,穿梭其间。行走在主流中时,不忘到支流一行;行走于支流间时,勿忘回归主流。只要胸怀"主流",生命之舟就不会迷失航向。

83 学会"弹钢琴"

国家处于转型时期，中学教师作为特殊的群体，承受着多方的压力，面临着巨大的考验。教育体制的改革与创新，教育岗位的竞争，聘任制，量化管理，课改挑战等，无一不使教师在知识经验、教学能力和心理素质等方面不断透支。教师工作量大，教育琐碎事务多，造成教师心力交瘁，导致职业倦怠。

教师一旦陷入职业倦怠的泥潭，将会对教学工作和日常生活产生严重冲击，有损身心健康，进而影响自己和周围人的工作、学习和生活。

要改变社会大环境对教师的压力，我们很难做到。但作为一所走向文化管理的学校，我们试图改善学校小环境，努力营造促进教师和谐发展的学校文化。

面对如此繁重的教育、教学、教研等任务，"弹钢琴"是教师必须掌握的"师者智慧"。

- 弹好教育与教学之琴

教育，在这里指学生的思想品德教育。做班主任，只有抓好学生的理想教育、常规教育、心理教育、班风学风等，才能带好一个班或一个年级。教学，就是学科教学活动，包括必修课、选修课、活动课等。如果担任班主任，就要充分利用班主任的优势促进学科教学。如果暂时没当班主任，就要抓住时机争取在教学上冒尖，成为教学专家，一旦需要你当班主任时，就能以娴熟的教学技能赢得学生的信任，助你当好班主任。

- 弹好教育、学习、研究之琴

"师者，所以传道授业解惑也。"教师是学生成长的引导者，是学生成长的促进者，是学生成长的对话者，新课程下，教师要成为教学的专家。教师是知识的学习者，是学习共同体的参与者，是学习型组织的推动者，更应当成为终身学习者。新课程下，教师要成为学习的楷模。教师还要成为教育的研究者，既有教育教学技能，又有理论修养，同时还具备研究能力。教育重实践，学习宜长远，研究促提升，教师在不同的发展时期有不同的侧重，要处理好三者的关系，有侧重地同步推进。

•弹好人格与学识之琴

教师的人格是其思想、道德、举止、风度及能力等众多因素的综合。教师人格是学生成长的重要保证，是教育成功的基本条件，是教师自我完善的最高境界。学识水平是教师已有知识、技能和再学习能力的总和，在一定程度上标志着其思想、理念的深刻度及技能水准。教师的学识对学生有着巨大的影响力，是学生效仿的榜样。一个优秀的教师，必然是人格魅力和学识魅力兼备的教师。

•弹好合作与竞争之琴

合作与竞争都是人类社会所必需的，是人类社会发展的重要动力。两者互相联系，又互相区别，其功能不可互替。一方面，有效地利用其他教师的智慧，采用开放性的教研方法，在紧张的教学工作中是非常有益的。每个人都有自己的优点和独特的思维方法，只要善于同他人交流，你就会从中学到很多东西。另一方面，在紧张的教育教学竞争过程中，合作就显得更加必要与重要，这个时候往往会显示出一个人的胆识与才智。合作，既帮助了他人，又有益于自己，何乐而不为呢？这就是"双赢"。

•弹好工作与健康之琴

我们强调激情工作，因为激情是生活中一道独特的亮丽的风景。激情是人生的动力之源，它能使一个人的生命时刻处于锐意进取的状态当中。激情会使你卓越的潜能充分显露，使你出色的个性得到张扬，使你丰富的才情得到升华。做让人民满意的教师，这是师德的基本要求，但身体是事业的本钱，一旦失去了这个本钱，任何人都回天无力。因此，教师也要树立"健康第一"的思想。因为，追求健康，就是追求文明进步。

● 弹好事业与家庭之琴

　　事业，是我们不断发展的基础；家庭，是我们疲惫时休憩的港湾。对一个人来说，没有家庭的人生是不完整的人生，没有事业的人生是苍白的人生，事业和家庭这二者都是非常重要的。一个真正的成功者应该既有成功的事业，又有幸福的家庭，二者缺一不可。没有幸福的家庭生活的事业和没有成功事业的家庭生活同样都是不完美的。教师，尤其是女教师，弹好事业与家庭之琴，尤为重要。

84 沉得下去

"只有踏踏实实地沉下去，才能潇潇洒洒地浮起来。"

我曾经给一位高三毕业刚考进大学的学生写下上述这句话。这位学生平时学习不是很踏实，因而高考成绩不是很理想，没能考进自己心目中的大学。他看了我的题词后，脸红了一阵，点头铭记。他一改不踏实的习惯，在本科阶段踏实学习，最终考上心仪的大学的研究生，后来又继续读博，走上科研之路，取得多项科研成果。

学生学习如此，教师发展亦然。"静下心来教书，潜下心来育人"，就是这种境界的体现。

管建刚老师在《不做教书匠》一书中，就有"成长需要耐得住寂寞"一小节，这里摘录几句，以警醒大家。

>　　成功是要讲究储备的。真正的成功路遥远而艰辛，只有储备充足，走的路才远，胜算的把握才大。……人的成功是一种自我价值的实现。这种自我价值的实现是艰辛的，是一个人勤奋努力地工作，用自己的能力干出一番周围人认可的业绩，并获得大家尊重的过程。谁都无法跳越"艰辛"。如果你想跳过这个"艰辛"，你得到的，最多是表面的尊重，背后却是不屑和鄙视。用自己的力量成长，既要经得住教育探索的艰辛，又要耐得住教育研究的寂寞。一个真正的教师，他会沉浸在别人以为的寂寞无聊中，乐此不疲，像周国平先生所说的"丰富的安静"。在我看来，不管是太空年代，还是新新人类时代，教育都要拒绝浮躁，都要静下心来。任何虚浮的行为，只能导致教育的失误乃至失败。
>
>　　一个人的成长必须要耐得住寂寞，学会享受寂寞，这样才能把基础打好。……

成长需要忍耐,全世界的人都看得到运动健儿在奥运会上的荣耀,但是,又有多少人看到了他们背后所付出的、常人难以忍受的艰辛与寂寞呢?

沉下去,要"安于平凡,不甘平庸"。

安于平凡,就是要安心于自己的日常教学工作,在自己平凡的教学岗位上,踏踏实实学习,踏踏实实教书,踏踏实实研究,踏踏实实做人。从基础性工作做起,在平凡的教学岗位上,干出不平凡的业绩来。

平庸,是平平庸庸,碌碌无为。它与平凡有本质上的不同。平凡是就工作性质而言,平庸是就作为而言。平凡的工作是可以大有作为的;而若是平平庸庸,工作岗位再好,不思进取,也会一事无成。教育是一种育人的事业,只要肯学习,能创新,就能做出骄人的业绩来。安于平凡,就是要沉下去;不甘平庸,就是力争浮起来。名师之路,平凡而又充满奋斗。

沉下去,要"立足长远,持之以恒"。

机会总是垂青有准备的人。教师的功底和才华是其持续发展的内因,而教师的教育信念是其持续发展的精神力量和支柱,敬业精神使教师发展更加持续且长久。由于缺乏面壁十年的耐心,缺乏十年磨一剑的意志,缺乏设立一个高标准并朝着目标不懈努力的敬业精神,从而使一些即使功底和才华出众的教师也"泯然众人矣"。

立足长远,持之以恒,可以使功底扎实,可以使才华得到长足的发挥。成功的奥秘就在于立足长远、持之以恒的积极心理准备之中,这就是"名师之所以成为名师,是因为他们努力要成为名师"的道理。

沉下去,要"身在其中,心在其外"。

沉下去,做最基础的工作,做最平凡的事情,融进教育教学改革的热潮里去。但"身在其中",不能只是"埋头拉车",还要"抬头看路"。在教学第一线,可以有丰富的教育教学经验、熟悉的教育对象,可以了解教育教学的主要矛盾所在,了解学生的学情,可以掌握教与学的现状,掌握诸多的第一手材料。

"心在其外",就是要思考一线教育教学问题。优化教学过程,就是要把实践纳入研究的轨道,在工作中完成研究,在研究中促进工作。这种思考和研究,都是建立在学习基础之上的,唯有不断学习,才能思考得深,才能研究得实。不学习,心怎能在其外?

85

欲静能静

郑杰在《给教师的一百条新建议》一书中所提出的第二十三条建议是"教师要有静气"。在他看来："教师要的是静气，就是要静下心来备一堂课，静下心来批每一本作业，静下心来与每个孩子对话；静气就是要静下心来研究学问，静下心来读几本书，静下心来总结规律，静下心来反思自己的言行和方式，以便更好地超越自己；静气就是要静得下来细细地品味与学生在一起的分分秒秒，品尝其中的乐趣，品味其中的意义。"

说得真好！浮躁社会需要沉淀书生本色，静气就是一种书生本色。

我们说激情是敬业之魂，教师对教育要充满激情。激情和静气是不矛盾的，该激情时要激情，该静气时当静气。激情更多的是在课堂上，在与学生的交往中；静气更多的是在独处时，在倾听时。这也许就是教师的"动静分明"。

教师欲静能静，首先要练就静功。

教育发展需要教师安于本职、潜心钻研、积累经验、日臻成熟，成为具有教育智慧的人；教师专业发展需要教师安于寂寞、乐于进取、勇于奉献、善于施教，成为具有教育技能的人。如此，教师才能静下心来教书，才能潜下心来育人。

静下心，看似是一种状态，实质是一种境界，一种修养，一种矢志不渝专心于教育的精神品质；潜下心，看似是一种行为，但它更是一种习惯，一个准则，一个走进学生心灵、涉入科研领域、漫步课堂教学的基本要求。

练就静功是一种境界，是教师走向优秀的一项基本素质。

教师欲静能静，其次要淡泊宁静。

淡泊，作为一种人生态度，体现了一种超脱，是一种人生境界。所谓"非宁静无以致远，非淡泊无以明志"，深刻地表现了豁达与超脱——不为眼前功名烦恼，安心做好自己的本职工作，以求精神的充实与宁静。

清静是一种平和的心态，是对各种变化的认可和适应。清静有助于精神达到真正的放松，有助于激发灵感，有助于人的灵魂净化和境界提高，有助于达到忘我状态。

教师要努力去适应环境，保持淡泊宁静的心态，耐得住寂寞，清淡无欲，平淡对得失，冷眼看繁华，得意之时淡然，失意之时泰然，在平凡中明确自己的志向，于静默中献身教育。

教师欲静能静，再次要宁静致远。

宁静，不仅仅是走出浮躁，不仅仅是忍受孤独，还要在宁静中储备远行的"干粮"，在宁静中制造远行的"猎枪"。

读了《在"积极孤独"中成长》一文，我很欣赏朱国忠和陈志祥老师的见解：

教育教学是个内在的事业，需要内在的神韵与智慧，需要在冷静的沉思和客观的审查中不断地进行自我调整。新课程赋予我们的教育生活以更多的不确定性，于是我们时常要拐弯，要爬坡，甚至还要回头。这就需要我们每日都要有相当的时刻保持内心的孤独——孤独地思考与追问，孤独地寻觅与探究。

……

我们应该崇尚一种"积极孤独"——在教师团队全面合作的基础上，自觉追寻用于守望自我的澄静的人生境界，苦心创设用于搜索自我的本真的生存方式。它指向于教师的个人专业成长，对个人专业成熟具有成全的价值。对于有所追求的教师来说，其应该有正确的"孤独观"：去除浮躁与忙碌，去除从众与功利，悦纳积极的孤独；守住孤独，感恩孤独，持续孤独，适时孤独。只有清心寡欲，守望自我，不为世俗所染，才能够集中精力于自己所从事的教育工作，才能成就自己、成就事业。每位教师只有拥有一份孤独的情怀，才能为教育建起一道无形的篱笆，保持一种率真的勇气和向善的本性，时刻把关心人的成长作为教育的一种追求。

这种"积极孤独"所积蓄的力量，就是师者远行的力量。

86 健康第一

朱永新教授的《我的教育理想》，是我近年所读的最好的教育著作之一，是一部融理性、激情和教育哲学于一体的具有创新精神的力作。这本书在教育的理念中融入了诗的语言，将追求理想的激情弥漫在铿锵的旋律里，让内在的哲学思辨流淌于动人的呼唤中。

其中，"我心中的理想教师"一章提出了九个"应该"，我把这九个"应该"打印出来，贴在办公桌前，可以不时地提醒自己。

我心目中的理想教师，应该是一个胸怀理想，充满激情和诗意的教师；应该是一个自信、自强，不断挑战自我的教师；应该是一个善于合作、具有人格魅力的教师；应该是一个非常尊重他的同事，非常尊重他的领导，非常善于调动帮助他成长的各方面因素的教师；应该是一个充满爱心、受学生尊敬的教师；应该是一个追求卓越、富有创新精神的教师；应该是一个善于学习、不断充实自我的教师；应该是一个关注人类命运，具有社会责任感的教师；应该是一个坚韧、刚强，不向挫折弯腰的教师。

一日，我从医务室了解到前不久学校例行组织教师体检，发现不少教师有这样或那样的毛病，我希望工会能组织教师们积极锻炼身体，同时广大教师也应树立"健康第一"的理念，自觉锻炼身体。我忽然想到可以借朱永新教授"我心中理想的教师"中的"应该"来提醒和教育一中的老师，于是，我立刻回到办公室，在九个"应该"中查找。

我找到了吗？我认真看了好几遍，没找到，有点遗憾。当时，我就想，再加一个"应该"——应该是一个积极锻炼身体、注意调节情绪，身心健康的教师——就"十全十美"了。

后来，我又读了一本类似的书——管建刚老师写的《不做教书匠》。书中共有八章，分别是：做一名有方向感的教师，做一名有约束感的教师，做一名有责任感的教师，做一名有上进感的教师，做一名有奋斗感的教师，做一名有专业感的教师，做一名有亲和感的教师，做一名有智慧感的教师。我惊奇地发现，这"类似的好书"也患了个"类似的小毛病"——不谈健康！能否加写一章：做一名有健康感的教师？

　　近又读一文，感触很深。作者把工作、健康、家庭、朋友、心灵比作五个球，说这五个球只有一个是用橡胶做的，掉下去会弹起来，那就是工作。另外四个球都是用玻璃做的，掉了，就碎了。文章最后写道："五个球都是生命的重要组成部分，而在竞争日益激烈的今天，我们常常因工作之球的高速运转而忽略了其他，忙碌常常成为再合适不过的借口。我们也许无法让生命之球尽善尽美，但我们可以用我们的心，用我们的手，悉心调配生命之球，在工作的同时，让身体健康，让家庭和睦，让朋友幸福，让灵魂高尚。"

　　《中国教师缺什么》一书把中国教师"缺乏健康"列入其中，在这一章节的标题下有这么一段文字："当前的中小学教师队伍让我们担忧——不是他们缺乏敬业精神，也不是他们缺乏专业修养，而是他们的生存状态。"的确，许多教师存在健康问题，不少教师存在心理问题。

　　教师的健康是孩子们能够顺利健康成长的前提和保证，教师的身心都不健康了，学生的全面健康发展又何从谈起？不仅如此，教师更重要的角色是人，而不是神，他也有自己的生命价值和需要。

　　身体好是工作好的基础，是学习好的前提，这是每位优秀教师必须明白的人生道理。

　　有人说，健康是1，事业是0，有了健康的1，0才有意义和价值；有了高质量的1，0越多，意义才越大，价值才更高。这是很有道理的。

　　人的一生，应当是运动的人生。积极参加体育锻炼，有益于增强体质，磨炼意志，振奋精神，同时还可以培养团队精神，培养合作与竞争意识，调节人的脑力活动和体力活动。体育是素质教育的重要组成部分。

　　健康是一个人最基本的财富，养成体育锻炼的习惯，坚持体育锻炼，是获得这种财富的有效途径。我希望，每个教师都能牢固地树立"健康第一"的思想。因为健康是你的权利，是你的尊严，也是你的财富。我希望，每个教师努力做到"每天锻炼一小时，健康工作五十年，幸福生活一辈子"。

87 规划教育人生

教师的职业生涯，是与教师本人在学校教书育人的一系列活动相关联的职业经历。如在学校从教经历、教研活动中教学经验的丰富、教育理想和愿望的实现，以及得到学生与社会的认可、尊重，等等。教师职业生涯会对环境条件做出反应，支持性的、鼓励性和援助性的环境能帮助教师追求有益和积极的职业进步；反之，环境冲突和压力，会对职业生涯产生负面影响。

教师职业生涯目标的抉择与其实现的程度和结果，关键在于教师是否愿意承担一种积极进取的责任，是等待时机来临还是自觉努力，是否坚持不懈地追求，还在于其追求的目标是什么。

教育是培养人的工作，这项工作要求教师必须为人师表。因此，教师职业生涯计划的本质，与其说是业务方面的专业发展，不如说是教师个人德性的成长。一个职业生涯获得成功的教师，教学工作在其生命价值中几乎占有举足轻重的地位，因为他们对教育事业的痴迷与奉献，不仅是生命价值的体现，而且更是人生幸福和快乐的源泉。在职业生涯中能够体验到幸福和快乐的教师，应该说已经到达了一个成功的人生境界，一个自主发展的境界。

严格意义上的职业生涯设计，可以在专家的指导下进行，也可以找些书来学习。当然，作为教师，找一本有针对性的书，读起来会省事一些，如《职业规划——自我实现的教育生涯》就是一本不错的书。

有一些学校还制定了《教师职业生涯发展规划书》，大致内容如下。

（1）题目：包括姓名、年限、年龄跨度、起止时期。例如：任勇五年教育职业生涯规划，2003年9月—2008年9月，45岁—50岁。

（2）职业发展及总体目标：指职业发展方向和当前可以预见的最长远的目标。

（3）社会环境分析结果：包括对政治环境、经济环境、法律环境的分析，还包括职业环境分析。

（4）学校分析结果：包括行业分析，对学校制度、学校文化、学校管理者、学校品牌和服务、办学理念等的分析。

（5）自身条件及潜能测评结果：个人目前状况和发展潜能。

（6）角色及其建议：记录对自己职业生涯影响最大的一些人的建议。

（7）目标分解及目标组合：分析制定目标、实现目标的主要因素，通过目标分解和目标组合的方法做出果断明确的目标选择。

（8）成功的标准。

（9）差距：即自身现实状况与实现目标要求之间的差距。

（10）缩小差距的方法及实施方案。

未来教育在课程的目标、结构、内容、实施、评价和管理等各个方面都有创新和突破，给教师提出了更高的要求，教师面临着新的挑战和机遇。因此，教师必须根据教育理念，重新制定或调整职业规划，以尽快实现教师角色的转化。换言之，未来教育更需要教师职业规划。

我在厦门一中担任校长时，学校每年都要进行新教师培训，包括新调入的老师和新毕业招聘来的老师，每次都安排我讲半天课，而我都讲《成为名师：从自然到自觉》，其实讲的主要是教师的职业规划，只是我更希望厦门一中的老师们，能更多的成为名师，能更自觉地向名师方向努力。"自觉"，实质上就是一种高层次的规划。因为我认为，自我实现是教师职业生涯的追求。

《成为名师：从自然到自觉》的结束语是这样设计的：

成为名师，是梦想吗？不是，有梦的教育更精彩。成为名师，靠自然吗？不好，自觉也许更好些！

追梦吧，只要我们还有梦，我们就会不断地前行。自觉吧，只要我们能自觉，我们就会一步步走向成功！愿梦想成真，愿自觉成功！

顺便说明，我担任厦门市教育局副局长后，这个讲座就成了全市新教师培训的讲座了，我也对讲座稿进行了充实、修改，定名为《走向卓越：为什么不？》。

回想我自己成长的道路，早年是根本没有什么职业规划的，只是在许多关键时刻有良师指点，所以我在给良师写贺卡时说"师指一条路，烛照万里程"。

我有时在想，要是关键时刻没有良师指点，我的发展就不会那么顺利。要是当时自己会设计职业规划，那就会更稳妥地取得教育教学的最大值，就会更主动地发展。

厦门市进行课程改革培训时，厦门市教育科学研究院请我就教师专业发展讲一个专题，我想了想说，就讲《走向卓越：为什么不？》。

当我就走向卓越之"名师观"、走向卓越之"教学观"、走向卓越之"课程观"、走向卓越之"育人观"、走向卓越之"学习观"、走向卓越之"教研观"、走向卓越之"发展观"、走向卓越之"境界观"展开讲座后，老师们兴奋不已，皆有走向卓越的决心。我设计的结束语的最后一句为：走向卓越：为什么不！开讲时的问号，此刻变成了感叹号。

"我的未来我做主"，老师们，设计自己的教育生涯，"自觉"地追求卓越吧！

88 善于合作

说到课程改革,说到教师发展,我们都会提到这样一个词语——"同伴互助"。同伴互助,是指在两个或两个以上教师间发生的、以专业发展为指向、通过多种手段开展的,旨在实现教师持续主动地自我提升、相互合作并共同进步的教学研究活动。

同伴互助,说到底,就是教师的有效合作。一个优秀的教师,一定是善于合作的教师。我们知道,一个人走得快,一群人走得远。优秀教师,时而要一个人走,"积极孤独",不断提升自身水平;时而要跟一群人走,"积极融合",在团队中成长。

善于合作,有何作用?

其一是心理支持。当你遇到教育难题时,大家共同来面对,"众人拾柴火焰高",你的心理压力就会减轻,困难往往会迎刃而解。

其二是榜样精神。教师之间的合作精神,会感染学生。看到老师们如此友好合作,就能在学生中也形成合作学习的文化。

其三是汲取力量。个人的努力固然重要,但没有集体的力量和智慧,个人的成功就会打折扣。个人应当把自己融于集体中,发扬合作精神,与集体共辉煌。

其四是资源共享。"赠人玫瑰,手有余香。"你提供一方面的资料,他提供另一方面的资料,综合在一起就可以实现资源共享。

其五是增强动机。与同事精诚合作,我们会得到及时的鼓励和支持,得到鼓励和支持的教师,就能积蓄新的正能量,向着更高更好的目标奋进。

其六是拓宽视野。与他人合作,就能得到更多的信息,教师的视野才会更加宽阔,在相互研究、探索和实践中,我们的教育就渐渐回归了它的本质。

教师不仅要和同学科的教师合作、交流,还要与不同学科的教师合作、交流。同一学科的教师,往往思维趋同,而与其他学科的教师交流,往往会带来新的灵感。

教师不仅要和同年级的教师合作、交流，还要与不同年级的教师合作、交流。小学有高段、中段、低段之分，中学有高中、初中之分，九年一贯制学校的跨度就更大。通过跨年级合作与交流，教师可以了解较完整的教育。

教师不仅要和本校教师合作、交流，还要与外校教师合作、交流。不同区域间的教育理念、教育实践的差异有时还是比较大的，跳出本校看教育，你会发现"外面的世界很精彩"。

同样的教材，不同的教师在进行教学内容处理、教学方法选择、教学整体设计等方面的差异是明显的，这种"差异"就是一种宝贵的教学资源。教师之间的合作交流，就能相互启发、相互补充、相互借鉴，实现思维、智慧的碰撞，从而产生新的思想。

未来社会，将是一个充满激烈竞争的社会，教师之间的竞争，虽不像企业那样直接，但也是无法回避的。未来社会其实也是一个合作的社会，换言之，未来社会将是一个竞争与合作并存的社会。从某种意义上讲，许多时候合作比竞争更为重要。

善于合作的教师，就为自己在事业上开辟了又一条宽广之路。切记，"我们"比"我"更重要，"我"怎可置于"们"外。

89 竞而不争

一只河蚌正张开壳晒太阳,不料,飞来了一只鹬鸟,伸嘴去啄它的肉。河蚌急忙合起两张壳,紧紧地钳住鹬鸟的嘴巴。鹬鸟说:"今天不下雨,明天不下雨,就会有死蚌肉。"河蚌说:"今天不放你,明天不放你,就会有死鹬鸟。"两个谁也不肯松口。这时,一个渔夫走过来,不费吹灰之力就把它们一起捉走了。《鹬蚌相争》这则寓言形象地说明了鹬蚌的竞争意识有多么强烈,拼着自己与对手同归于尽,也不想让步。

在双方有共同利益的时候,人们往往也会优先选择竞争,而不是选择对双方都有利的"合作"。这种现象,被心理学家称为"竞争优势效应"。

当今社会是一个激烈竞争的社会,物竞天择,适者生存。竞争,是每一个人赖以生存的法则。慢进则退,不进则亡。一个人只有增强自己的竞争实力,才能塑造成功的自我。

在学校管理中引入竞争机制,能强烈地刺激每位教师的进取心,使广大教师力争上游,发挥出最大潜能。竞争,让事业充满活力,充满生机,充满创新。

只有平庸的人才害怕竞争。我担任校长时曾用过这样的语言去激发教师的斗志,引领广大教师在危机和挑战中崇尚一流,追求卓越,"做更好的自己"。

但我发现,真正优秀的教师,还具有一种超越竞争的气度——竞而不争。

我的这种发现,竟然和汤勇先生的观点不谋而合!他在《竞而不争是最高境界》一文中讲了一个"天堂鸟的故事"。

天堂鸟生活在南太平洋热带丛林中。雌性天堂鸟的外形并不引人注目,但是雄性天堂鸟却拥有五彩斑斓的双翅,被称为世界上最美的鸟儿。每到求偶季节,雄性天堂鸟要做的不是与同类进行厮杀争斗去赢得爱情,而是以自己优美的舞姿来获得认可。与此同时,其他的雄鸟也会在这只雌鸟的视线内,翩翩起舞。面对同一目标,竞争对手们只竞不争,它们只依靠展示自己的实力与魅力来一较高下，赢得胜利。

　　天堂鸟的这种竞争是美妙、优雅的，是和平、和谐的，这应该能给我们许多启示。

　　我们的教育为什么不能走向"展示"呢？我们的教育应当在让竞争的优点最大化的同时，尽量让竞争的弊端最小化。

　　每个人都有自己的优点和独特的思维方法，只要你善于同他人交流，就会从中学到很多东西。在紧张的教育教学的竞争过程中，合作就更显得十分必要与重要，往往在这个时候，能够显示出一个人的胆识与才智。合作，既帮助了他人，又有益于自己，何乐而不为呢？这就是"双赢"。

　　竞而不争，无意争"锋"自成"峰"。

巧借外力

辩证唯物主义观点告诉我们，外因是变化的条件，内因是变化的根据，外因通过内因而起作用。优秀教师的成长，内因起主要作用，但我们不能否认外因的影响作用。

教师要学会利用外部资源和条件，巧借外力，发展自己。

• 借领导之力

就校内来说，有学校校级领导、中层领导、年段长、教研组长等；就校外来说，有教育局领导、教科院或教研室领导、学术团体领导等。教师首先要努力提高自身素质，敬业精业，做人以诚，做事以毅，得到领导的赞同。其次，要抓住机会，充分表现自己，赢得领导的好评。如抓住评优课、创新课、学术研讨会、课题论证会、即兴发言、领导慰问等机会，展现自己有优势的一面，给领导留下良好的印象。最后，教师要处理好与领导的关系，维护领导的形象，不随意评价领导，适时向领导汇报工作，适度赞美领导，与领导保持适当的距离，给领导提出具有参考价值的建议，与领导保持一定的感情交流。

• 借同事之力

俗话说："单丝不成线，独木不成林。"德国哲学家叔本华说："单个的人是软弱无力的，就像漂流的鲁滨逊一样，只有同别人在一起，他才能完成许多事业。"这就是"众人拾柴火焰高"的道理。同事之间能够在一起合作共事，是一种缘分，应该以诚相待，以和为贵，这样大家才能在良好的氛围中共同成长与进步。优秀教师是善于向同事学习的教师，可以向名师学习，也可以向一般教师学习；可以向本校教师学习，也可以向外校教师学习；可以向年长的教师学习，也可以向年轻的教师学习，取人之长，补己所短，改进教法，不断提高自身素质和教学水平。遇事，特别是遇到重大问题，大家一起商量，请同事们多谈自己的看法，相互交流，彼此合作，分享经验，分享智慧，化解难题。

•借朋友之力

"千里难寻是朋友，朋友多了路好走……千金难买是朋友，朋友多了春常留。"这首《永远是朋友》的歌词片段，告诉我们"朋友"在人的成长和发展中的作用。开放时代的教师，不要把自己禁锢在自我的小天地里，适度结交好友，不仅能让你增长见识，活跃思想，激活思维，还能得到亲人、长者、领导和同事所不能给予的东西。今日之交友，可以与身边的人交朋友，也可以从网络中寻友，如通过博客、QQ等交友。当然，网络交友应谨慎。我们可以通过教育培训活动、学术会议活动交友，也可以在同乡会、联谊会、共建单位中结识新朋友。总之，教师不要错过交好友的机会，珍贵的友情也许是最"给力"的。

•借家长之力

家长的教育资源是丰富的。由于家长涉及面广，几乎各行各业都有，利用得好对教育工作是十分有益的。可以通过家长会、家长委员会、家长学校等形式，做好家校共育工作；可以请事业有成的家长，作"成功之路""阅读的境界"之类的报告，帮助学生树立远大志向，激发学生为学习拼搏的豪情；可以请从事有关医药卫生（包括心理医生）方面工作的家长，帮助做好学生疾病防治，进行心理辅导、咨询和矫正等工作；可以请在高校工作的家长，为学生介绍高考专业设置及发展前景；还有更多的家长，可为学生提供参观、学习、实践等场所，让学生接触社会，开阔眼界。此外，教师工作做得好，家长会真心诚意地宣传你，他们就是你良好的口碑。

•借学生之力

一个优秀教师，往往也是一个会"偷懒"的教师。教师"偷懒"，大多是借学生之力，要主动培养学生各方面的能力。其实，学生主持会议，并不比老师主持的差；学生处理网络问题，常常超越老师；学生进行励志演讲，也许比老师讲得好。放手让学生管理班级，班级会有一种新景象；放手让学生当"小先生"，改变一下教学形式，就能极大地调动学生的学习积极性，学生上课会比平时更认真。还可以让学生命题,让学生改错,甚至让学生管住老师的某些陋习(如爱吸烟、易发怒等)。当学生成为学习的主人时,其综合素养也会得到极大的提升。

个人的能力终归有限,依靠外力的帮助,就能达到"好风凭借力,送我上青云"之效。

91 争取单位的支持

优秀教师的成长，除了家庭的支持外，往往还需要得到单位的支持。教师的工作单位（学校或教研部门等）与教师的成长和成功关系非常密切。

单位成员的关心支持，温馨备至。

许多优秀教师在回忆自己的成长经历时，总忘不了单位同事和领导对自己一贯的关心和支持。李吉林老师在刚参加教育工作的第二年，由于表现突出，学校便向市教育局推荐，让她到省教育厅参加小学教科书、教辅资料的编写工作，使她有机会接触到省里的一些领导和专家，这对她后来的成长与成功不无影响。

孙双金老师特别难忘的是，在他工作后不到三个月，学校让他正式登台上教学公开课。公开课教学之前，校长要求他在全体教师面前"空试教"（即没有学生在场的一种试教）。台下四十几位老师都听得那样认真，俨然四十几位严格的评委。每当他讲完一个环节，下面的校长和老师就一起评论。校长和老师的评论都是那样的诚恳、真挚，其中有鼓励，更多的是指正，使他成功地完成了此次公开课的教学。孙双金满怀感慨地说："自己后来之所以能在各类赛课中屡屡夺魁，还真的要感谢当年的领导和老师呢。"

单位文化的熏陶影响，润泽成长。

这里说的单位文化，主要是指在单位里的观念、制度文化，同时还指弥漫在单位里的学习、研究氛围。正是这样一种观念、制度文化，这样一种浓郁的学习、研究氛围，造就了单位成员的成功，促使单位成员中杰出教师的涌现。于永正老师调到徐州市鼓楼区教研室工作后，结识了一批同样爱好小学语文教学研究，并具有一定造诣的名师，他们组成了一个"教学沙龙"，经常在一起碰头，相互交流。在交流中，他们相互碰撞、相互启发，共同增长见识和智慧。

1984年，我在龙岩一中任教时，根据心理学对智力的阐述开展对趣味数学与智力发展的研究,在班级里进行实验后,撰写了《趣味数学与智力发展》一文,很快被华东师范大学主办的《数学教学》刊用,这是我的处女作,我兴奋、激动,感到了自己的力量。学校教研室主任送来十元钱,说学校鼓励老师们著书立说,在杂志上发表论文奖励十元,在报纸上发表论文奖励五元。一所山区学校,如此重视教师进行教育科研,这在当时是绝无仅有的。我的教育研究之路,就是从那时起步的。

单位导师的指导引领,砥砺前行。

"名师出高徒"是就整个社会层面而言的,就教育领域而言,也可以说成是"名师出名师"。名师荟萃的学校,往往能培养和熏陶出新的一代名师。即便是一所名师不是很多的学校,一般教师如果能得到有经验的老教师的指导,能虚心求教,崇尚导师的人格和学识修养,勇于创新而不守成,也必能逐步成为经师、成为优秀教师。

如果你给导师留下好的印象,导师信任你的为人,赏识你的才华,就一定会循循善诱地给予指导而不保留。比如于漪老师,这些年来她致力于当教师的教师,来自全国各地的多名年轻教师,在她的帮助下成为教学骨干力量。她还注重引导学员之间彼此学习,取人之长,补己之短。为了让青年教师尽快成长,于漪首创了"师徒型人才链"的带教方法,师徒传承,人才辈出。程红兵、陈军、王静波、王缨、谭轶斌、朱震国等知名的教学能手都是于漪的学生,他们有的已被评上特级教师,有的多次在全国的教学大赛中获奖。于漪老师的带教已经超越了"单位"的界限。

不管怎么说,工作单位是名师实现人生价值的"竞技场",是名师成长成才的"加速器"。

92
得到家庭的支持

人们在谈论优秀教师的成长因素时，往往会忽略掉一个方面，那就是优秀教师的成长在很大程度上都离不开家庭的影响与支持。

有句话说得好："在成功的男人（或女人）背后，都有一个默默支持他（她）的女人（或男人）。"这句话也可以这样说：在成功者的背后，一定可以寻找到其家庭成员，尤其是配偶所作出的贡献和牺牲。我觉得对女教师来说，家庭的影响就更为重要了。

著名数学特级教师李庾南有一次要上公开课，她爱人正好患了急性阑尾炎，痛得很厉害。一大早，李老师准备先送爱人去医院，可她爱人一再不肯，强忍着痛一个人去医院检查，并且要李老师安心地去上课。就在那天，当李老师站在讲台上上公开课时，她爱人却躺在医院的手术台上做手术。直到李老师上完课去医院看望他，他还一再安慰李老师"没关系"。每当讲起这些，李老师总是动情地说："家庭对我的支持太重要了，我生活在这样的家庭中，我觉得很幸福，很幸运！"

我们再来看两个例子。

媛是一位很有潜质的骨干教师，她的丈夫也事业有成。她丈夫看到她当教师这么辛苦，就劝媛工作别那么认真，教学过得去就好。媛想"女人就是女人"，事业是男人干的，于是她开始应付工作，变得消极怠工，再后来就三天两头请假，先进不要了，职称无所谓，俨然一副阔太太的样子。丈夫从副教授、教授、博导一路攀升，活跃在学术领域，与人交谈自信而高雅。渐渐地，夫妻间开始话不投机。由于媛没有了自己的教师尊严和学术追求，两人渐行渐远，加之丈夫有了话语投机的红颜知己，夫妻感情陷入危机。

花的丈夫是部队军官，年纪不大就任团职，部队领导和花的家人曾劝说花把重心放在部队那头，学校这头应付一下就好。花觉得丈夫有成就值得高兴，但自己也应有自己的事业。于是,她一方面积极支持丈夫的工作,在亲友的帮助下,顾好家庭,决不拖后腿;另一方面克服困难,教育教学成果突出。过了几年,丈夫以副师级别转业回到地方当了处长,工作平平。而花因工作出色,在被评为省级名师的同时升任名校副校长。于是,花的丈夫现在成了"护花使者",既当"车夫"又干家务,小家庭其乐融融。

女性,不是"弱者"的代名词,自强者方能自信。女教师为教育事业做出了巨大而特殊的贡献,撑起了教育的大半个璀璨星空。"女性,因教育而诗意?"我真心希望这句话后面不是一个问号,而是一个感叹号,因为女教师理当诗意地栖居在校园里。要做到这一点,就要争取得到家庭的支持,就要学会在纷扰中沉淀"女性书生"本色。

不论对于男人还是女人来说,事业和家庭这二者都是非常重要的。一个真正的成功者应该既有成功的事业,又有幸福的家庭,二者缺一不可。

师者,有家庭的支持,事业更易成功!

93 辩证育儿

优秀教师，不仅要教育好自己所教的学生，也应该教育好自己的孩子。因为"任何成功都不能弥补教育孩子的失败"。

作为教师的我，总的说来是重视孩子的教育的。也正因为我是教师，觉得能教育好别人的孩子，就应该能教育好自己的孩子，所以对教育孩子也没有刻意去研究。只是在教育的过程中，以求真、求善、求美之心，给孩子指引一个方向，以求同存异、和而不同之念，逐步探索最佳的教育之道。

孩子成长到今天，总体说来我们的教育是成功的。回想育儿教子的过程，我感受最深的是我们辩证地处理好的几个关键性问题。

● 人文与科学

科学少了人文，就少了气质；人文少了科学，就少了理性。科学和人文，相辅相成，缺一不可。然而，伴随着"国学热"和弘扬传统文化的热潮，重人文轻科学的现象值得注意。

我到过许多为孩子提供良好环境的家庭，孩子有独立的整洁的房间，有漂亮的书桌和整齐地装满书的书架，但我没有看到谁为孩子准备一张可以在上面"加工"、敲打、"创造发明"的桌子，更没看到哪个孩子敢在墙上"涂鸦"。

● 文明与野蛮

毛泽东在《体育之研究》中提到：欲文明其精神，先自野蛮其体魄；苟野蛮其体魄矣，则文明之精神随之。

现代的学生，儒雅的多，"野蛮"的少。仗义女性哪里去了？血性男儿哪里去了？一个女生，是否可以调皮一点甚至顽皮一点？一个男生，儿时要打多少次架，才能"茁壮"成长？

当然,"野蛮"要把握好度,否则就是"鲁莽"。

● 小安与大安

为了"安全"起见,家长护送多了,孩子独立活动少了;父母取代孩子做家务的多了,孩子简单劳动和户外活动少了。消极安全观造成的后果是:孩子体能低下,背离素质教育,泯灭儿童天性,降低儿童社会化程度。

而积极安全观就是要辩证处理好以下关系:安全与发展的关系,小安全与大安全的关系。对于可能涉及安全的活动,既不"冒险"前行,更不因噎废食,绝不能因"安全"而废了"教育"。

● 学校与家庭

学校的家庭教育,较多的是通过家长会进行的,而如今大多数家长会成了成绩分析会。家长会不是不要成绩,但家长会不能只进行成绩分析。学校应当肩负起"培训家长"的责任。

家庭对学校也不仅仅是了解孩子的学习成绩,还应当向学校学习"家教艺术",了解学校的教学安排,了解教师的情况,并向学校提出合理化的建议,配合做好相关工作。

● 家庭与社会

家庭要充分利用社会资源,尤其要充分利用社区资源。外面的世界很精彩,文化的、艺术的、体育的、科技的、民俗的、商业的各类活动,如有机会,家庭都可报名参加。

社会,尤其是社区,要创造条件为家庭提供有效服务。比如,创建学习型社区,可以从创建学习型家庭开始,社区中学习型家庭的有效家教经验,就可以让社区成员充分"分享"。

● 文艺与体育

和"人文与科学"的情况类似,目前家长重视培养孩子艺术特长的多,而培养孩子体育特长的相对较少。无论是培养艺术特长还是培养体育特长,家长的功利之心太重!

掺杂了太多功利之心的艺术和体育特长的培养之路,是难以行走长远的。

只有尽可能多地摒弃功利之心，追求艺术的熏陶与审美的启悟，追求体育的精神与健康的意识，艺术和体育特长培养之路才能走得长远。

•特长与全面

现代家庭很重视孩子的特长，总体是值得肯定的，但在儿童阶段，还是要以"全面发展"为本。以艺术特长为例，不少"艺考生"文化素质之低，是不争的事实。这是我们追求的艺术特长吗？

走向畸形发展的艺术特长，摧残的不仅仅是艺术，也是教育，是孩子。

没有"文化"的"艺术人才"，其"才"是有限的。只有"全面发展"的艺术人才，其"才"方为"实学"之真才。艺术教育的本质，应当是培养会艺术的全面发展的人。

•起跑与长跑

"别让孩子输在起跑线上"，让无数孩子失去了天真的童年。英才的早期培养，是可以探讨的，但都去赢得那次"起跑"，也许失去的更多。我很想说"略输起跑又何妨"，但我又非常担忧——我们的教育能为"略输"者开辟一条"后来居上的成长道路吗"？

人生更重要的是"长跑"。生逢其时，要奋斗其时；奋斗其时，更要长期奋斗。

•激励与惩罚

任何人在任何时候，其行为都离不开认可、赞许和激励。激励是孩子前进的推进器，是调动孩子的积极性和挖掘孩子潜能的重要方式。"说你行你就行"，成了家教的至理名言。没错，好孩子是夸出来的。

但凡事皆不可过。我以为适当的惩罚，有时是比较严厉的惩罚，如果能让孩子留下深刻教训，也不是不能进行的。我17岁上山下乡，开始干拔草的活，拔久了，手上染上黄颜色，回城休假时父亲看我手黄，误以为我偷偷抽烟了，二话没说把我痛打一顿，这一打，竟打出我一辈子没抽一口烟！

•方法与文化

让更多的家庭能体会新时代家庭教育的新理念，掌握科学的家教方法，是十分重要的。但家庭教育要有持久的发展动力，我以为应"从方法走向文化"。

中华民族是一个很有文化的民族，也是一个完全可以以文化来推进家庭教育的民族。

比如，家庭文化倡导"人性历练，使子女立人；性格修炼，使子女立世；家庭优化，使社会进步"。父亲文化倡导"理性的使命，方向的引领，阳刚的铸就"。母亲文化倡导"德行的使命，礼仪的塑造，行为的把握"。

文化的力量是巨大的！以文化为基底的家庭教育之路，其行必远！

94 勇于承认错误

英国优秀教师的评选标准中有这样一条:"优秀教师应勇于正视和承认自己的错误。愿意正视和承认错误的教师,才可以赢得学生的尊重和爱戴。被学生尊重和爱戴的教师,才能被称作是优秀教师。"

"金无足赤,人无完人。""人非圣贤,孰能无过?"人的一生,是不可能不犯错误的,关键的问题是对待错误的态度。每个人都会犯错误,教师也不例外。

有些教师,认为承认错误似乎就意味着自己的无知和无能,改正错误似乎就代表着要把自己先前树立的良师形象推翻。自己出错了不愿承认,他人有错也不愿意纠错,对错误置之不理。其实,不勇于承认错误,不仅维护不了自己的形象,可能还会给自己的形象带来双重损失——"认知"之损和"诚实"之损。

教师要维护自己的威信和尊严,最正确的方法就是学会平等地对待学生,尤其是意识到自己有错误时,更要勇于向学生承认。

犯错并不可怕,怕的是不认错。师者往往会教育学生"知错就改",可当自己犯错时,唯恐自己在学生面前没了尊严、失了威信、损了面子,而"自错不改"。

师者,尽量不出错或少出错。一旦出错,就拿出勇气来,认错并改错。知错就改,善莫大焉!

境界一,一旦学生发现自己的错误时,教师应向学生报以歉意的微笑,虚心接受并予以纠正,同时在第一时间夸奖学生。著名特级教师于永正曾经这样说:"如果犯了错误,要敢于在全班学生面前认错、道歉,错误就成了一种教育资源。"

境界二,在班级营造"纠错文化",鼓励学生纠错,培养学生敢于质疑的挑战精神。这种"纠错文化",可以发生在课堂内,也可以延伸到课堂之外。

境界三,学生有时可能没弄清问题的实质,或没理解问题的全面情况,"及时"向老师质疑,即便是老师没错而是学生质疑错了,老师也要坦诚地肯定学生的质疑,不能让质疑之火熄灭。

境界四,教师犯了错误而学生并没有发现,教师应自己指出错误并予以纠正。比如教师前面讲解某个问题有错误,讲到后面时才发现,这时教师可以这样说:"对不起,老师前面讲的那个问题有误,现在纠正一下。"有时也可以自嘲一下:"老师犯了这么大的错误,同学们怎么没看出来呢?"

境界五,向学生请教。"师不必贤于弟子",教师还应开诚布公地向学生承认自己在某些方面的不足,不时向学生请教。

向学生请教,也可以请教教学方法问题。陶行知说:"你要教你的学生教你怎样去教他。如果你不肯向你的学生虚心请教,你便不知道他的环境,不知道他的能力,不知道他的需要,那么,你就有天大的本事也不能教导他。"

老子说:"夫唯病病,是以不病。"头脑中经常装着防范错误这根弦,时时警醒,教师就会不断从错误中汲取养分,就会减少犯错,少走弯路。

勇于认错是智者之举,勇于认错是强者风范,勇于认错是师者的一种美德。

95 研究自己

作为教师，我们有许多研究。比如研究教育教学问题，研究学生，研究教师专业发展，研究学科解题，等等。正如许多人活了一辈子，对自己的身体却了解甚少一样，许多教师也并不了解"自己"。

教师不了解自己，当一天老师教一天书，长此下去，往往步入平庸。

研究自己，首先是为了"自知"。人贵有自知之明，一个人可以认识别人，认识世界，但往往不能准确地认识自己。"尺有所短，寸有所长"，每个人都各有长处，也各有短处，只有正确认识自己，才能扬长补短，避免走弯路、错路，成就自己。教师"自知"，可以"吾日三省吾身"，对自己的教育教学进行检讨；教师"自知"，也可以"把自己交给学生"，让学生给自己提建议或意见；教师"自知"，还可以请同事帮助自己寻找"短板"，让自己尽快补上"短板"。

研究自己，其次是为了"自比"。这里所说的"自比"，意思是拿自己和别人比。教师要善于运用两把尺子，一把尺子量别人的优点，一把尺子量自己的不足。别人的优点是怎么形成的？自己应该如何追赶？自己的不足，原因何在？要多从主观上找原因。"自比"的最大意义就是比出自己的"不足之处"，然后从不足之处多努力。

研究自己，第三是为了"自评"。教师往往被别人评价，评价其教育教学业绩，评价学识水平，评价人格魅力，评价工作状态，评价特长爱好等。而"自评"，则是自我评价，也是教师管理和发展的重要环节。教师要学会评价自己，要建立起自己评价自己的标准。教师的"自评"能力就是教师基于理性的反思能力。评价自己的教育教学状态，有利于寻找自己专业成长的支撑点。

人，最难看清的是自己，最难战胜的也是自己。人只有看清自己，接纳自己，才能重塑自己，从而成为一个理想的自己。

研究自己的目的，就是要发现自己，要在发现自己的基础上，寻找属于自己的生长点。特级教师徐世贵曾说过:"人生之最大遗憾,莫过于始终没能利用自身潜能和特长去创造本可以出现的奇迹。"

教师能否找到这个"生长点",十分重要。著名物理学家爱因斯坦十六七岁时就开始考大学,他起初决定进入苏黎世瑞士联邦多种工艺学院学习,志向是当一名电气工程师,但是没有考上。后来,他发现自己对于物理学饶有兴趣,于是靠自学阅读了一系列物理学专著。从这里开始,爱因斯坦最终成长为举世闻名的物理学家。爱因斯坦的成功,就是因为找到了自己的"生长点"。

有人认为,这个"生长点"就是指生命个体的兴趣点、特长点。我们研究名师的成长之路,就会发现每个人都有自己独特的生长点。比如老一代名师李吉林从情境教学入手,贾志敏老师从素描作文起步,都取得了不凡的成就。特级教师管建刚从最初的作文手抄报开始,完成了一场震惊小学语文界的"作文教学革命"。

如何找到适合自己发展的专业"生长点"呢?

首先,要在兴趣中找"生长点",兴趣往往能把人带到自己想去的地方。

其次,要在亮点中找"生长点",亮点是自己的长项,最容易获得成功。

第三,要在边界中找"生长点",边界往往是交叉学科,先闯者先占有。

做个"明师",先从"研究"自己开始!

96 科学做事

科学做事？科学做事就是做正确的事。

教师自主发展，首先要解决方向问题，即做正确的事；其次要解决动力问题，即正确地做事。做正确的事就像是船上的帆，正确地做事则相当于船上的桨。船帆可以左右船前进的方向，而最终达到预定的目标，则离不开提供动力的船桨。优秀教师，往往是"做了正确的事并正确地做了事"。

正确地做事是以做正确的事为前提的，如果没有这样的前提，正确地做事可能变得毫无意义。因此首先要做正确的事，然后才是正确地做事。先瞄准，再射击！没有瞄准的射击没有意义！做正确的事决定方向，而正确地做事则决定最终的成败。

《南辕北辙》这则寓言告诉我们，无论做什么事，都要首先看准方向，才能充分发挥自己的有利条件；如果方向错了，那么有利条件只会起到相反的作用。

如何才能做正确的事？

第一，持续学习。教师要学习，大家都懂得这个道理，但我这里讲的是持续学习。所谓持续学习，是指教师的学习是一个前后衔接、彼此连续的终身的过程，而不是一时的或阶段性的学习。唯有持续学习，不断积累，补充能量，才能使自己具有持续发展的动力，才能使自己具有"做正确的事"的基础。

第二，经验分享。教师要学会从成功教师那里得到经验，思考别人的成功经验中的每一个环节，那些成功教师都做了些什么，他们运用哪些方法而我却没有做到、没有采用。我们是不是能够"亡羊补牢"学着运用？是不是可以在某些方面创新地运用？

第三，先谋后动。工作要讲究智慧，教育更是一项充满智慧的工作。我们每天都要面对错综复杂的教育教学问题，对各种问题都要思考应对之道，只有深入思考才能以积极的心态、理性的视角去迎接挑战；只有带着思考面对教育工作，才能有智慧地开展教育工作。

第四，抓住机遇。机遇对每一个人都是平等的，这是由它的客观性所决定的；机遇带给人们的结果又是不平等的，这是由它的实践性所决定的。在机遇面前，任何观望、彷徨、徘徊，都会导致失去良机。机遇只属于理念先进、锐意进取的人，只属于超前决策、适时决胜的人，只属于勇于立即行动、敢于努力实践的人。

第五，高人点悟。有个论坛的宣传广告是这样写的："高人点悟，不会迷路！名师开路，必能觉悟！"这句广告语用在教师"做正确的事"上，我觉得是很恰当的。师者求高人点悟，就是主动拜师，向高人请教，在高人的指点下领悟教育的真谛，从而使自己辨明方向，迅速成长。"千点万点不如高人一点"，高人往往可以"点石成金"。

适合的，才是正确的；方向对，事才可能对。

97 仪表得体

近年来,《教师的20项修炼》一书畅销。这是一本能帮助教师提升专业素养的书。读者猜一猜,作者要教师修炼的第一项是什么？是"教师的服饰"。作者认为,不修边幅,不符合教师的形象要求；不懂礼仪,不符合教师的职业规范。教师服饰最大的功能,不是通过衣着把自己打扮得漂亮,而是提高教师的自信和魅力,增强对学生的影响力和感染力。

教师的服饰,是教师仪表的一项重要内容。

广义上说,教师的仪表包括精神面貌、仪容和言行举止三个方面。

精神面貌,是教师形象的灵魂,也是教师言行规范的心理基础。没有它,就算有再端庄的仪容,再斯文和谐的举止也不可能成为仪表优秀的教师。教师的精神面貌,应同积极进取、参与竞争、开拓创新和迎接挑战的时代精神合拍,给人以朝气蓬勃、振奋昂扬的形象。

仪容,就是人的仪表风貌,即人的外貌和服饰方面的修饰。教师的仪容要和教师的职业结合起来,掌握一个恰当的分寸、尺度,做到衣着大方得体、优雅庄重、整洁美观、色泽鲜活,给学生起到示范作用,从而赢得学生的亲近、家长的信任和社会的认同。

一个教师的形象,不仅表现在他的容貌、衣着上,还表现在他的举止、谈吐、表情、态度上。这些一般风度反映出一个教师的思想情操、意志、品德、人格、学识等,也是教师心灵美的主要标志。

中小学生善于模仿,教师的仪表对学生审美观的形成起着重要作用。教师一走进课堂,自然成为学生注目的中心,一言一行对学生的影响极大。从这个角度说,教师的穿,就不是单单是为自己而穿,还是为学生而穿,更是为教育而穿。

说到教师的仪表,有人认为：教师的仪表要与教育教学的情境相适应；教师的仪表要以学生的欣赏水平为前提；教师的仪表要与教师自己的性格和年龄相符；教师的服饰从头到脚要整体和谐。

说到仪表美，有人这样认为：教师的衣着要得体；教师的发型要合适；教师的谈吐要文雅；教师的举止要端庄；教师的风度要优雅；教师的表情要丰富；教师的教态要自然。

说得都很好，教师要尽量做到。

鲁迅先生20世纪20年代在北京女师大任教时就很注重自己的仪表。齐整的一字须，始终整洁得体的一袭大褂，这些都对他渊博的学识、鲜明的性格起到了一个有力的补充作用。

陶行知先生说："仪表不只是外在的，教师作为一个特殊的群体，其仪表美还包括了语言美、知识美，我们要重视学习，用知识来提升自己，提高自身的文化修养，塑造文明艺术的美。因此，教师个人的一举一动，一言一行，都要修养到不愧人师的地步。"

教师的仪表绝非小事！愿男教师帅气潇洒，愿女教师清丽优雅。

98 忙闲有道

于光远先生在一本关于休闲的书的扉页上写道:"谨以此书献给一切热爱生活的人们"。其中有这样一段文字：

在这个世界上，除去阳光、空气、水以外，还有两样东西是所有生命必须拥有的，那就是休闲与游戏。

没有休闲，一切生命都不能持续。

没有游戏，一切生命都难以进化。

社会文明程度越高，越要关注休闲与游戏。

对人类而言：休闲是上帝的赠品，她让我们学会沉思、欣赏、创造，因而能诞生这世界上最美丽的花朵。

游戏是人类的天使，她给我们插上自由、想象、飞翔的翅膀，因而能诞生这绚烂多姿的大千世界。

休闲与游戏，有两种"乐"：一种是"娱乐"，即使人身心愉悦健康的活动；一种是"愚乐"，即低俗的、诱导人颓废堕落的活动。

我们要"娱乐"，不要"愚乐"。

为师，当奋斗；为师，更要积极休闲。

不认识我的读者，得知我写了那么多的书和文章，还到各地讲学，平时工作也很繁重，心想我一定是一个忙得不可开交的人。

非也，至少不是像读者想象的那么忙。

上班时，我全身心地投入工作。下班后，我每周要打两个晚上的篮球，每次至少打两个小时，其余五天都去游泳，每次至少游一千米，一个月至少打一次扑克——我是80分高手，曾在单位的80分大赛上夺冠。晚上，我一般能安排出许多时间或读书、写作，或沉思、发呆。NBA等体育节目我常看，《百家讲坛》也几乎看全。双休日，我常常到新华书店去淘书，一淘就是半天。

球友问我："看你和我们经常打球，怎么你打着打着就打出一本书来？"

忙乎？闲乎？忙闲之道何在？

我以为，忙闲之道在于：忙要理性地忙，闲要感性地闲。

忙要理性地忙，何解？

其一，大事要事要有计划地"忙"。对教育而言，大事要事不少，有计划就能有序地忙，就能忙出成效。比如，整个学年的工作计划，是大事也是要事，就要用心做好，就要舍得花时间，要"忙"足"忙"够，"忙"出一个好的学年计划。

其二，杂事难事要讲科学地"忙"。教育工作杂事难事也不少，处理起来就要讲科学。比如，平时的备课、批改、听课、教研等，就要安排好；找学生谈心、家访、参加学生社团活动等，就要协调好。

其三，急事险事要依靠团队来"忙"。这个团队，对教师来说，就是你的同事和你的亲朋好友。学校的急事险事，多靠同事出主意想办法，共闯难关；家里的急事险事，多靠亲朋好友上阵，共渡难关。

闲要感性地闲，又何解？

其一，"闲"要积极地闲。积极地休闲，既要以积极的心态进行休闲，也要积极创造条件进行休闲。除了打球、游泳、打牌外，我还喜爱猜谜，猜谜增知益智，使人乐在其中。理科背景的我，融入"谜"中，怎能不"闲"？

其二，"闲"要开心地闲。闲，一定就开心吗？未必。一个人待在家里，若无所事事，也许会惹出烦恼来。开心地与家人去逛街购物，权且看成是散步锻炼；开心地与女儿交谈，这是缩短代沟的有效途径。

其三，"闲"要随机地闲。随机的闲，是一种意识，一种习惯。去出差的途中，可以美美地睡上一觉，或静静地读一本书，我以为这是闲。飞机延误，可以择一静处，悉心阅读，岂不是一次意外的闲适？当然，身边的包里总是要放上几本书。

其实，理性之忙可以更好地感性于闲，而感性之闲亦可理性于忙。忙与闲是辩证的。

郑杰先生在《给教师的一百条新建议》的第四条建议是"教师应享受生活"，这条建议中有这样一段话："对教师而言，享受生活有着天生的有利条件。只要我们打开所有感官，每天给自己一小段闲暇，那平素里再平凡不过的点点滴滴，只要你静下心来细细品味，都有无限风光蕴含其中。"

说得真好！老师们，挤出点时间，忙里偷点闲，去享受生活中的无限风光吧！

99 幸福着追求卓越

人生是为幸福而来的。

幸福是什么？幸福是一种存在方式，幸福是一种内心选择，幸福是一种不懈追求，幸福是一种自我感受，幸福是一种高远境界……

我们在百度上搜索"幸福是什么"时，还会得到更多答案。在这众多的答案里，我们看到的更多的是"过于强调最终结果"的答案，似乎今天的辛苦，就是为了明天的幸福。

关于"卓越"，我们能搜索到这样的答案："卓越不是一个标准，而是一种境界。它不是优秀，它是优秀中的最优。卓越是一种追求，它是将自身的优势、能力，以及所能使用的资源，发挥到极致的一种状态。"说得好，卓越是一种追求！但我们继续搜索下去，就会看到许多"过于强调起点"的答案，似乎未来的卓越，必须建立在今天的"痛苦"上，必须用今天的牺牲和汗水去换取。

卓越为什么不能幸福着追求呢？

说到幸福，我很欣赏这样一种说法："幸福，与其说是目标，不如说是过程；与其努力去寻求，不如用心去品味；与其从他人那里去哀求，不如自己去创造。"

说到卓越与幸福，李镇西更坚信"幸福比卓越更重要"。因为能够达到卓越境界的永远只是少数，幸福却可以属于每一个人；卓越与否更多的是别人的评价，而幸福与否全在自己的感觉。可以暂时不卓越，但一定要能够随时从职业本身获得幸福。

我之所以要花这么多笔墨来谈幸福与卓越，是因为我最近在读一本名为《师者：幸福着追求卓越》的书，想证实一下我的一些观点。这本书收录了厦门来自一线的19位小学专家型教师的成长阅历，在一个个叙事、一篇篇文章中，他们阐释了自己对专家型教师内涵的认识与践行——那就是幸福着追求卓越。

"要卓越，更要幸福。"我找到了一个真实的厦门样本。

翻卷而读，高尚的师德令人内心宁静，从而获取了来自内心深处因责任而涌起的爱心、耐心、恒心；广博的阅读，使人学会超拔，从此有了"会当凌绝顶，一览众山小"的情怀、境界；智者的引领，带人渐入佳境，欣喜地听到自己行进时愈加坚实的脚步声；反复的磨砺，激人奋力向前，在一次次的研磨中渐渐明白——成功的课堂，是师者最广阔的天地；深刻的反思，逼人时时自诘，在一次次的追问中，逼近教学的本质，逼近教育的本真；不辍的研究，让人标新立异，在一个个全新的领域中收获崭新的发现，收获满满的喜悦；不懈的追求，催人日上层楼，"吾将上下而求索"，令师者在每个晨曦微露的黎明静心等待；泉涌的幸福，引人臻于完美。如果要问是什么成就了教师，那就是发自内心的幸福感，如江河般激情奔淌，源远流长。

掩卷而思，我似乎看到这19位教育旅者，步履轻盈地行走在幸福教育的路上。这幸福，来自教育教学的工作，来自学生的成长与发展，来自自己的专业成长，来自所进行的教育研究，来自愉悦的学校生活。

有人问登山者：为何登山？答曰：山在那边。再问：能登上去吗？答曰：快乐地尽力去登。

我突然觉得，这19位教师，就像登山者。"山在那边"犹如"卓越"在那边，"快乐地"好比"幸福着"，"尽力去登"不就是"追求卓越"吗？

追求吧，追求着就是美丽的。